A INSUBMISSÃO DA MULHER PROFESSORA FACE ÀS ATUAIS CATEGORIAS

Editora Appris Ltda.
1.ª Edição - Copyright© 2024 dos autores
Direitos de Edição Reservados à Editora Appris Ltda.

Nenhuma parte desta obra poderá ser utilizada indevidamente, sem estar de acordo com a Lei nº
9.610/98. Se incorreções forem encontradas, serão de exclusiva responsabilidade de seus organizadores. Foi realizado o Depósito Legal na Fundação Biblioteca Nacional, de acordo com as Leis nos
10.994, de 14/12/2004, e 12.192, de 14/01/2010.

Catalogação na Fonte
Elaborado por: Josefina A. S. Guedes
Bibliotecária CRB 9/870

I599i 2024	A insubmissão da mulher professora face às atuais categorias / Sirlene Mota Pinheiro da Silva, Iran de Maria Leitão Nunes (orgs.). – 1. ed. – Curitiba: Appris, 2024. 253 p. ; 23 cm. – (Educação, tecnologias e transdisciplinaridade). Inclui referências. ISBN 978-65-250-5730-9 1. Mulheres. 2. Professoras. 3. Educação. 4. Identidade de gênero. 5. Feminismo. I. Silva, Sirlene Mota Pinheiro da. II. Nunes, Iran de Maria Leitão. III. Título. IV. Série. CDD – 305.42

Livro de acordo com a normalização técnica da ABNT

Appris
editora

Editora e Livraria Appris Ltda.
Av. Manoel Ribas, 2265 – Mercês
Curitiba/PR – CEP: 80810-002
Tel. (41) 3156 - 4731
www.editoraappris.com.br

Printed in Brazil
Impresso no Brasil

Sirlene Mota Pinheiro da Silva
Iran de Maria Leitão Nunes
(orgs.)

A INSUBMISSÃO DA MULHER PROFESSORA FACE ÀS ATUAIS CATEGORIAS

FICHA TÉCNICA

EDITORIAL	Augusto Coelho
	Sara C. de Andrade Coelho
COMITÊ EDITORIAL	Marli Caetano
	Andréa Barbosa Gouveia - UFPR
	Edmeire C. Pereira - UFPR
	Iraneide da Silva - UFC
	Jacques de Lima Ferreira - UP
SUPERVISOR DA PRODUÇÃO	Renata Cristina Lopes Miccelli
ASSESSORIA EDITORIAL	William Rodrigues
REVISÃO	Isabela do Vale
PRODUÇÃO EDITORIAL	William Rodrigues
DIAGRAMAÇÃO	Andrezza Libel
CAPA	João Vitor Oliveira dos Anjos
REVISÃO DE PROVA	Raquel Fuchs

COMITÊ CIENTÍFICO DA COLEÇÃO EDUCAÇÃO, TECNOLOGIAS E TRANSDISCIPLINARIDADE

DIREÇÃO CIENTÍFICA Dr.ª Marilda A. Behrens (PUCPR) — Dr.ª Patrícia L. Torres (PUCPR)

CONSULTORES

Dr.ª Ademilde Silveira Sartori (Udesc)

Dr. Ángel H. Facundo (Univ. Externado de Colômbia)

Dr.ª Ariana Maria de Almeida Matos Cosme (Universidade do Porto/Portugal)

Dr. Artieres Estevão Romeiro (Universidade Técnica Particular de Loja-Equador)

Dr. Bento Duarte da Silva (Universidade do Minho/Portugal)

Dr. Claudio Rama (Univ. de la Empresa-Uruguai)

Dr.ª Cristiane de Oliveira Busato Smith (Arizona State University /EUA)

Dr.ª Dulce Márcia Cruz (Ufsc)

Dr.ª Edméa Santos (Uerj)

Dr.ª Eliane Schlemmer (Unisinos)

Dr.ª Ercilia Maria Angeli Teixeira de Paula (UEM)

Dr.ª Evelise Maria Labatut Portilho (PUCPR)

Dr.ª Evelyn de Almeida Orlando (PUCPR)

Dr. Francisco Antonio Pereira Fialho (Ufsc)

Dr.ª Fabiane Oliveira (PUCPR)

Dr.ª Iara Cordeiro de Melo Franco (PUC Minas)

Dr. João Augusto Mattar Neto (PUC-SP)

Dr. José Manuel Moran Costas (Universidade Anhembi Morumbi)

Dr.ª Lúcia Amante (Univ. Aberta-Portugal)

Dr.ª Lucia Maria Martins Giraffa (PUCRS)

Dr. Marco Antonio da Silva (Uerj)

Dr.ª Maria Altina da Silva Ramos (Universidade do Minho-Portugal)

Dr.ª Maria Joana Mader Joaquim (HC-UFPR)

Dr. Reginaldo Rodrigues da Costa (PUCPR)

Dr. Ricardo Antunes de Sá (UFPR)

Dr.ª Romilda Teodora Ens (PUCPR)

Dr. Rui Trindade (Univ. do Porto-Portugal)

Dr.ª Sonia Ana Charchut Leszczynski (UTFPR)

Dr.ª Vani Moreira Kenski (USP)

APRESENTAÇÃO

As mulheres professoras, no exercício de suas práticas docentes, estão cotidianamente refletindo sobre valores e saberes instituídos por exigências curriculares resultantes de reformas educacionais e em conformidade com a atualização dos conhecimentos.

Neste coletivo de mulheres professoras, encontram-se aquelas interessadas na justiça curricular, mediante a criação de projetos educativos de combate a hegemonia dos androcentrismos e suas intersecções pelas matrizes de dominação colonial e capitalista da sexualidade, raça, etnia, geração, deficiência, dentre outras.

Com diferentes pontos de vista, criam pedagogias desde as essencialistas, de naturalização do ser, até aquelas construcionistas de denúncia e reconhecimento das diferenças culturais, provocando tensões no campo da educação.

Este movimento, presente nos diversos campos do saber, devido à "fecundidade da ciência" (Morin, 2005) enseja o surgimento de categorias ou conceitos renovados que se alinham às novas relações sociais, ao progresso material e à emergência de tecnologias, coexistindo entre si, já que estão mergulhados na produção histórica.

Nesse retrato da sororidade encontram-se maneiras de desviar-se da dor porque, conforme Evaristo (2018), sofrer é proibido, ainda que a dignidade seja ultrajada, que a fome, a doença, o desespero, o viver-morrer definha o corpo, mas, é proibido sofrer. Conceição Evaristo, no seu jeito de "traçar uma escrevivência", faz uma arqueologia da insubmissão em Olhos D'água (2018), Becos de Memória (2016), Insubmissas Lágrimas de Mulheres (2020) e localiza memórias, lembranças, resistências e conquistas.

A ocorrência do tecido da insubmissão levou as organizadoras da obra a reunirem categorias como, gênero, sexualidade, feminismo, corporeidade, mulherismo africana, africanidade, literatura feminina, políticas públicas para a diversidade, numa ótica institucional, social e intercontinental, a partir de saberes de mulheres que "recolhem vestígios das memórias revolucionárias de desobediência ancestral, apagadas pelo projeto colonial" (Machado, 2023, p. 86).

Esta Coletânea, conta com apoio do Programa de Pós-Graduação em Educação da Universidade Federal do Maranhão (PPGE/UFMA) e auxílio financeiro da Coordenação de Aperfeiçoamento de Pessoal de

Nível Superior (Capes). A relevância dos textos se atém a narrativas que contemplam exigências epistemológicas, metodológicas e técnicas, ao lado da presença histórica e de vínculos teóricos. Elementos que facilitam o processo de descoberta e interação de conhecimentos, expressos em categorias da atualidade, conforme aludiu-se anteriormente.

A obra está organizada em três partes: 1) A mulher e sua insubmissão nos processos educativos; 2) Mulheres afrodescendentes e sua insubmissão e 3) Gêneros, sexualidades e insubmissão na educação. A primeira inicia com a discussão de *"Movimentos revolucionários (cristianismo e feminismo) e suas implicações na vida das pessoas"*, escrita por Glaucia Santana Silva Padilha e Diomar das Graças Motta. As autoras destacam que a abordagem sobre o feminismo no espaço escolar tem apresentado pequena profundidade, pouco entendimento e interpretação nas relações cristianismo e feminismo.

O artigo de Vanessa Souza de Miranda e Kilza Fernanda Moreira de Viveiros, *"Ensaios da perspectiva escolar sobre o cuidado com a infância – entendendo a puericultura na teoria e prática"*, trata sobre a história da Puericultura, destacando como este ensino foi institucionalizado na Escola Doméstica feminina, com ensino teórico e prático para um atendimento efetivo dos pequenos com o intuito de instruir acerca dos cuidados necessários para prevenir a mortalidade infantil no início do século 20 e como forma de garantir que novas perspectivas fossem dadas aos cuidados das crianças, bem como a adequação de técnicas sobre esse cuidado, observando o seu desenvolvimento natural sem tratá-las como pequenos adultos e respeitando suas peculiaridades.

Em *"Narrativas de mulheres, alunas do programa mulheres mil em Açailândia-MA"*, Maria das Dores Cardoso Frazão e Raquel Cardoso Frazão abordam aspectos do Programa desenvolvido no campus do Instituto Federal, Ciência e Tecnologia do Maranhão, município maranhense de Açailândia, no ano de 2012. As autoras discutem a organização e implementação do Mulheres Mil no referido campus, bem como cartas escritas por alunas na disciplina de Língua Portuguesa, demonstrando as narrativas de mulheres sobre a experiência de ser mulher e estudante em curso de qualificação profissional.

Leidy Morgana de Sousa Agapto trata sobre *"As mulheres e os estereótipos femininos na literatura infantil"* analisando os estereótipos femininos contidos na literatura infantil clássica, em relação a algumas princesas citadas na obra literária *A Revolta das princesas,* são elas: Bela Adormecida, Branca de

Neve, Cinderela, Ariel, Rapunzel, Sherazade e Bela. A autora afirma que as personagens femininas podem e devem ser retratadas a partir da diversidade, da autonomia e, principalmente, do empoderamento e da insubmissão.

A segunda parte é inaugurada com o texto *"Economia e emancipação das mulheres na África Austral Xitiki: abundância e sobriedade na contracorrente"* de Tereza Cunha. Com abordagem feminista, sem ignorar as relações de poder que se inscrevem e escrevem sobre a realidade social, a autora traz para o debate duas questões preliminares: a da posicionalidade do olhar científico e da forma como ele sobredetermina a relação entre os chamados sujeitos e texto a autora objetos do conhecimento. Centra suas análises no xitiki praticado em Moçambique, sendo uma prática transversal a toda a sociedade moçambicana, destacando a relação entre o xitiki e as mulheres em Moçambique como uma evidência empírica que tem sido objeto de muitas pesquisas e reflexões.

Walquiria Costa Pereira e Raimunda Nonata da Silva Machado discutem sobre *"Saberes de mulheres professoras no curso LIESAFRO: insubmissas AfroUniversitárias"*. No percurso, evidenciam os saberes provenientes das trajetórias sociais pessoais/familiares, educacionais e profissionais de três professoras AfroUniversitárias, do curso LIESAFRO/UFMA, bem como suas contribuições na produção de práticas educativas afrocentradas e intersubjetivas. Concluem que essas professoras, herdeiras de um legado ancestral de insubmissão africana e afrodiaspórica, criam condições (múltiplos saberes) e possibilidades (pensamento emancipatório) de enfrentamentos e superação dos marcadores sociais de opressão, engendrados a partir das relações socioculturais de gênero, raça e classe. Também, utilizam-se da docência universitária como mecanismo de mobilidade socioeconômica, potencializador dos saberes antirracistas, antissexistas e emancipatórios que reconhecem e valorizam diferentes saberes provenientes da história e cultura africana e afro-brasileira.

Em continuidade, Tercília Mária da Cruz Silva e Raimunda Nonata da Silva Machado apresentam o texto intitulado *"Mulheres quilombolas quebradeiras de coco babaçu nas ensinagens da ODALa"*. As autoras analisam saberes do cotidiano das mulheres quebradeiras de coco babaçu da comunidade quilombola Laranjeiras (CQL), no município de Aldeias Altas, Maranhão, discutindo as ensinagens de insubmissão à luz do referencial teórico-metodológico do Feminismo Negro Decolonial e Afrocentrado (FND-Afro). Propõem atravessamentos entre decolonialidade e Afrocentricidade, adentrando no paradigma sócio-humanitário que interliga o feminismo, o racismo e o agenciamento de mulheres quilombolas quebradeiras de coco babaçu como professoras/mestras de sua própria comunidade na valorização dos saberes ligados à ancestralidade africana.

No capítulo seguinte, intitulado *"Mulheres afrodescendentes e modos de insubmissão no Movimento Negro - em tudo, se faz educação"*, Raimunda Nonata da Silva Machado, Andresa Barros Santos e Danielle Cristina dos Santos Pereira discutem os modos de insubmissão construídos por mulheres afrodescendentes. Com estudo documental, bibliográfico e entrevista traçam um breve histórico acerca das lutas e resistências dos movimentos sociais no Brasil, e, especificamente, enfatizam o protagonismo, dessas mulheres, no movimento negro. Nesse percurso, evidenciam a participação de mulheres afrodescendentes em atividades de entidades dos movimentos negros, tais como: organização de resistências por aquilombamentos, produção de estratégias de combates, publicação de artigos em periódicos, além da constituição de comunidades de Axé como lugar epistêmico de ensino e aprendizagem das tradições e saberes ancestrais

A terceira parte desta Coletânea inicia com o artigo de Eriveth Silva Teixeira, Adriana da Silva Dias e Sirlene Mota Pinheiro da Silva que discutem sobre *"Políticas públicas para a diversidade sexual e de gênero: desafios e insubmissão na educação"*. As autoras destacam, por um lado, conservadores que pregam a "ideologia de gênero" como desfavorecimento aos estudos de gênero; por outro lado, têm-se os grupos progressistas com lutas incessantes pela educação inclusiva, igualitária e de visibilidade para as questões de gênero e da diversidade sexual. Realizaram análises de documentos oficiais, norteadores das políticas educacionais, como forma de responder a seguinte questão: como ocorre a inclusão e a insubmissão sobre as temáticas de diversidade sexual e de gênero em documentos oficiais da educação brasileira? Consideram que é preciso resistir e persistir numa mudança de práticas sociais, destacando que a escola ainda se apresenta como uma das principais alternativas para tais mudanças, com práticas insubmissas.

No capítulo seguinte, Claudiane Santos Araújo e Iran de Maria Leitão Nunes discutem *"Gênero, sexualidade e deficiência: implicações na educação e nas políticas públicas de mulheres com deficiência"* cujo objetivo foi analisar, a partir das categorias gênero, sexualidade e deficiência as implicações na educação e nos espaços sociais considerando a presença de Pessoas com Deficiência (PcD's), especialmente as mulheres. As autoras abordam a questão da violência de gênero como mecanismo de resposta ao silenciamento dessas discussões na sociedade, nas leis, nas políticas públicas e no âmbito acadêmico. Este estudo contribui para a ressignificação e reflexões sobre a sexualidade de mulheres com deficiência, além de evidenciar a urgência de políticas públicas voltadas para estes sujeitos e suas interseccionalidades.

Rayssa Maria Bezerra Vieira de Sousa discute *"A gestão escolar e sua insubmissão para a efetivação da educação para a sexualidade"*, como possibilidade de vir a ser uma realidade no cotidiano escolar, a partir de iniciativa da gestão escolar, em especial na gestão democrática. Aborda aspectos históricos da educação sexual no Brasil, destacando-se alguns de seus propósitos, os principais conceitos como o de sexualidade e gestão democrática, além de trazer à tona os trabalhos na área da educação, com fins descritivos e explicativos.

Arthur Furtado Bogéa e Lucinete Marques Lima no artigo *"Políticas e educação: a realidade enfrentada por pessoas trans"*, apontam algumas políticas voltadas, direta e indiretamente para pessoas trans, que foram aprovadas ou não aprovadas pelo Poder Legislativo ou por meio da judicialização da política e analisam os impactos da presença/ausência de políticas públicas nos processos de educação formal de pessoas trans.

Por fim, em *"Cartografias subversivas: resistências e assujeitamento na educação"*, José Carlos Lima Costa apresenta fragmentos de uma viagem, com relatos de sujeitos cuja existência perturba determinadas normas sociais, bem como algumas de suas experiências enquanto sujeito pesquisador, cuja identidade sexual subverte as normas da heterossexualidade, impostas desde seu nascimento, refletindo sobre algumas relações de gênero e o conceito de performatividade que evidencia a maneira como as relações de poder materializam os corpos. Assim, entendemos que a obra se constitui um veículo de grande necessidade para a mulher professora, como apoio no seu cotidiano pedagógico, na interação do seu fazer-saber, na contemporaneidade.

Excelentes leituras!

Primavera de 2023

Sirlene Mota e Raimunda Machado

Referências

EVARISTO, Conceição. **Becos da memória**. Rio de Janeiro: Pallas, 2016.

EVARISTO, Conceição. **Olhos D'água**. Rio de Janeiro: Pallas, 2018.

EVARISTO, Conceição. **Insubmissas lágrimas de mulheres**. Rio de Janeiro: Malê, 2020.

MACHADO, Raimunda Nonata da Silva. **Professoras Afrodescendentes no Magistério Superior**: vozes epistêmicas. São Luís: UFMA/FAPEMA, 2023.

MORIN, Edgar. **Ciência com consciência**. Ed. revista e modificada pelo autor. 8 ed. Rio de Janeiro: Bertrand Brasil, 2005.

PREFÁCIO

O Grupo de Estudos e Pesquisas sobre Educação, Mulheres e Relações de Gênero (GEMGe), composto por docentes e discentes do Programa de Pós-Graduação em Educação da Universidade Federal do Maranhão (PPGE/UFMA), junto com pesquisadoras convidadas, reuniu nesta coletânea narrativas sobre a insubmissão da mulher nos processos educativos e, em especial, das mulheres afrodescendentes, além de questões de gênero, sexualidade e insubmissão na educação. Os diversos textos que a compõem, inspirados em saberes e memórias de mulheres, nas escrevivências, de Conceição Evaristo, e na sororidade, enfocam temas relevantes e instigantes como: cristianismo e feminismo; história da Puericultura e cuidado com a infância; estereótipos versus empoderamento feminino na literatura infantil; deficiência, diversidade sexual e de gênero e pessoas trans nas políticas públicas/educacionais; educação para a sexualidade e gestão escolar democrática; experiências de mulheres-alunas do Programa Mulheres Mil, de afrouniversitárias e de afrodescendentes no movimento negro; saberes de mulheres professoras no curso Liesafro; práticas coletivas de economia informal de mulheres de Moçambique; saberes e ensinagens de insubmissão de mulheres quilombolas quebradeiras de coco babaçu no Maranhão; resistências e assujeitamento na educação.

São textos que compartilham análises e propõem reflexões que vão das práticas escolares insubmissas de inclusão curricular das temáticas de diversidade sexual e de gênero, de experiências de professoras e alunas, em sua diversidade, nas várias etapas e níveis de ensino, às lutas cotidianas e saberes das vivências de mulheres trabalhadoras e às contribuições do Feminismo Negro Decolonial e Afrocentrado para se visualizar novos lugares epistêmicos de ensino e aprendizagem de tradições e saberes ancestrais.

Como declaram suas organizadoras, a intenção é apoiar docentes no seu cotidiano pedagógico, sobretudo mulheres docentes interessadas na justiça curricular, na contramão do androcentrismo e da dominação colonial e capitalista.

Como sabemos, o acesso das mulheres à educação, como alunas, é uma conquista histórica feminista, que se desenrolou paulatinamente a partir do século XIX. Somente na segunda metade do século XX é que se reverteu o hiato de gênero na educação brasileira, de acordo com Beltrão e Alves (2009), e as mulheres ultrapassaram os homens em anos médios de escolaridade. Na década de 1970, elas ingressaram em massa nos cursos superiores, porém, predominantemente, em cursos das ciências humanas e sociais e da saúde, nas tradicionais carreiras femininas do cuidado (Rosemberg, 2001), ainda reproduzindo a antiga divisão sexual do trabalho (Kergoat, 2009).

Hoje, as mulheres-professoras são a maioria do corpo docente da educação básica brasileira. Segundo dados do Censo Escolar 2022, divulgados pelo Ministério da Educação (MEC) e pelo Instituto Nacional de Estudos e Pesquisas Educacionais Anísio Teixeira (Inep), em fevereiro de 2023, elas são 1,8 milhões e perfazem 79,2% do corpo docente de nossas escolas, sendo 97,2% na creche, 94,2%, na pré-escola, 77,5% no ensino fundamental e 57,5% no ensino médio. As mulheres também são a maiorias dos estudantes dos cursos de licenciatura, totalizando 72,5% das matrículas, segundo o Censo da Educação Superior 2021 (Inep, 2023). E, como também sabemos, o magistério é um caso de feminilização e feminização de uma profissão (Yannoulas, 2011), com a implicação socioeconômica de baixa remuneração e reconhecimento social, no contexto de relações de gênero desiguais que ainda persistem.

Com efeito, pela sua importância, a docência na educação básica necessita ser mais valorizada, assim como o trabalho feminino, em geral. A Lei n.º 11.738, de 16 de julho de 2008, instituiu o piso salarial nacional do magistério da rede pública da educação básica em início de carreira, com atualização anual no mês de janeiro. Em 2009 o valor era R$ 950,00 e em 2023 alcançou R$ 4.420,55 para 40 horas semanais (Peixoto; Santos, 2023), com variações entre os estados e municípios, inclusive alguns pagam acima do valor do piso, como é o caso do Maranhão.

É nesse contexto de acesso recente das mulheres à educação formal e, ainda mais recente, de participação na pós-graduação e na pesquisa e de protagonismo na docência que a escrita feminina e as vozes das mulheres são necessárias e ganham destaque no esforço para construir a igualdade de direitos e a equidade de gênero, em direção a um mundo mais justo e mais feliz. A insubmissão das mulheres nos processos educativos, como professoras, ensinantes e aprendentes, é imperativa para transformarmos as relações de poder patriarcal ainda vigentes e empoderarmos as mulheres e meninas. A Conferência Mundial de Mulheres de Beijing, de 1995, já assinalava que o empoderamento individual e coletivo e a reconstrução das identidades sociais e de gênero em contraposição à tradicional submissão feminina são processos educativos. E o ODS 05 – Igualdade de gênero: alcançar a igualdade de gênero e empoderar todas as mulheres e meninas, explicita que o empoderamento é condição para alcançar a igualdade.

Empoderar-se, na lente feminista, é sair da condição e posição de submissão para viver e exercitar relações de liberdade, igualdade e sororidade. O poder é tanto repressivo e coercitivo (poder sobre...) quanto produtivo e capacitador (poder para..., poder com..., poder interior), expressando-se como desafio e resistência às fontes e formas de poder vigentes, visando superar suas assimetrias (Abercrombie *et al.*, 1994; León, 1997). Esta última forma de poder — aberta, criativa, solidária e facilitadora (León, 1997) — é a que as mulheres feministas buscam, construindo conhecimento a partir de outras visões e posições, desafiando ideologias de subordinação de gênero, raça/etnia, classe social e outras, e transformando instituições e estruturas sociais de desigualdade e opressão.

Os textos desta coletânea do GEMGe/UFMA ilustram essa busca e sinalizam que a insubmissão da mulher professora, a partir da escola e da educação das crianças e jovens, é estratégica e decisiva para a transformação do androcentrismo e da dominação colonial e capitalista, que todas nós desejamos. Que sua leitura inspire outras mulheres, especialmente as professoras, e convide leitoras e leitores a empreenderem essa transformação.

Maria Eulina Pessoa de Carvalho
Universidade Federal da Paraíba

REFERÊNCIAS

ABERCROMBIE, Nicholas; HILL, Stephen; TURNER, Bryan S. **Dictionary of Sociology**. 3rd edition. London: Penguin Books, 1994.

BELTRÃO, Kaizô Iwakami; ALVES, José Eustáquio Diniz. A reversão do hiato de gênero na educação brasileira no século XX. **Cadernos de Pesquisa**, v. 39, n. 136, p. 125-156, jan./abr. 2009.

KERGOAT, Danièle. Divisão sexual do trabalho e relações sociais de sexo. *In*: HIRATA, Helena; LABOIRE, Françoise; LE DOARÉ, Hélène; SENOTIER, Danièle (org.). **Dicionário crítico do feminismo**. São Paulo: Editora Unesp, 2009.

INEP. **Professoras são 79% da docência de educação básica no Brasil**. Brasília, 2023. Disponível em: https://www.gov.br/inep/ptbr/assuntos/noticias/institucional/professoras-sao-79-da-docencia-de-educacao-basicano-brasil). Acesso em: 15 nov. 2023.

LEÓN, Magdalena (comp.). **Poder y Empoderamiento de las Mujeres**. Bogotá: TM Editores, U.N. Facultad de Ciencias Humanas, 1997.

PEIXOTO, Roberto; SANTOS, Emily. Piso salarial dos professores: entenda como funciona e se estados e municípios são obrigados a seguir reajuste. **G1**, [*s. l.*], 19 jan. 2023. Disponível em: https://g1.globo.com/educacao/noticia/2023/01/19/piso-salarial-dosprofessores-entenda-como-funciona-e-se-estados-e-municipios-sao-obrigados-a-seguirreajuste.ghtml. Acesso em: 15 nov. 2023.

ROSEMBERG, Fúlvia. Educação formal, mulher e gênero no Brasil contemporâneo. **Revista Estudos Feministas**, São Paulo, v. 9, n. 2, p. 515-540, jul./dez. 2001.

YANNOULAS, Silvia. Feminização ou Feminilização? Apontamentos em torno de uma categoria. **Temporalis**, Brasília, n. 22, p. 271-292, jul./dez. 2011.

SUMÁRIO

PARTE 1
A MULHER E SUA INSUBMISSÃO NOS PROCESSOS EDUCATIVOS

MOVIMENTOS REVOLUCIONÁRIOS (CRISTIANISMO E FEMINISMO) E SUAS IMPLICAÇÕES NA VIDA DAS PESSOAS........................... 19
Diomar das Graças Motta, Glaucia Santana Silva Padilha

ENSAIOS DA PERSPECTIVA ESCOLAR SOBRE O CUIDADO COM A INFÂNCIA – ENTENDENDO A PUERICULTURA NA TEORIA E PRÁTICA... 29
Vanessa Souza de Miranda, Kilza Fernanda Moreira de Viveiros

NARRATIVAS DE MULHERES ALUNAS SOBRE O PROGRAMA MULHERES MIL EM AÇAILÂNDIA-MA................................... 49
Maria das Dores Cardoso Frazão, Raquel Cardoso Frazão

AS MULHERES E OS ESTEREÓTIPOS FEMININOS NA LITERATURA INFANTIL... 65
Leidy Morgana de Sousa Agapto

PARTE 2
MULHERES AFRODESCENDENTES E SUA INSUBMISSÃO

ECONOMIA E EMANCIPAÇÃO DAS MULHERES NA ÁFRICA AUSTRAL XITIKI: ABUNDÂNCIA E SOBRIEDADE NA CONTRACORRENTE ... 79
Teresa Cunha

SABERES DE MULHERES PROFESSORAS NO CURSO LIESAFRO: INSUBMISSAS AFROUNIVERSITÁRIAS 93
Walquíria Costa Pereira, Raimunda Nonata da Silva Machado

MULHERES QUILOMBOLAS QUEBRADEIRAS DE COCO BABAÇU NAS ENSINAGENS DA ODALA 117
Tercilia Mária da Cruz Silva, Raimunda Nonata da Silva Machado

MULHERES AFRODESCENDENTES E MODOS DE INSUBMISSÃO NO MOVIMENTO NEGRO – EM TUDO, SE FAZ EDUCAÇÃO 141
Raimunda Nonata da Silva Machado, Andresa Barros Santos, Danielle Cristina dos Santos Pereira

PARTE 3
GÊNEROS, SEXUALIDADES
E INSUBMISSÃO NA EDUCAÇÃO

POLÍTICAS PÚBLICAS PARA A DIVERSIDADE SEXUAL E DE GÊNERO: DESAFIOS E INSUBMISSÃO NA EDUCAÇÃO 171
Eriveth Silva Teixeira, Adriana da Silva Dias, Sirlene Mota Pinheiro da Silva

GÊNERO, SEXUALIDADE E DEFICIÊNCIA: IMPLICAÇÕES NA EDUCAÇÃO E NAS POLÍTICAS PÚBLICAS DE MULHERES COM DEFICIÊNCIA 185
Claudiane Santos Araújo, Iran de Maria Leitão Nunes

A GESTÃO ESCOLAR E SUA INSUBMISSÃO PARA A EFETIVAÇÃO DA EDUCAÇÃO PARA A SEXUALIDADE 195
Rayssa Maria Bezerra Vieira de Sousa

ENTRE NEGAÇÕES E VIOLÊNCIAS: DA AUSÊNCIA DE POLÍTICAS EDUCACIONAIS NA PERMANÊNCIA DE PESSOAS TRANS NOS ESPAÇOS EDUCATIVOS 209
Arthur Furtado Bogéa, Lucinete Marques Lima

CARTOGRAFIAS SUBVERSIVAS: RESISTÊNCIAS E ASSUJEITAMENTO NA EDUCAÇÃO 231
José Carlos Lima Costa

SOBRE AS ORGANIZADORAS E AUTORAS/ES 245

PARTE 1

A MULHER E SUA INSUBMISSÃO NOS PROCESSOS EDUCATIVOS

MOVIMENTOS REVOLUCIONÁRIOS (CRISTIANISMO E FEMINISMO) E SUAS IMPLICAÇÕES NA VIDA DAS PESSOAS

Diomar das Graças Motta

Glaucia Santana Silva Padilha

Ao participarmos nesta obra sobre a insubmissão da mulher professora, face às atuais categorias, elegemos o cristianismo e o feminismo cujas abordagens no espaço escolar têm apresentado pequena profundidade, logo com pouco entendimento e interpretação, nem sempre condizente às obras publicadas. Pois cada uma faz à sua maneira, conforme a sabedoria e o conhecimento histórico vigente.

Desta forma, a estrutura do texto faz alusão, aos primórdios dessas categorias, nos movimentos de sua inserção, fundamentos e contraposições entre ambos, na ótica de teólogos (a) como Schaeffer (2010), McCulley (2017), Campagnolo (2019) e de estudiosas do feminismo como Millett (1969), Beauvoir (1970) e Butler (2016).

Ao lado dos textos bibliográficos registramos um evento, muito característico de movimentos, que foi a palestra proferida pela professora mestra Glaucia Padilha, por ser estudiosa das questões de gênero e da teologia. Fato revolucionário por ser até algum tempo inconcebível, por parte de integrantes do movimento do cristianismo. A referida palestra foi designada para adolescentes da Igreja Cristã Evangélica El Shaday, localizada na Avenida Santa Laura, bairro da Santa Cruz, em São Luís- MA, ora sob a liderança do pastor Frankylande Mendes Sobral, que é bacharel e mestre em Teologia *Magister Divinitatis*.

Tal ação foi oportuna porque os adolescentes estão presentes no cristianismo desde o livro do Gênesis até o Apocalipse. Esse público sujeito de aprendizagem, não foi selecionado apenas pela faixa etária, mas como sujeitos concretos que se destacaram no cristianismo, assumindo diversas formas de serviços nas comunidades que viviam, muitas vezes enfrentando martírios nas atividades de amor e serem amado por alguém superior, por mais simples que fossem. A conexão nessas atividades se deu com base no relacionamento estabelecido entre os cristãos com o Deus das Escrituras Sagradas, livro base do cristianismo.

Portanto essa iniciativa implica, também, em benefício para formação de caráter desses adolescentes, propiciando-lhes um forte entendimento sobre a mulher em uma perspectiva cristã e, também estimulando a refletir sobre sua própria atuação em sociedade. Inspirando-lhes a bem participar, ao invés da indiferença aos ensinamentos, às vezes com infidelidade e mediocridade, por falta de apreensão dos postulados religiosos.

Tal participação, além de eventos, exige ações em que o conhecimento se faça presença constante, ampla e com muitas vozes, a fim de que estes sejam ditos em sua totalidade. Com isso apresentamos os primórdios, e uns poucos fundamentos desses movimentos para conhecimento de adolescentes e adultos, em especial a mulher-professora, para que possam divulgá-los com a devida sustentação. Pois todo movimento implica fatos, julgamentos históricos que envolvem pessoas, pontos de vistas e interpretações de fala.

PRIMÓRDIOS E FUNDAMENTOS DOS MOVIMENTOS

Os movimentos religiosos e sociais, enquanto modos de ação coletiva englobam um tipo específico de relação socialmente conflitiva. Daí, titular-mos este texto de revolucionário, pois os entes são sempre reprimidos, por desafiarem estruturas institucionais, modos de vida e de pensar, normas e códigos morais. Assim tomaremos esses movimentos como empreendimen-tos coletivos, para estabelecer uma nova ordem de vida, ainda que indivíduos e grupos de pessoas ajam com base em compreensões e expectativas comuns, mas em situações nem sempre estruturadas. Dentre estes destacamos:

O cristianismo

O profeta judeu Isaías entre os séculos 8 e 7 a.C., previu a futura sobe-rania de Deus; Daniel tem uma visão sobre o fim da opressão terrestre do povo judaico (6 a.C). Eis que, neste período Jerusalém é conquistada pelo general romano Pompeu, pondo fim ao autogoverno da Judéia, abalando o orgulho nacional, causando consternação religiosa e desviando a visão judaica de povo escolhido por Deus.

Entretanto as profecias se concretizam e nasce por volta de 4 a.C em Belém, na província romana da Judéia, Jesus de Nazaré, filho de Maria, casada com o carpinteiro José, a quem fora prometida, em consonância com a cultura local, da época. Era uma família pobre, oferecendo ao menino uma educação judaica tradicional. Como tal, não tinham como o menino ter acesso a escolas famosas dos rabinos que atendiam aos filhos dos ricos. Todavia, por volta dos 30 anos, esse menino atraía multidões com seus ensinamentos e cura de doentes. Como todo movimento não pode ser apenas individual, contou com doze seguidores ou discípulos, passando a ser considerado um insurgente ou um revolucionário.

Para o dicionário Michaelis (2016), revolucionário significa "que ou aquele que prega ou executa ações para derrubar a ordem estabelecida; subversivo". Desfazer o que já está pronto e que foi sedimentado pela história e, não aceitar a ordem, mas sentimentos vividos por pessoas, que vivem revolucionariamente.

Esse revolucionário, (Jesus de Nazaré) devido suas ações, foi considerado Messias – o salvador profetizado. A tradução da palavra hebraica para **messias** ou **o ungido** foi **Khristós,** da qual advém cristianismo. E seus seguidores eram os cristãos. Assim, as principais crenças do cristianismo por seus seguidores, eram baseadas na vida e nos ensinamentos de Jesus Cristo. Nessas crenças estava implícita a ideia de que Jesus era uma encarnação de Deus, meio humano, meio divino e não simplesmente um profeta.

Mas os primeiros cristãos foram perseguidos, desde o início do movimento na Judéia romana e, até hoje, o cristianismo enfrenta desafios, apesar de congregar o maior número de seguidores no mundo, conseguindo moldar culturas de grande parte das civilizações ocidentais, pois o cristianismo tornou-se uma força poderosa na vida política e cultural no continente europeu e do Oriente Médio.

A difusão de movimentos ocorre sempre por meio da palavra oral ou escrita; desta feita, a disseminação do cristianismo, em seu primórdio contou com as pregações de Jesus de Nazaré, a seguir, tornou-se possível com a Bíblia, o livro sagrado do cristianismo. Este foi originalmente escrito em hebraico, aramaico e grego. A primeira tradução inteira foi a Vulgata (405 d. C) de São Jerônimo. Atualmente, há traduções em mais de 1.760 línguas (Wright; Law, 2013).

Apesar dessa expansão e as pessoas mulheres estivessem presentes na vida de Jesus, sua participação nestes dois mil anos de cristianismo foi de pouca visibilidade e às vezes questionada. As reflexões incidem na orientação biológica e sexual, cuja visão era restrita à de mãe; de esposa, para atender somente à vontade e exigências do homem; de cuidadora da família; com atuação prevalente no espaço privado. Há, no entanto, fatos que ensejaram o movimento feminista, o qual emerge visivelmente na última década do século 19. Vejamos:

O feminismo

Enquanto movimento, seu repertório torna-se coerente, a partir do momento em que as mulheres expressaram suas visões, oriundas do exame da condição de desigualdade e submissão ostensiva delas nas sociedades. Sendo vistas, naturalmente, como inferiores aos homens, em nível cultural, social e intelectual.

Diferente do cristianismo, o movimento feminista não apresenta um precursor, mas ambos são revolucionários e entre alguns estudiosos e estudiosas estes se entrecruzam. A exemplo: As abolicionistas e feministas americanas organizaram um evento, que aconteceu em 19 e 20 de julho de 1848, em Nova York, nos Estados Unidos, reivindicando os direitos das mulheres, o que contatava a importância do cristianismo para tal reconhecimento. Assim,

> O "movimento feminista" de meados dos séculos XIX, lançado na convenção dos direitos da mulher de Senaca Falls em 1848 e notoriamente articulado por Elizabeth Cady Stanton e Susan B Anthony, exigia o direito de voto e leque de liberdades - educação, trabalho, direita conjugal e patrimonial "maternidade voluntária", reformas na saúde e na vestimenta (Faludi, 2001, p. 67).

Ademais, o feminismo, que deu seus primeiros passos em uma capela protestante norte-americana, tratava na realidade, de um movimento revolucionário que possuía uma agenda que não se coadunava com a filosofia cristã, uma vez que ao estabelecer a igualdade na relação entre os sexos, induzia as mulheres a uma eterna insatisfação, a qual residia no fato de que elas não se igualariam aos homens, apenas biologicamente, como fisiológica e psicologicamente.

A ex-feminista Carolyn McCulley (2017), hoje aponta que o cristianismo ingressou em um desafio contundente ao apoiar as reformas sociais de então sobre a feminilidade, masculinidade, sexos e outros questionamentos que a igreja tradicionalmente vivia, pois:

> O homem permitia à mulher, na igreja assim como a sociedade, apenas uma posição subordinada, afirmando autoridade apostólica para sua exclusão do ministério, e, com algumas exceções, de qualquer participação públicas nas questões da igreja (McCulley, 2017, p. 53).

Porém a pauta do movimento feminista desenvolveu nas mulheres uma sensação de que são especiais e, portanto, não poderiam sofrer nenhum revés da vida (Campagnolo, 2019). Sobre isso, a Bíblia nos ensina que aflições neste mundo nos conformam à própria imagem de Cristo, haja vista a citação: "Mas, se vocês suportam o sofrimento por terem feito o bem, isso é louvável diante de Deus. Para isso vocês foram chamadas, pois também Cristo sofreu no lugar de vocês, deixando exemplo, para que sigam os seus passos" (Pedro 2: 19-21).

Em contrapartida, como pessoas mulheres devemos viver nossas vidas de forma a ter uma mentalidade ou cosmovisão, de acordo com o que acreditamos. Toda cosmovisão traz consequências epistemológicas que determinam nossa conduta (Nash, 2012).

Por cosmovisão, Nash (2012, p. 25) compreende ser um conjunto de crenças que devem ser coerentes e formar um sistema, que ele chama de "esquema conceitual" referindo-se a um conjunto de ideias: "Cosmovisão, portanto, é um esquema conceitual pelo qual, consciente ou inconscientemente, aplicamos ou adequamos todas as coisas em que cremos, interpretamos e julgamos a realidade".

A cosmovisão cristã é, então, uma perspectiva de vida, delineada a partir de princípios e valores cristãos, com uma correta visão acerca de quem é Cristo e que a vida de obediência aos seus ensinamentos é o modelo a ser seguido por todo cristão: seja homem, seja mulher, criança, adolescente ou adulto.

Este é o ápice de vida cristã: adotar um sistema de pensamento e, consequentemente, de vida, subsidiado por um cristianismo histórico, bíblico e fiel à vontade seu precursor – Cristo, ao que estudiosos norte-americanos chamaram de "deísmo terapêutico moralista".

Essa expressão foi cunhada pelo sociólogo norte-americano Christian Smith (2005), para referir-se a um conceito antibíblico de que Deus é uma espécie de "mordomo do homem", que busca viver uma vida moralista. Este homem deve viver em paz consigo mesmo, o que requer obediência ao papel de Deus.

CONTRAPOSIÇÕES DOS MOVIMENTOS

A perspectiva antibíblica leva ao destaque três premissas, oriundas de estudiosas feministas:

1. Não há diferença entre homens e mulheres (Butler, 1969).

2. É preciso redefinir o conceito de feminilidade e masculinidade, além dos papéis femininos na sociedade, usando a própria mulher como ponto de referência (Beauvoir, 2016), e;

3. A Bíblia é machista e reflete o patriarcado dominante na cultura israelita e grega, da sua época (Millett, 1969).

Acerca da primeira premissa, em uma perspectiva feminista, procura-se mudar a configuração atual, que pretende diminuir a violência contra as mulheres, assegurar seus direitos civis, como dar condições iguais no mercado de trabalho, o que é assaz religioso, sobretudo, na perspectiva do cristianismo:

> Como disse certo teólogo: é compreensível, humanamente falando, que esse movimento emergiu: quando, se dá conta de que homens têm subjugado mulheres por milhares de anos; pode-se apenas perguntar por que levou tanto tempo para que o movimento feminista se formasse. É infelizmente raro encontrar um casamento em que o esposo reconhece que ele carrega a responsabilidade da liderança e a exerce em humilde amor, ao invés de em força e autoritarismo. Embora eu também seja contra muito do que o movimento feminista advoga, eu entendo porque ele surgiu. Eu acredito que se os homens cristãos fossem os líderes-servos do lar, ao invés de machistas presunçosos, o movimento feminista teria acabado em morte rápida e indolor (Mcculley, 2017, p. 28).

É possível que esse entendimento mais cristão da luta feminista, advenha de sua gênese. Historicamente, as primeiras reivindicações do movimento receberam o apoio de igrejas locais. Conscientes de que, apresentando sua causa como digna diante de Deus, a exibem digna diante dos homens. E se, hoje, os movimentos feministas se ouriçam em achincalhar o cristianismo, certamente não o faziam quando viam nele o único terreno possível para as suas queixas (Campagnolo, 2019).

Porém Beauvoir (2016, p.236-237), registra que a moral cristã carrega consigo uma parte da responsabilidade em colocar a mulher em condição de humilhação em relação ao homem, uma vez que Eva foi criada de forma secundária, e Maria, sendo mãe de Jesus, ajoelhou-se diante do filho, reconhecendo sua inferioridade. Segundo Schaeffer (2010, p.110):

> A Bíblia não ensina desigualdade entre homens e mulheres. Cada um tem a posição diante de Deus como pessoa criada à imagem e como pecador que carece da salvação. Essa igualdade, porém, não é de uniformidade monolítica ou de similaridade entre homens e mulheres. É uma igualdade que preserva as diferenças fundamentais entre os sexos e permite a efetivação e o desenvolvimento pleno dessas diferenças. Assim

> ambos possuem uma igualdade comum, com implicações críticas em todos os aspectos de vida; uma vez que homens e mulheres são criados com distinções, como expressões complementares da imagem de Deus com implicações.

Adotar a premissa de igualdade entre os sexos, não é tão fácil para muitas pessoas cristãs que chegam a considerar como andar na beira de um precipício. A ideia de igualdade sem distinção seria concordar com questões como homossexualidade, aborto, libertinagem sexual, entre outras.

Ainda que a boa notícia do Evangelho, de que somos criados à imagem e semelhança de Deus, deva ser o instrumento pelo qual podemos combater as desigualdades e injustiças sociais frutos do pecado, que só deixarão de existir, quando os princípios do cristianismo sejam todos acatados.

A segunda premissa, a qual diz que "é preciso redefinir o conceito de feminilidade e masculinidade, além dos papéis femininos na sociedade, usando a própria mulher como ponto de referência", leva o feminismo a ressignificar o papel da mulher, não diverge acintosamente da Bíblia, a respeito da feminilidade; como:

> Escolhe a lã e o linho e com prazer trabalha as mãos. Como os navios mercantes, ela traz de longe as suas previsões. Antes de clarear o dia ela se levanta, prepara comida para todos os de casa e dá tarefas às suas servas. Ela avalia um campo e o compra; com o que ganha planta uma vinha. Entrega-se com vontade ao seu trabalho; seus braços são fortes e vigorosos. Administra bem seu comércio lucrativo e a sua lâmpada fica acesa durante a noite. Nas mãos seguras o fuso com os dedos pega a roca. Acolhe os necessitados e estende as mãos aos pobres (Provérbios 31: 13-20).

Essa passagem traz uma abordagem condizente à sociedade da época, mas concebe à mulher atividades, além das domésticas, com vistas a produção de mercadorias para subsistência, administração de serviços e de cuidados com os menos favorecidos. Aparenta ser a dona do capital, não vende a sua força de trabalho e não é escravizada.

O movimento feminista contesta a desvalorização do trabalho da mulher, principalmente quando vende sua força de trabalho e recebe aquém do homem. E quando não participa de altos postos na hierarquia institucional.

O movimento feminista valoriza a **justiça** com a participação das mulheres, a exemplo a criação das Delegacias de Mulheres; defende o **divórcio**, como alternativa na dissolução de uniões abusivas, com vista a cessar as intermitentes violências, que terminam por ocasionar, dentre estas o feminicídio; a **contracepção** como um direito de autonomia do seu corpo; o **aborto** com interpretação equivocada por parte de alguns grupos; pois o movimento feminista defende a sua descriminalização, face as suas múltiplas causas, inclusive de sobrevivência, visto que uma gravidez indesejada para o capitalismo traz prejuízo, para a família é um vexame, muitas vezes implícita num falso padrão moral, quando ocorre fora do casamento.

Contudo a premissa três, considera a Bíblia machista, quando reflete o patriarcado dominante na cultura israelita e grega, da sua época. Para tal, precisamos compreender que o patriarcado representa um sistema sociopolítico, em que o masculino tem supremacia nas relações de gênero, considerado- se o ditador das pautas, tanto como chefe de família, na vida social e política e na transmissão de valores patrimoniais. Com isso essa pessoa deve ser respeitada, obedecida ou venerada, não admitindo qualquer contestação.

Logo, a Bíblia faz distinção entre homens e mulheres, portanto cada um deve exercer o papel para o qual foi concebido. A contraposição dessa premissa traz impactos sociais, concebendo alguns, que:

> A feminização da sociedade acompanha *pari passu* a total perda de direção geral e de autoridade, porque os responsáveis por esse guiamento já não se colocam como tais, observando e aceitando ordens dos que deveriam ser acomodados. É, com certeza, um ponto de vista violentamente contrário ao de Simone de Beauvoir e, sem dúvida, muito mais verdadeiro e verificável por qualquer pessoa comum (Campagnolo, 2016, p. 169).

Por isso, há mais de cem anos, a feminista Elizabeth Stanton produziu a bíblia da mulher, argumentando a necessidade de eliminação do cristianismo ortodoxo, para triunfo dos ideais feministas plausíveis.

CONSIDERAÇÕES FINAIS

Os movimentos em questão exigem, paralelamente ao conhecimento de ambos, o emprego de uma metodologia que remete à construção social histórica dos ensinamentos bíblicos, acerca do feminismo e do masculino. Ainda nos dias de hoje, observa-se a resistência tanto de homens, como de mulheres, tal como se mostra presentes na Sagrada Escritura, pessoas que passaram por fortes e duras provações em relação à sua própria fé, bem como as feministas na luta pelos seus direitos.

No contexto de resistência ao cristianismo é oportuno narrar o segundo livro de Macabeus (7, 1-42) em que uma mãe fiel aos seus princípios religiosos e a sua consciência é assassinada com todos os seus filhos. Eles não se deixaram ser seduzidos com ofertas e promessas aliciadoras, sendo incapazes de trair a religião. Passagem essa que traz a insubmissão dos que são portadores de experiência e não admitem subverter suas crenças e aprendizagens com os recursos de sua sabedoria.

Daí a urgência de educar, principalmente os adolescentes para a fidelidade, a paternidade e a maternidade responsáveis com respeito aos direitos de cada pessoa, dando-lhes sentido a sua vida, superando experiências difíceis, conforme registram o feminismo e o cristianismo em seus legados.

REFERÊNCIAS

BEAUVOIR, Simone de. **O segundo sexo**: fatos e mitos. 3. ed. Rio de Janeiro: Nova Fronteira, 2016.

BÍBLIA SAGRADA. Tradução de João Ferreira de Almeida. Revista e atualizada no Brasil. 2. ed. Barueri: Sociedade Bíblica do Brasil, 1999.

BUTLER, Judith. **Problemas de gênero**: feminismo e subversão da identidade. Rio de Janeiro: Civilização Brasileira, 2016.

CAMPAGNOLO, Ana Caroline. **Feminismo**: perversão e subversão, 2019.

FALUDI, Susan. **Backlash:** o contra-ataque na guerra não declarada contra as mulheres. Rio de Janeiro: Rocco, 2001.

MCCULLEY, Carolyn. **Feminilidade radical**: fé feminina em um mundo feminista. São José dos Campos, Fiel, 2017.

MICHAELIS. **Dicionário Português**. São Paulo: Melhoramentos, 2016.

MILLETT, Kate. **Política sexual**. Tradução de Alice Sampaio, Gisela da Conceição e Manuela Torres. Publicações Dom Quixote, Lisboa. 1669.

NASH, Ronald. **Cosmovisões em Conflitos**: escolhendo o Cristianismo em um mundo de ideais. Tradução de Marcelo Herbertts. Brasília, DF: Editora Monergismo, 2012.

SCHAEFFER, Francis. **Igreja do século XXI**. São Paulo: Editora Cultura Cristã, 2010.

SMITH, Christian. Introspecção: as vidas religiosas e espirituais dos adolescentes americanos. Oxford: Oxford University Press, 2005. *In:* KELLER, Timothy. **Deuses falsos**. EUA: Penguin Group: Inc, 2009.

WRIGHT, Edmund.; LAW, Jonathan. **Dicionário de História do mundo**. Tradução de Cristina Antunes. Belo Horizonte: Autêntica Editora, 2013.

ENSAIOS DA PERSPECTIVA ESCOLAR SOBRE O CUIDADO COM A INFÂNCIA – ENTENDENDO A PUERICULTURA NA TEORIA E PRÁTICA[1]

Vanessa Souza de Miranda
Kilza Fernanda Moreira de Viveiros

INTRODUÇÃO

O presente trabalho retrata a história da Puericultura e sua institucionalização na educação básica feminina visando o ensino teórico e prático das alunas para um atendimento efetivo dos pequenos infantes com o intuito de instruir acerca dos cuidados necessários para prevenir a mortalidade infantil no início do século XX.

Justificando-se pela importância da institucionalização desta prática médica em um ambiente educacional, nossa observação se deu por meio das análises e leituras do material histórico da Escola Doméstica de Natal. Pioneira no ensino da Puericultura, tendo seu Instituto inaugurado no ano de 1919, e com um currículo diferenciado, a escola proporcionou avanços à educação da mulher, trazendo ao município de Natal/RN notoriedade inerente à educação feminina moderna aos moldes da educação da Suíça, com um ensino que se tornou referência em todo o país.

A puericultura propunha que houvesse prudência ao lidar com a saúde das crianças em cada fase desde a gestação até o fim da primeira infância, visando evitar a mortalidade infantil em seus primeiros anos de vida, e também assegurar à mulher um cuidado adequado a sua saúde íntima, zelando-a em todo seu período gestacional e também no puerpério, sendo diligentes no bem-estar desta para que tenha uma boa recuperação e saúde plenas.

---

[1] O presente artigo é um recorte do Trabalho de Conclusão de Curso de Licenciatura em Pedagogia pela Universidade Federal do Rio Grande do Norte, no Centro de Educação, defendido em 31 de março de 2021, intitulado de – A ESCOLA DOMÉSTICA DE NATAL/RN E O ENSINO DE PUERICULTURA NO CUIDADO COM A INFÂNCIA (1919/1929).
Fonte: Miranda, Vanessa Souza de. A Escola Doméstica de Natal/RN e o ensino de puericultura no cuidado com a infância (1919 / 1929). 2021. 73 f. Trabalho de Conclusão de Curso (Graduação em Pedagogia) – Centro de Educação, Universidade Federal do Rio Grande do Norte, Natal, 2021. Disponível em: https://repositorio.ufrn. br/handle/123456789/48185. Acesso em: 1 mar. 2023.

Esta é uma pesquisa desenvolvida na história cultural, e traz conceitos teóricos-metodológicos no campo da memória; modernização; puericultura; infância; educação feminina; contexto social, histórico e cultural que marcaram a época estudada.

Inferimos que o ensino às mulheres sobre os conceitos da puericultura apresentando a teoria e a prática, garantiu que a Escola Doméstica de Natal/RN se torna uma referência neste tipo de formação para moças à época, pois trouxe uma proposta inovadora que perpassou as salas de aula das faculdades de medicina, chegando a uma escola secundária.

DESENVOLVIMENTO

As instruções que foram sendo evidenciadas com a puericultura enquanto disciplina escolar, trouxe para a educação as metodologias específicas da área médica com conceitos científicos na teoria e prática significativos com instruções adequadas para zelar pelas crianças em sua pouca idade.

De acordo com Bonilha e Rivorêdo (2005, p. 7 *apud* Miranda 2021, p. 52), o estudo da puericultura é o "resultado de pesquisas na área da saúde em diferentes campos como Nutrição, Antropometria, Imunologia, Psicologia e Odontologia". Portanto, o ensino da Puericultura traz para a educação ensinamentos técnicos importantes voltados para o cuidado da infância, assevera a autora.

A palavra "puericultura" foi citada em primazia pelo pesquisador e médico Jacques Ballexserd[2] (1726 - 1774) no século 18. Em 21 de maio de 1762, ele escreveu um livro sobre sua pesquisa, intitulado de - *"A dissertação sobre a educação física das crianças, desde o nascimento até a puberdade"*[3]. Nele é abordado temas pertinentes ao cuidado da infância.

---

[2] Jacques Balexert - Nasceu em 03 de outubro de 1726 em Genebra, vindo a falecer no ano de 1774 na cidade de Paris. Filho de David e Julie Prevost. "Doutor B. deixa um nome na história da pedagogia por ser um dos primeiros a se interessar pela educação sob o prisma médico. Ele é influenciado por John Locke e Jean-Jacques Rousseau, que, em suas *Confissões* (II, 9), também o acusa de plágio. Suas duas obras, sobre a educação física das crianças (Paris 1762, Yverdon 1763) e sobre a mortalidade infantil (1775), foram coroadas pelas academias do Harlem e de Mântua e foram objeto de várias edições" (Barras, 2001, s/p). Disponível em: https://hls-dhs-dss.ch/fr/articles/019723/2001-12-27/. Acesso em: 10 jan. 2021.

[3] Título original: Dissertation sur L'éducation physique des enfants, depuis leur naissance jusqu'à l'âge de puberté. Giordanengo (2019, sn). Disponível em: https://bibulyon.hypotheses.org/12625. Acesso em: 10 jan. 2021.

Imagem 1 – A dissertação sobre a educação física das crianças de Ballexserd, 1762

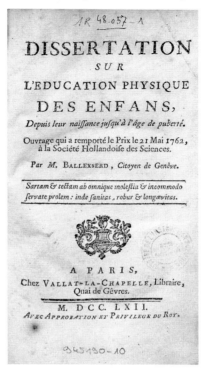

Fonte: Hypotheses/ Biblioteca Diderot de Lyon (2019)[4]

O médico dividiu a infância em quatro períodos - nascimento e lactação, desmame e puberdade. Além disso, ele aconselha que é necessário ter atenção com as vestimentas, alimentação, exercícios físicos [...]. O livro foi publicado em 1762 em Paris em *Vallat-La-Chapelle Library*. E foi reeditado em 1780, recebendo acréscimos à pesquisa e sendo mais divulgado que a primeira publicação. Sua preocupação era voltada aos cuidados com o corpo da criança, já compreendendo a relevância da amamentação para haver um desenvolvimento saudável dos pequenos infantes, por exemplo.

Em uma de suas pesquisas, Ballexserd (1726 - 1774) demonstrava preocupação com as condições higiênicas que os pequenos eram expostos, pois, havia um crescimento nas taxas de mortalidade neonatal até o segundo ano de vida da criança, aproximadamente. Em seu livro, ele aborda também noções essenciais para o cuidado da mulher durante o período gestacional,

[4] *Idem.*

para ele esse cuidado deve acontecer mesmo antes do nascimento da criança, e para isto, fez-se necessário zelar pelo bem-estar da mulher durante e após a gestação, pois ela estando com a mente e o corpo sãos seria capaz de proporcionar os melhores cuidados para a criança em todas as suas fases de crescimento.

Na época, o médico suíço aconselhou que fosse dada atenção adequada ao desenvolvimento das vitalidades da criança, também indicou a forma correta de higienizar as roupas, a casa, os alimentos e propôs que deveria ser levado em consideração a prática de atividades físicas, a título de exemplo. Seus ensinamentos também trouxeram contribuições para identificar as doenças e qual seria o tratamento mais adequado, evitando morte precoce em especial das crianças, sobretudo as que tinham até dois anos de idade.

Segundo Giordanengo (2019, s/p), dentro dos ensinamentos de Ballexserd (1726 - 1774), havia "ideias do Iluminismo, incluindo a fé no progresso". A morte infantil, por exemplo, não era mais uma simples fatalidade: podemos nos proteger dela se dermos o conselho certo, primeiro às camadas superiores da população, que as camadas mais populares irão imitar". Mais à frente, a autora fala sobre o forte teor político encontrado nos escritos do médico, mesmo que inconsciente, talvez, sobre "um corpo saudável e forte porque bem educado é a característica de uma burguesia em ascensão, longe dos modos afetados e enfraquecidos dos aristocratas ou da Corte".

Mas apesar da relevância da pesquisa, pouca importância foi dada ao que era dito. Sendo apenas observado posteriormente com a contribuição do francês Alfred Caron (18... - 18...), médico dedicado à pesquisa e aos cuidados com os pequenos. Saparolli (2012, p. 2) assegura que o manual foi publicado em 1865, recebendo como título - *Introdução ao cuidado infantil e higiene na primeira infância[5]*". Nele, Caron informou que muitas moléstias ou hospitalizações infantis teriam sido evitadas se as mães tivessem recebido as devidas orientações corretas para a amamentação e fossem cautelosas com a limpeza.

Observamos que ambos os pesquisadores remeteram suas preocupações à falta de preparo das mães, pois estas não eram capacitadas para dedicar-se aos cuidados necessários de seus pequenos filhos. No entanto, observar a puericultura enquanto ciência é entender que ela é um estudo da área médica, e que dentro da pediatria foi muito relevante torna-se uma disciplina de estudo para jovens moças.

---

[5] Título original: *Introduction La Puériculture Et L'hygiène de La première enfance, par. A. Caron. Paris, 1865*. Disponível em: https://gallica.bnf.fr/ark:/12148/bpt6k9609200r. Acesso em: 18 nov. 2022.

Mas conforme as pesquisas foram avançando, os seus idealizadores perceberam a relevância do ensino ser inserido na formação materno infantil, havia algo em comum entre eles - A mulher precisava aprender essas noções científicas, pois assim poderiam agir da maneira correta na criação das crianças mais novas.

Imagem 2 – Introdução ao cuidado infantil e higiene na primeira infância - 1865

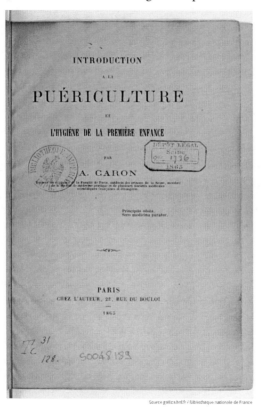

Fonte: Hypotheses/Biblioteca Diderot de Lyon (2019)

Segundo com Kuhlmann Jr (2000, p. 473), o ideal era promover instruções adequadas com profissionais competentes e respeitosos, orientando as mães sobre os cuidados necessários com seus filhos, e também que elas se tornassem aptas para ensinar outras mulheres. O autor relata que foi pré-definido sobre o que deveria ser ensinado e a intenção do estudo. Havia um grupo de pessoas engajadas para que fosse cumprido o que eles desejavam, a título de exemplo os "médicos, legisladores, educadores, religiosos, homens ou mulheres. Essas pessoas se apresentaram como capazes, portanto, de criar e manter instituições que propiciaram até modelos para a educação das crianças das classes populares".

Ocorria intencionalidade em todo o discurso, não era apenas cautela em relação a mortalidade ou bem-estar das crianças, mas havia uma ação preventiva com intenção de não se tornarem adultas propensas a adquirir doenças como diabetes ou hipertensão arterial, o ideal seria não tê-las, mas se no decorrer de sua puerícia fosse identificada, o aconselhado era tratar precocemente, fornecendo os meios mais adequados para atendê-las em suas necessidades mais urgentes, e assim crescerem de forma saudável.

A atenção adequada durante a fase gestacional, incluindo atividades físicas e dieta balanceada, ajudou a prevenir muitas das mortes não somente dos bebês ainda na gestação, mas também das mães, devido à insipiência em relação aos cuidados essenciais que perdiam a própria vida. Todavia, tornou-se válido ressaltar a importância em observar os indícios de alerta ao longo da gestação, por meio dos exames verificando os sinais vitais, visando prevenir o indesejável, que é a perda neonatal e materna.

A afirmação de Bonilha e Rivoredo (2005, p. 8), nos mostra outra intencionalidade deste estudo, a de definir um padrão comportamental não apenas "para as crianças, mas para as famílias como um todo, de cunho moralizante e baseado naquele considerado ideal pelas classes dominantes [...]", a padronização da sociedade. Os autores asseguram que

> Desde a sua origem, ..., até os dias atuais, a puericultura teria incorporado características próprias de cada momento e local em que foi praticada, recebendo novas determinações e influências dos grupo hegemônicos sem, no entanto abandonar seu núcleo ideológico, que oferece, através da educação, a modificação de situações que dependeriam de amplas reformas sociais. (Bonilha; Rivorêdo, 2005, p. 8).

Os avanços com as pesquisas e aprofundamento dos estudos sobre a puericultura, tornam este ensino para além dos propósitos iniciais que eram apenas da prevenção a mortalidade infantil, a puericultura passou a ser contada concomitantemente com as mudanças sociais. Ela "passa então, a ser analisada ao lado da história das crianças, das mulheres, das famílias e da medicina, assim como das grandes transformações políticas, econômicas e culturais" (Bonilha; Rivorêdo, 2005, p. 9).

De acordo com Heywood (2004, p. 23), na Idade Média, a criança ainda muito pequena era tratada como uma pessoa adulta, que já tem autonomia para cuidar de si, descartando os cuidados necessários para o seu desenvolvimento, sendo muitas vezes inseridas em um ambiente de adultos, para terem a mesma função social, como se tivessem formação física e psicológica semelhantes a eles.

No entanto, não passava de uma criança considerada um adulto em "menor escala." Além disso, "não havia noção de educação, tendo os medievais se esquecido da *paideia* da civilização clássica, nem qualquer sinal de nossas obsessões contemporâneas com problemas físicos, morais e sexuais de infância".

A criança precisava ser observada em suas particularidades, foi necessário um estudo mais preciso que também cuidasse do desenvolvimento do seu corpo e de sua saúde. Pois não era apenas a criança desprotegida de sua inocência, vivenciando ações que ocasionalmente eram inadequadas para seu desenvolvimento individual e coletivo enquanto sujeitos de direitos, mas era a própria negação da urgência em criar ações voltadas para manter corpos e mentes sãos diante da indiferença que a comunidade tinha perante a criança em formação.

Os séculos 19 e 20 foram marcados pelos avanços nos estudos dedicados aos pequenos infantes, ao observar principalmente o descuido em sua formação e crescimento que levou a mortalidade de forma precoce.

A puericultura chegou ao Brasil no final do séc. 19. por meio dos estudos do médico o Dr. Carlos Arthur Moncorvo Figueiredo (1846-1901), referência nacional na proteção da infância, conhecido como o pai da pediatria, ele trouxe contribuições necessárias aos estudos da infância. E seu filho, o Dr. Carlos Arthur Moncorvo Filho (1871-1944) seguiu os seus passos na profissão e na pesquisa, fundando o primeiro Instituto de Proteção e Assistência à Infância do Brasil - IPAI, iniciando na cidade do Rio de Janeiro em 1899, e serviu de referência para que outros fossem inaugurados no país, inclusive no Rio Grande do Norte em 1917 pelas mãos do médico o Dr. Varela Santiago Sobrinho (1885-1977).

A entrada do novo século trouxe um movimento mundial que era "em prol da infância". Freire (2016, p. 83) relata que Moncorvo Filho (1871-1944) em uma entrevista oferecida ao jornal *Correio da Manhã*, ressaltou que "também no Brasil o tema vinha despertando interesse de estudiosos e filantropos, e gerando trabalhos de alta qualidade, entre os quais aqueles desenvolvidos pelo Dr. Moncorvo Filho".

Em concordância com Freire (2016, p. 84) "o IPAI não se reduzia a apenas mais uma entidade assistencial, mas constituía a materialização de um novo modelo ideológico e institucional de proteção às crianças". Além disso, a autora afirma também que o médico defendia o estabelecimento de normas que fossem suficientes no que diz respeito à higiene infantil, e sua base fosse dirigida por médicos, usando todo conhecimento técnico e científico. Havia urgência em modernizar os meios de acesso à saúde, evitando o atraso do país em relação às grandes metrópoles. Em conformidade com Freire (2016, p. 84),

> Moncorvo Filho compartilhava o ideário da elite intelectual e profissional nos primórdios republicanos, que defendia a necessidade de ruptura com o passado de "atraso" e tradição e a implantação de extensa reforma modernizadora, mirando a redenção do país por meio da ciência - em particular da higiene.

Era necessário ensinar as famílias a terem zelo com a higiene do corpo dos pequenos e também na preparação dos alimentos, repassando-os especialmente às mães. Proteger as crianças carentes das mazelas tornou-se o principal argumento para segmentar e propor determinadas experiências para elas, não apenas marcadas por seus caracteres físicos, mas também por condições sociais distintas, afirma Rizzini e Gondra (2014, p. 568).

Houve inúmeros debates na Faculdade de Medicina do Rio de Janeiro em meados do século 19 sobre a mortalidade infantil, eles estudavam as melhores condições para promover o desenvolvimento e acesso às famílias sobre o cuidado com a infância. Sem dúvida os discursos higienistas eram voltados para as crianças mais pobres. E que não tinha acesso ao básico necessário para a sua subsistência.

Segundo Gondra (200, p. 104), a situação era grave pois a mortalidade infantil atingiu um alto índice, totalizando 82% das mortes que em muitos casos eram causados pela desnutrição, abandono nas ruas, ou até a falta de espaço suficiente nas rodas dos enjeitados, organizando as crianças "segundo os preceitos da higiene, sob a pena de ser mantido o alarmante índice de mortalidade". No que tange às dificuldades impostas com a roda dos expostos, Freire (2016, p. 84) afirma que o cuidado com a assistência infantil,

> Tratava-se, sobretudo, de ultrapassar o modelo arcaico da instituição da roda dos expostos, considerado obsoleto não apenas pela ineficácia na salvaguarda da infância desvalida, mas inclusive por contribuir para elevar os índices

> de mortalidade infantil - devido especialmente à precária condição sanitária de suas instalações e à inadequada alimentação dos asilados. Em substituição, caberia implantar um novo padrão assistencial de base higiênica, com foco na preservação da saúde e da vida das crianças.

A criação do IPAI RJ foi o marco inicial para preparar as mulheres na gestação e no puerpério. Conforme Bonilha (2004, p. 61), o modelo era semelhante ao da Europa, e imputaram a mãe o peso da mortalidade de seus filhos, por não serem conhecedoras dos cuidados adequados com a higiene do lar, alimentos e claro das crianças também, principalmente quando estas viessem adquirir alguma doença.

Era imprescindível manter o acompanhamento das mães, proporcionando ensinamentos eficazes que mudassem seus hábitos ao ponto de torná-las perfeitas aos olhos da elite. Em outras palavras, estabelecendo um padrão para a sociedade a todo custo, mascarando a realidade social das camadas mais pobres e controlando o nascimento desordenado de crianças desvalidas. Por meio do ensino da puericultura foi possível proporcionar às mulheres as instruções corretas sobre os devidos cuidados durante a gestação.

Era notório que a intencionalidade do projeto foi promover a "higienização do território e de seus habitantes", pois representava "a possibilidade de superação da convicção então dominante de que o clima hostil e a raça 'impura' condenava o país ao fracasso." Apoiada em Freire (2016, p. 84), toda essa cinestesia representava também a conciliação "com o movimento de valorização das crianças como o futuro da nação, merecedoras, portanto, de proteção e amparo, e os esforços de legitimação da medicina como campo de conhecimento científico e instância privilegiada na ordenação do social."

Era consensual que prevenir a mortalidade infantil mudaria a realidade das crianças, e esse ensinamento foi prioritário para os mais ricos, sendo estes os detentores das condições econômicas favoráveis. Porém, não havia impedimento aos médicos que, por caridade, fornecessem o ensino às mulheres mais pobres. Conforme afirma Miranda (2021, p. 57),

> Ficou latente a importância da prevenção à mortalidade infantil, sendo a condução dessa medida direcionada para as classes mais abastadas, apesar das intervenções médicas serem conduzidas para os menos favorecidos financeiramente. A preocupação da elite era proteger seus filhos das possíveis moléstias adquiridas no convívio com as crianças pobres, demonstrando que o preconceito era estarrecedor.

A preocupação da elite mascarava uma triste realidade: o preconceito com as camadas mais pobres da sociedade. Não é de se admirar, pois a puericultura no Brasil, segundo Bonilha (2004, p. 63), tinha "um forte teor moralista e de discriminação entre ricos e pobres [...]". Ela influenciou muitos médicos e passou pelo processo de institucionalização entre os anos de 1911 a 1930.

Era o planejamento da sociedade ideal, racional e produtiva, pois as mulheres sendo bem instruídas, formavam cidadãos moldados para contribuir em seu meio social. Não seria à toa a fundação de uma escola voltada para as jovens moças. Miranda (2021, p. 57) constata que,

> Nessa construção Histórica do cuidado na primeira infância do Brasil entre os séculos XIX e XX, a sociedade brasileira passou a entender que era eficaz trazer para a educação ensinamentos sobre o cuidado. A criança é um ser completo, Nunes, Corsino e Didonet (2011, p.13), afirma que "no âmbito teórico ou conceitual das ciências que estudam a criança[...] sobre a primeira infância, que a criança é um todo, que o físico, o social, o emocional e o intelectual são apenas aspectos de um ser único e integral e que um não se realiza bem sem os outros".

A intenção da Escola Doméstica de Natal, por exemplo, foi além de promover um ensino inovador com enfoques a educação europeia, seu intuito foi proporcionar aos seus idealizadores um meio de formar essa mulher/mãe ideal tão almejada pela elite. Foi necessário entender a necessidade da criança, proporcionando-lhe um tratamento adequado que prevenisse problemas no futuro. Miranda (2021, p. 57), reitera que,

> A Puericultura reforçou que iniciando esse cuidado na mais tenra idade a criança se tornará um adulto saudável e feliz, sendo produtivo para a sua nação. Varela Santiago instruía as alunas nas atividades práticas, sobre o fato, Rodrigues(2007,p.168) afirma que, Durante uma aula de Puericultura, refletia um dos momentos de expectativa das discentes, que era pôr em prática os conhecimentos estudados durante as aulas Puericultura, pois a discente deveria vivenciar durante uma semana as práticas referentes aos cuidados de saúde, higiene e nutrição de uma criança.

De acordo com Rodrigues (2007, p. 56),

> O discurso da necessidade de homens e mulheres serem mais ativos, participantes e atuantes nos acontecimentos sociais e particularmente nesse contexto, emergiu um novo estereótipo de mulher doméstica, moderna, para gerenciar o espaço

doméstico, preparar os filhos para a sociedade e o trabalho. O pensamento educacional de alguns educadores no Brasil, no início do século XX, era articular as propostas surgidas para a educação com as transformações de ordem econômica e social ocorridas no período, absorvendo o surto nacionalista então presente nas discurssões. Grande parte da intelectualidade, naquele momento, propunha formas renovadas de educação ou modelos que eliminassem o analfabetismo reinante, buscando formas de atuação e conteúdos modernos para a escola que deveria ser mais ativa e tornar o sujeito mais participante desse processo de mudança.

A educação feminina proporcionou às alunas um ensino sobre o cuidado para além do lar, as jovens moças aprendiam atribuições distintas, inclusive a serem boas mães, com o ensino da puericultura.

Nos ensinamentos propostos no ambiente da Escola Doméstica, a mulher recebia as instruções adequadas para que pudessem ser partícipes na formação de um novo sujeito social, aquele idealizado pela sociedade elitizada, no qual as crianças eram bem educadas e os adultos eram cidadãos promissores para a nação (Miranda, 2021, p. 59).

A puericultura na Escola Doméstica de Natal/RN

A instituição Escola Doméstica de Natal/RN, teve como precursor Henrique Castriciano (1874 - 1947)[6], intelectual macaibense, que em uma de suas viagens à Europa no ano de 1909 para tratar da saúde, conheceu a Ècole Normal pour la formation d'Institutrices d'Ècoles Ménagère de Friburgo, no Cantão Suíço.

Encantado com a modernidade e inovação transmitida pelos ensinamentos da escola, ao retornar à Natal, ele reuniu algumas autoridades para

---

[6] Um dos maiores intelectuais do Rio Grande do Norte, nasceu em Macaíba, a 15 de março de 1874. Poeta, teatrólogo, bacharel em Direito, jornalista, político, fundador da Academia Norte-Rio-Grandense de Letras, dos Escoteiros do Alecrim e da Escola Doméstica de Natal. É nome de rua e de complexo educacional. Como assessor do governador Alberto Maranhão, criou a primeira lei de incentivo à cultura, iniciando, segundo o escritor Edgar Barbosa, o "ciclo de ouro das letras e das artes no estado". Vice-governador do RN, procurador geral do Estado e deputado estadual. Presidiu a Constituinte de 1915, que restaurou o cargo de vice-governador, e presidente efetivo do Congresso Estadual (1915 a 1920), com direito apenas ao voto de qualidade. No dia da promulgação, os constituintes, à unanimidade, elegeram Henrique Castriciano de Souza. Faleceu em 26 de julho de 1947, na Policlínica de Natal. Está sepultado no Cemitério do Alecrim, ao lado do seu irmão Eloy de Souza. Fonte: Memorial do Legislativo e da Cultura Potiguar. Henrique Castriciano de Souza. Disponível em: https://memorial.al.rn.leg.br/index.php/pioneirismo-da-mulher. Acesso em: 11 nov. 2022.

mostrar-lhes o quão encantador era o ensino europeu e como as mulheres teriam uma formação diferenciada.

Foi necessário promover algumas ações até de fato efetivar a fundação da Escola Doméstica de Natal/RN em 1° de setembro de 1914. Conforme publicação do jornal *A República*[7],

> Realizou-se ontem nesta capital sob a presidência do Sr. Governador do Estado, com a presença da Diretoria da Liga de Ensino, as professoras Hélène Bondoc e Jeanne Negulesco, o representante do sr. bispo diocesano, altas autoridades do ensino, pessoas gradas e grande número de senhoras de nossa melhor sociedade, a inauguração solene da Escola Doméstica criada pela Liga de Ensino, no edifício próprio [...] (Lima, 2004, p. 240).

O seu público principal era composto pelas moças das famílias abastadas do interior e da capital do RN. Sendo fundada para considerar os preceitos de modernidade, que conforme Le Goff (1990, p. 167), foi possível compreender que ela "torna-se então o atingir dos limites, a aventura da marginalidade, e já não a conformidade à norma, o refúgio na autoridade, a ligação ao centro, que o culto do "antigo" sugere".

Sendo eles contagiados por Henrique Castriciano (1874 - 1947), eles decidem fundar a Liga de Ensino do Rio Grande do Norte (LERN) em 1911, para posteriormente fundar a Escola Doméstica em 1914, com intuito de "auxiliar os poderes públicos em tudo quanto disser respeito à instrução e educação do povo, e em particular, fundar escolas para a instrução e educação da mulher" (Cascudo, 2008, p. 163).

Com o passar dos anos, o currículo foi sendo aperfeiçoado e em 1919, a escola dá um novo passo na educação das jovens moças ao inaugurar o Instituto de Puericultura. O objetivo era ensinar as alunas, aulas teóricas e práticas sobre o cuidado com a infância, sendo que elas cuidavam durante um período dos bebês que ficavam internos no berçário do instituto.

---

[7] Liga do Ensino - Breve Notícia da Inauguração da Eschola Doméstica de Natal. (Estado do Rio Grande do Norte). Em 1° de setembro de 1914. Extrahido d' A República, 1914. Repositório LABIM/CCHLA/UFRN. Disponível em: http://www.edufrn.ufrn.br/handle/123456789/2146. Acesso em: 11 nov. 2022.

O médico higienista e professor, o Dr. Varela Santiago Sobrinho (1885 - 1977)[8], a convite de Henrique Castriciano passou a integrar o corpo docente da Escola Doméstica, trazendo o ensino de Puericultura para a cidade de Natal. Desde o ano de 1913 que ele exercia uma atividade filantrópica, atendendo mães e crianças carentes em sua residência. Em 1917 fundou o IPAI e depois tornou-se docente no ensino da Puericultura e também de outras cadeiras dedicadas ao ramo da medicina na Escola Doméstica.

O discurso dos intelectuais e políticos sobre a Escola evidenciou quais eram os valores implícitos por eles pregados. E qual formação na educação feminina eles desejavam, era notório que deveria prevalecer os valores morais, intelectuais e culturais, que em conformidade com Rodrigues (2007, p. 102), era necessário investir na prática dos conhecimentos, direcionando a formação ao contexto social e tornando esse conhecimento útil à sociedade, a fim de que acompanhasse o processo produtivo que aflorava com o crescimento da indústria, "exigindo da escola uma cultura de formação que passasse a privilegiar a pedagogia e seus elos com os objetivos políticos e culturais da sociedade vigente".

Rodrigues (2007, p. 168), relata também que nas aulas de puericultura era ensinado não somente aulas expositivas, mas também aulas práticas sobre os conhecimentos adquiridos em sua formação, elas aprendiam a cuidar de uma criança desde bebezinha, desenvolvendo habilidade sobre

> alimentação infantil, doenças na infância, higiene infantil, vacinação, aleitamento materno, etapas de crescimento das crianças, desenvolvimento físico e mental, educação física para as crianças, formação moral e intelectual para cursar a matéria de Puericultura, as discentes teriam que apresentar como pré-requisitos já terem estudado as matérias de enfermagem, higiene, nutrição e medicina que seriam, na concepção curricular, as bases teóricas para a Pediatria.

As aulas eram ministradas no 5° e último ano do curso doméstico. E a condição para estudar essa disciplina era ter passado pelos cursos de

---

[8] Varela Santiago nasceu em 28 de abril de 1885 no Engenho Boa Vista, município de Touros/RN, sendo o segundo filho dos quinze, que o casal Cândido Xavier Varela Santiago e Rita da Costa Varela tiveram. No ano de 1913, após formado médico, passou a atuar em seu consultório inicialmente em Ceará Mirim, e posteriormente em Natal, com atendimentos gratuitos aos mais pobres em dias específicos. Estes atendimentos eram operações cirúrgicas, partos, tratamentos de moléstias de senhoras e de crianças, conforme assevera Galvão (2017, p. 72). O Dr. Varela Santiago trouxe grandes contribuições para o RN, em nossa pesquisa, descrevemos sobre sua atuação na área da educação, contribuindo para a formação das alunas da Escola Doméstica de Natal lecionando algumas disciplinas do campo da medicina e especial a Puericultura, nosso objeto de estudo. Ele faleceu em 15/07/1977, sendo sepultado no cemitério do Alecrim, bairro do município de Natal/RN.

anatomia, fisiologia, patologia e higiene, essas noções foram ensinadas no 3° e 4° anos (Galvão, 2017, p. 98).

As alunas passavam a desenvolver suas habilidades tendo um espaço adequado para isto, o Instituto de Puericultura contava com instalações e equipamentos dos mais modernos já encontrados. Galvão (2017, p. 98) descreve que as instalações do recém-construído pavilhão tinham:

> Uma secretaria que também serve de arquivo; de uma sala de *"puerimetria"*, de um amplo salão onde ficam internadas as crianças, durante seis meses, de abril a setembro; de um dormitório para a empregada doméstica que fica de plantão; de um refeitório; de uma cozinha dietética; de rouparia e instalações sanitárias. A parte superior do prédio é circundada de varandas, destinadas a banhos de ar e de sol das crianças.

Havia um espaço adequado para as aulas de puericultura, o pavilhão era um prédio anexo à escola Doméstica, Galvão (2017, p. 93 *apud* Miranda, 2021, p. 62), descreve que no "prédio foi colocado ladrilho de mosaico na sala de refeições, além de construírem uma copa de duas águas, uma cozinha para as criadas, assoalhos nos dormitórios também foram colocados [...]. O objetivo era criar um ambiente aconchegante".

Imagem 3 – Pavilhão de Puericultura da Escola Doméstica de Natal, 1919

Fonte: Galvão (2017, p. 104).

Havia uma estrutura adequada para exames e aulas, além de ter equipamentos necessários para que as aulas ocorressem de forma eficaz. De acordo com Fernandes (2016, p. 32 *apud* Miranda, 2021, p. 62), no prédio tinha

> [...] balanças, antropômetro, mesa, cozinha dietética, berçário com divisórias, banheira própria para recém-nascido, aquecedor de água, paredes revestidas de azulejos [para controle da higienização], [além de] apartamentos para uso das alunas escaladas como 'mãe' e 'ajudante'.

Nas imagens a seguir, podemos visualizar como era a disposição dos móveis de uma das salas, os equipamentos disponíveis, cuidado com a higiene inclusive nas fardas das alunas. Não podia ser diferente, pois um dos preceitos da puericultura é o cuidado com a higiene do lar e por consequência da saúde da criança, o pavilhão era um laboratório repleto de ensinamentos, que amparava crianças selecionadas para serem cuidadas pelas alunas da escola por um período predeterminado.

Imagem 4 – O professor Varela Santiago e as alunas de Puericultura com as crianças

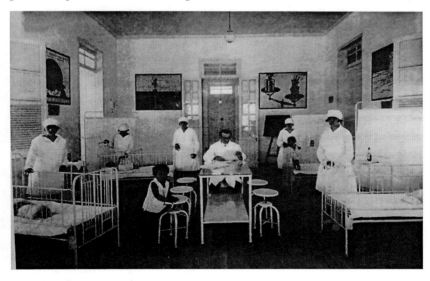

Fonte: Galvão (2017, p. 106)

Imagem 5 – O professor Varela Santiago mostrando para as alunas como usar a balança antropométrica

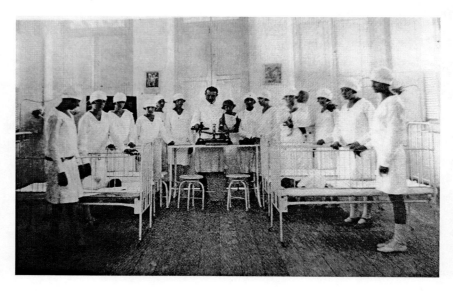

Fonte: Galvão (2017, p. 106)

Uma preocupação em relação a mortalidade infantil para Varela Santiago, foi a falta de limpeza nos ambientes, o cuidado com a água, a limpeza e conservação dos alimentos e outros fatores, que ele descreve em uma publicação feita na revista A Escola Doméstica em outubro de 1925 (ver imagem a seguir), para ele o principal fator para a fatalidade era a falta de uma cultura sanitária cabendo ao Estado promover ações que priorizasse esses cuidados higiênicos para a população.

Imagem 6 – A Hygiene no lar - Outubro/ 1925

Fonte: Santos (1998). Revista *A Escola Doméstica* - Edição Fac Similar

De acordo com Viveiros (2011, p. 114), era necessário

> Promover a melhoria das condições de salubridades da população, as práticas higiênicas se tornaram, à época, a materialização dos saberes no campo médico, valorizados a partir de então. Constituindo-se um dos campos mais importantes da medicina social, consolidando na sociedade ocidental ao longo do século 19, a higiene marcou o aparecimento da preocupação sanitária com o meio urbano. [...] Os estudos no campo da higiene buscavam promover a melhoria das condições de vida saudável, não apenas na Corte, mas em toda sua extensão imperial, mediante a formulação de políticas públicas.

A autora traz um panorama de como evidenciou o cuidado higiênico no final do século 19 e início do séc. 20 no Brasil. A partir dos estudos e comprovações da urgência em promover ações adequadas para que a população tivesse acesso à lugares higienizados,

> [...] o saneamento passava a ser a ordem, trazendo consigo a necessária construção de redes de esgotos, de sistemas de abastecimento de água encanada, da retirada dos cemitérios dos perímetros urbanos, da organização de vias de acesso pavimentadas, entre outras ações que se refletiram na aquisição de novos comportamentos e costumes (Viveiros, 2011, p. 115).

Todo esse processo veio legitimar as ações futuras de institucionalização das atividades higiênicas, bastante afloradas no início do século 20.

CONSIDERAÇÕES FINAIS

A institucionalização da Puericultura, trouxe oportunidades a uma educação que ensinava sobre os cuidados e prevenção da mortalidade infantil, muito estudada e debatida pela classe médica. A Escola Doméstica foi precursora e inovadora no Rio Grande do Norte quando trouxe para a educação escolar o curso de puericultura.

O ensino era apenas dado aos médicos em sua formação acadêmica, no Brasil, iniciou-se na Faculdade de Medicina do Rio de Janeiro, sendo o laboratório dos estudos para a melhor forma de passar as instruções diante das demandas da sociedade com tantas crianças vindo a óbito e posteriormente essa referência e ensino foram expandidos para os demais Estados brasileiros.

O Dr. Arthur Moncorvo Filho, um zeloso pesquisador dos cuidados da infância, e fundador do Instituto de Proteção e Assistência à Infância no Brasil, teve muito esmero ao repassar os conhecimentos para seus alunos e colegas médicos que também foram diligentes em suas pesquisas e práticas, contribuindo para a qualidade de vida da população, principalmente os mais carentes.

O ensino da Puericultura na Escola Doméstica, garantiu que novas perspectivas fossem dadas aos cuidados das crianças, bem como a adequação de técnicas sobre esse cuidado, observando o seu desenvolvimento natural sem tratá-las como pequenos adultos, respeitando suas peculiaridades.

REFERÊNCIAS

BARRAS, Vincent. Balexert, Jacques. *In:* **Dicionário Histórico da Suíça** (DHS), 27 dez. 2001. Disponível em: https://hls-dhs-dss.ch/fr/articles/019723/2001-12-27. Acesso em: 18 jan. 2021.

BONILHA, Luís Roberto de Castro Martins. **Puericultura:** olhares e discursos no tempo. Campinas, SP: [*s. n.*], 2004.

CASCUDO, Luís da Câmara. **Nosso amigo Castriciano:** 1874-1947: reminiscências e notas. Natal, RN: EDUFRN, 2008.

FREIRE, Maria Martha de Luna. Salvando o Esteio da Nação: Moncorvo Filho e o Instituto de Proteção e Assistência à Infância do Rio de Janeiro. *In:* SANGLARD, Gisele (org.). **Amamentação e Políticas para a Infância no Brasil:** a atuação de Fernandes Figueira (1902-1928). 1. ed. Rio de Janeiro: Fiocruz, 2016.

GALVÃO, Cláudio Augusto Pinto. **Um apóstolo entre nós.** Natal, RN: Jovens Escribas, 2017.

GIORDANENGO, Claire. A dissertação sobre a educação física das crianças de Ballexserd. **Hypotheses**, Biblioteca Lyon Diderot, 2019. Disponível em: https://bibulyon.hypotheses.org/12625. Acesso em: 10 jan. 2021.

GONDRA, J. A sementeira do porvir: higiene e infância no século XIX. **Educação e Pesquisa**, v. 26, n. 1, 2000, p. 99-117. Disponível em: https://doi.org/10.1590/S1517-97022000000100008. Acesso em: 12 abr. 2019.

HEYWOOD, Colin. **Uma história da infância**: da idade média à época contemporânea no ocidente. Tradução de Roberto Cataldo Costa. Porto Alegre: Artmed, 2004.

LE GOFF, Jacques, 1924. **História e memória.** Campinas, SP: Editora da Unicamp, 1990. (Coleção Repertórios).

LIMA, Daladier Pessoa Cunha. **Noilde Ramalho:** uma história de amor à educação. Natal: Liga de Ensino do Rio Grande do Norte, 2004.

MIRANDA, Vanessa Souza de. **A Escola Doméstica de Natal/RN e o ensino de puericultura no cuidado com a infância (1919 / 1929).** 2021. 73f. Trabalho de Conclusão de Curso (Graduação em Pedagogia) – Centro de Educação, Universidade Federal do Rio Grande do Norte, Natal, 2021. Disponível em: https://repositorio.ufrn.br/handle/123456789/48185. Acesso em: 22 jan. 2021.

NUNES, Maria Fernanda Rezende; CORSINO, Patrícia; DIDONET, Vidal. **Educação Infantil no Brasil:** primeira etapa da educação básica. Brasília: Unesco, Ministério da Educação, Secretaria de educação Básica, Fundação ORSA, 2011.

PERROT, Michelle. **Minha história das mulheres.** São Paulo: Contexto, 2007.

RIZZINI, Irma; GONDRA, José Gonçalves. Higiene, tipologia da infância e institucionalização da criança pobre no Brasil (1875-1899). **Revista Brasileira de Educação**, v. 19, n. 58, jul./set., p. 561-584, 2014. Disponível em: https://www. scielo.br/j/rbedu/a/KgDg9SHLsWSXxpgs3BLmmXb/abstract/?lang=pt. Acesso em: 22 jan. 2021.

RODRIGUES, Andréa Gabriel F. **Educar para o lar, educar para a vida:** cultura escolar e modernidade educacional na Escola Doméstica de Natal (1914 - 1945). 2007. Tese (Doutorado em Educação) – Universidade Federal do Rio Grande do Norte, Centro de Ciências Sociais Aplicadas, Programa de Pós-Graduação em Educação, Natal, 2007.

SANTOS, Maria das Graças de Aquino (org.). **A Escola Doméstica**, v. 1, n. 1, 1998. Natal, RN: Escola Doméstica, 1998.

SAPAROLLI, Eliana Campos Leite. **Puericultura**. São Paulo: UNASUS; UNIFESP. Biblioteca Virtual, 2012. Disponível em: https://www.unasus.unifesp.br/biblioteca_virtual/pab/1/unidades_casos_complexos/unidade12 /unidade12_ft_puericultura.pdf. Acesso em: 4 jan. 2021.

SAVIANI, Dermeval. Instituições escolares: conceito, história, historiografia e práticas. **Cadernos de História da Educação,** n. 4, jan/dez. 2005. Disponível em: https://seer.ufu.br/index.php/che/article/view/382. Acesso em: 4 jan. 2021.

VIVEIROS, KFM. Instituições, modernidade, infância pobre e eugenia no Maranhão (Brasil) nas primeiras décadas do século XX. *In:* PAIVA, Marlúcia Menezes de; KILZA, Fernanda Moreira de Viveiros; NETA, Olívia Morais de Medeiros (org.). **Infância, escolarização e higiene no Brasil**. Liber Livro, 2011. 224p. il.

NARRATIVAS DE MULHERES ALUNAS SOBRE O PROGRAMA MULHERES MIL EM AÇAILÂNDIA-MA

Maria das Dores Cardoso Frazão
Raquel Cardoso Frazão

INTRODUÇÃO

Este texto aborda o Programa Mulheres Mil, no campus do Instituto Federal de Ciência e Tecnologia do Maranhão, município maranhense de Açailândia, no ano de 2012. O Programa começou como projeto em 2007, resultado de acordo bilateral entre o Brasil e o Canadá a fim de qualificar mil mulheres das regiões Norte e Nordeste brasileira, pela vulnerabilidade social em que vivem uma parte delas.

Em 2011, o projeto torna-se Programa e consubstancia-se em uma política pública de gênero. Nesse percurso chega ao Maranhão e em Açailândia, sendo que sua implementação ocorre no mesmo ano, com a oferta do Curso Básico de Qualificação Profissional em Alimentos.

No presente texto, partimos da organização e implementação do Programa no referido campus, bem como as narrativas das alunas sobre o Mulheres Mil. As fontes para sua escrita foram 10 cartas escritas por alunas, na disciplina de Língua Portuguesa, ofertada à turma do ano de 2012. Além das cartas, analisamos os documentos produzidos pelo governo federal acerca do funcionamento do Programa.

No momento da produção das cartas, não esperávamos que estas pudessem servir como fonte de pesquisa, porque enquanto docentes olvidamos do potencial de pesquisa dos escritos construídos no cotidiano escolar e, quando se fala sobre as escritas de mulheres, já de longa data sabemos que são secundarizados pela história.

Considerando essas cartas como uma escrita escolar, a análise apoiou-se na perspectiva de Gómez (2012) que apresenta alguns eixos de estudos sobre os escritos escolares como dispositivos escolares em que se investigam a disciplina neles representadas, o currículo, o discurso ou a organização dos conhecimentos neles aprendidos.

A análise das cartas foi guiada pelos seguintes questionamentos: O que é possível saber sobre as alunas a partir de seus escritos? Quem são essas mulheres? O que dizem de si mesmas nas linhas e entrelinhas das cartas? O que dizem sobre o Programa?

Pretendemos mostrar as narrativas de mulheres sobre a experiência[9] de ser mulher e estudante em curso de qualificação profissional. Nesse sentido, as narrativas de vida são vistas como um método privilegiado para os estudos de gênero (Pedroza; Alves, 2021).

O texto situa-se no campo das políticas públicas, com enfoque de gênero, bem como da História da Educação e profissionalização femininas. Assim, almejamos que a discussão contribua com a ampliação dos estudos sobre a educação das mulheres.

O PROGRAMA MULHERES MIL EM AÇAILÂNDIA – MA

A exclusão marca a história da educação das mulheres no Brasil, e aquelas que não logram êxito na vida escolar no tempo destinado acabam abandonando a escola, isto acarreta ainda a falta de qualificação profissional que as assegure a inserção no mercado profissional. A partir da compreensão de que a educação das mulheres das classes populares é dificultada por questões como sobrecarga de trabalho, em virtude do tempo que destinam ao trabalho doméstico, torna mais preocupante que tais situações ainda existam nas primeiras décadas do século 21 no Brasil.

Por isso, a necessidade de projetos que assegurem às mulheres o retorno ao espaço escolar, a fim de receberem qualificação profissional que possibilite sua inserção no mercado de trabalho de forma mais igualitária, e a continuidade nos estudos. Nessa perspectiva, o Programa Mulheres Mil, enquanto uma política educacional profissionalizante de caráter social, teve como finalidade atender mulheres que estavam nos chamados grupos de vulnerabilidade social. Além disso, a proposta dessa política apresenta um recorte de gênero, visto que mesmo com o crescente número de mulheres na atual configuração social brasileira como chefes de família e líderes comunitárias, elas ainda sofrem preconceito e violência, assim continua a dificuldade de acesso à escolarização e à qualificação profissional de mulheres das camadas populares.

---

[9] Scott (1999) diz o que conta como experiência é sempre contestável, portanto, sempre político. Assim, experiência não é a origem da explicação, mas algo que queremos explicar. Nessa abordagem interrogam-se os processos pelos quais os sujeitos são criados, além de abrir novos caminhos para pensar a mudança.

Segundo Silva (2015), Mulheres Mil é uma política pública, no molde das políticas públicas de gênero, pois baseia-se no elo entre educação e trabalho, entendendo este elo como parte integrante do fortalecimento e garantia dos direitos sociais, ao lado de outras ações que objetivam a inclusão socioeducacional e produtiva das mulheres, em situação de vulnerabilidade.

As políticas públicas compreendem um leque de ações e decisões políticas que geralmente são propostas pelo Estado. Uma política pública é a organização de diretrizes para enfrentar problema de ordem social em áreas como saúde, educação, moradia entre outras. Além disso, as políticas públicas de cunho social são marcadas pelas lutas e pressões dos movimentos sociais. Assim, a partir das demandas da sociedade tem-se a organização das políticas públicas.

As políticas públicas, de acordo com Silva (2015) são o conjunto de planos e programas de ação governamental com foco na intervenção social, por meio dos quais são traçados as diretrizes e metas a serem desenvolvidas pelo Estado, com destaque para implementação dos objetivos e direitos fundamentais dispostos na Constituição. Vale ressaltar que organizações não governamentais podem formular e colocar em prática políticas públicas, não apenas o governo.

A implementação das políticas públicas segue algumas etapas: definição dos problemas em seus aspectos normativos e causais; decomposição do problema; demonstração de tratamento do problema e identificação de solução e definição de estratégias de implementação. Sendo assim, a fase de implementação é a execução da política pública formulada por meio de programas, projetos e ações governamentais (Silva, 2015).

Nesse contexto, desenvolvem-se políticas cujo objetivo é nortear diretrizes que atendessem a inclusão e gênero como, por exemplo, o Programa Mulheres Mil. O referido programa originou-se a partir de projeto de extensão desenvolvido pelo Instituto Federal do Rio Grande do Norte (IFRN), à época Centro Educacional Tecnológico (CEFET), em parceria com os *colleges*[10] canadenses. O projeto de extensão ofertou um curso de capacitação para camareiras cujo objetivo era qualificar e inserir essas profissionais no mercado de trabalho da região. O resultado positivo do projeto levou a Agência Canadense para o Desenvolvimento Internacional (CIDA), a Associação dos *Colleges* Comunitários Canadense e o Brasil, representado pela Secretaria de Educação Profissional e Tecnológica (Setec) e pela Agência

---

[10] Os *Colleges of applied arts and technology* ou *Institutes of Technology and Advanced Learning* são instituições canadenses voltadas para educação profissional com a oferta de cursos técnicos, com duração de seis meses a dois anos, e bacharelados, que podem ter de três a quatro anos de duração (Brasil, 2011, p. 4).

Brasileira de Cooperação (ABC), à expansão do programa, essa ampliação alcançou outros estados das regiões Norte e Nordeste, contando para isso, com a ajuda do Conselho das Instituições Federais de Educação Tecnológica (CONIF) e dos Institutos Federais (Brasil, 2011).

O Programa Mulheres Mil foi regulamentado pela publicação da portaria de n.º 1.015, de 21 de julho de 2011, passando a integrar o [11]Plano Brasil Sem Miséria no qual constam as seguintes diretrizes, conforme artigo 2º:

> I – Possibilitar o acesso à educação;
> II – Contribuir para a redução de desigualdades sociais e econômicas de mulheres;
> III – Promover a inclusão social;
> IV – Defender a igualdade de gênero;
> V – Combater a violência contra a mulher (Brasil, 2011).

A mesma portaria norteia como as ações do Programa podem ser desenvolvidas pelas instituições ofertantes dos cursos, as quais poderão desenvolvê-las, conforme a portaria, para a formação profissional e tecnológica e elevação da escolaridade de mulheres em situação de vulnerabilidade.

Assim, uma vez regulamentado e com abrangência em âmbito nacional, o Governo Federal centraliza as ações para atender a mulheres em vulnerabilidade social, a fim de possibilitar o acesso à educação profissional, emprego e renda. No entanto, o acesso à educação profissional, por vezes é dificultado pelas regras de ingresso nestes, sendo assim, ainda continua grande o número de sujeitos com baixa escolaridade e consequentemente sem uma educação formal dos cursos técnicos.

A educação técnica ainda é considerada de suma importância para formação de mão de obra mais bem qualificada a fim de oportunizar emprego, renda e com isso ajudar no desenvolvimento do país. Dessa forma, para garantir o êxito das ações desenvolvidas pelos Institutos Federais foi necessária a ajuda e colaboração de servidores (as) das várias áreas de atuações de trabalho, a fim de construir um novo perfil de acesso à educação profissional.

O Programa Mulheres Mil, enquanto política pública para mulheres, foi estruturado sobre os eixos educação, cidadania e desenvolvimento sustentável, cujo objetivo é promover a inclusão social e econômica de mulheres em

---

[11] O Plano Brasil Sem Miséria foi criado em 2011 pelo Governo Federal com o objetivo de superar a extrema pobreza até o final de 2014, atuando em três eixos: garantia de renda para alívio imediato da situação de extrema pobreza; acesso a serviços públicos, para melhorar as condições de educação, saúde e cidadania das famílias; e inclusão produtiva, para aumentar as capacidades e as oportunidades de trabalho e geração de renda entre as famílias mais pobres do campo e das cidades (Brasil, 2014, p. 4).

situação de vulnerabilidade no Norte e Nordeste brasileiro. Nesse sentido, a diretriz proposta pelo governo para enfrentar questões como o acesso de mulheres ao trabalho em condições igualitárias é estudada por Rago (2010, p. 597), ela ressalta que

> As relações entre homens e mulheres deveriam ser, portanto, radicalmente transformadas em todos os espaços de sociabilidade. No mundo em que mulheres e homens desfrutassem de condições de igualdade, as mulheres teriam novas oportunidades não só de trabalho, mas de participação na vida social. A condição feminina, o trabalho da mulher fora do lar, o casamento, a família e a educação seriam pensados e praticados de uma maneira renovada.

Com o desenvolvimento dessa política afirmativa para mulheres, o Governo Federal pretendia integrar as Metas do Milênio propostas pela Organização das Nações Unidas (ONU), cujo foco é o combate à extrema pobreza e possibilitar a equidade de gênero. Assim, o Programa Mulheres Mil intensifica esse processo, impulsionando o desenvolvimento regional e institucional pela melhoria do acesso de mulheres em situação de vulnerabilidade social à educação e ao mundo do trabalho.

Nessa perspectiva, a proposta do Programa é permitir o desenvolvimento humano dessas mulheres, por meio da melhoria de suas condições de vida (sociocultural e econômica), o que aumenta a possibilidade de contribuírem com a governança de suas comunidades, na medida em que se transformam em cidadãs social e economicamente emancipadas (Brasil, 2011, p. 5).

Nesse sentido, o Programa preenche um espaço deixado por grande parte das políticas afirmativas, visto que o alvo de suas ações foi destinado ao público feminino à margem do desenvolvimento social, possibilitando condições de permanência no curso, a fim de que ampliem sua formação e, assim, sejam inseridas no mercado de trabalho.

No Maranhão, o Programa Mulheres Mil integrou o compromisso social do Instituto Federal de Educação, Ciência e Tecnologia do Maranhão[12] (IFMA), com sede em São Luís[13]. O Instituto foi "criado pela Lei n.º 11.892, de 29 de dezembro de 2008, mediante integração do Centro Federal de Educação Tecnológica do Maranhão e das Escolas Agrotécnicas Federais

---

[12] A Lei n.º 11.892, de 29 de dezembro de 2008 Institui a Rede Federal de Educação Profissional, Científica e Tecnológica, cria os Institutos Federais de Educação, Ciência e Tecnologia.

[13] Cabe ressaltar que o Maranhão, cuja capital é São Luís, organiza-se em 217 municípios e uma população estimada, em 2016, de 6.954.036 habitantes (IBGE, 2017).

de Codó, de São Luís e de São Raimundo das Mangabeiras", sendo uma "autarquia com atuação no Estado do Maranhão, detentora de autonomia administrativa, patrimonial, financeira, didático pedagógica e disciplinar". (IFMA, 2015, p. 4, 7).

Desse modo, o IFMA é uma instituição pública de educação superior, básica e profissional, pluricurricular e multicampi, com polos em São Luís, Codó, Imperatriz, Zé Doca, Buriticupu, Açailândia, Santa Inês, Caxias, Timon, Barreirinhas, São Raimundo das Mangabeiras, Bacabal, Barra do Corda, São João dos Patos, Pinheiro e Alcântara (Figura 1).

Figura 1 – Mapa de distribuição dos *Campi* do IFMA

Fonte: IFMA (2015)

Em 2008, a articulação entre o Governo Federal e o Governo do Estado do Maranhão, mediante convênio PROEP (Programa de Expansão da Educação Profissional) autorizou o processo de instalação da unidade do Instituto Federal do Maranhão – *Campus* Açailândia. Assim, com instalação da unidade foram oferecidos os cursos de técnico em alimentos, técnico em automação industrial, técnico em eletromecânica, técnico em florestas e técnico em alimentação escolar, por serem esses os cursos que melhor atendiam a economia da região.

O campus Açailândia oferta três formas de cursos técnicos: integrada, concomitante e subsequente. Na forma integrada, o aluno cursa o ensino médio juntamente com uma formação profissional no IFMA. Na forma concomitante, o estudante faz o curso técnico no IFMA e o ensino médio em outra instituição de ensino. Já a forma subsequente é para aqueles que já concluíram ou estão concluindo o ensino médio e pretendem obter uma formação profissional. Os cursos do PROEJA são integrados e direcionados para pessoas fora da idade escolar que têm apenas o ensino fundamental completo.

O campus Açailândia conta com os seguintes cursos técnicos: Florestas (Integrado), Alimentos (Integrado), Automação Industrial (Integrado e Subsequente), Meio Ambiente (Integrado), Eletromecânica (Integrado e Subsequente), Metalurgia (Integrado e Subsequente), Alimentação Escolar (PROEJA), Eletromecânica (PROEJA) (IFMA, 2015).

Desse modo, o IFMA – campus Açailândia também desenvolveu o Programa Mulheres Mil[14], no período de 2012 a 2014. Em linhas gerais, o Programa atendeu ao grupo de mulheres jovens e adultas em situação de vulnerabilidade, com baixa escolaridade e fora do mercado de trabalho de alguns bairros da cidade. Das alunas atendidas, a maioria possuía o ensino fundamental incompleto, com faixa etária variando de 18 a 60 anos, todas estavam inscritas no Cadastro Único do Governo Federal, (pré-requisito para inscrição no Programa, e possuíam renda de até 1 salário-mínimo, sendo que a maioria recebia auxílio do Bolsa Família.

O processo de implantação do Programa aconteceu com a adesão das coordenadoras do Instituto por meio de chamada pública do Ministério da Educação, depois, participaram de uma semana de capacitação em Brasília, no Distrito Federal, em setembro de 2011. Após a formação, as coordenadoras apresentaram o Programa e seus objetivos à comunidade escolar do campus Açailândia, com o objetivo de organizar as equipes de trabalho. Na próxima seção, discorreremos acerca dos relatos das alunas sobre o Programa.

---

[14] O Programa Mulheres Mil possuía 4 turmas de 25 alunas cada, totalizando 100 alunas matriculadas (IFMA, 2011, p. 2).

COM A PALAVRA AS ALUNAS

O desenvolvimento do Programa Mulheres Mil em Açailândia objetivou: propiciar o ingresso/reingresso de mulheres no mundo do trabalho, a fim de desenvolverem atividades profissionais que exigiam a aplicação de conhecimentos básicos para atender os arranjos produtivos locais; suprir a demanda local no que concerne à prestação de serviços referentes à oferta da qualificação profissional; proporcionar a elevação da escolaridade por meio da formação continuada.

Assim, o Curso Básico de Qualificação Profissional em Alimentos do Programa Mulheres Mil iniciou seu processo de inscrições no dia 7 de novembro de 2011, no Centro de Defesa da Vila Capeloza. A escolha do curso na área de Alimentos com segmento na Panificação deu-se após uma pesquisa de mercado, em que se identificou uma carência existente na Vila e na cidade, além de ser levado em consideração o conhecimento das mulheres nessa área, uma vez que a maioria possuía afinidades e habilidades no ramo.

A carga horária do curso era de 250 horas, distribuída nas seguintes atividades: Português, Matemática, Ética e Cidadania, Informática Básica, Empreendedorismo, Boas Práticas de Fabricação, Higiene e Segurança no Trabalho, Conservação, Congelamento, descongelamento e preparo de carnes, Produção de bolos e confeitaria, Produção de derivados do leite. Oficinas Direito e Saúde da mulher, Violência de Gênero, Mapa da Vida, todas as disciplinas foram ministradas por docentes do IFMA, mas algumas oficinas foram conduzidas pelo Serviço de Apoio às Micro e Pequenas Empresas (SEBRAE), como previsto no Programa.

O Programa contou com a seguinte equipe multidisciplinar: Gerente de projeto, Pedagoga, Orientadora Educacional, Docentes das áreas técnicas e humanas, Assistente social, Psicólogo, Médico, Odontólogo, Educador Especialista em Empreendedorismo, Educador Especialista em Pesquisa e Inovação. Assim, após formada essa equipe, a coordenadora durante uma reunião, realizada em 2011, apresentou para a comunidade escolar os seguintes objetivos do referido Programa e as etapas de implantação, a saber:

- Processo de sensibilização de toda a comunidade escolar;
- Explicar as características do Programa Mulheres Mil;
- Convidar os docentes para serem voluntários nele;
- Orientações acerca do público – alvo, no caso as mulheres;

- O curso ofertado que seria curso básico em Qualificação Profissional em Alimentos.

Algumas implicações desta proposta apresentada aos docentes foram: o trabalho seria voluntário, aumentaria a carga horária de trabalho; a diversidade de escolarização entre as mulheres também foi um fator preocupante, afinal como organizar um currículo que contemplasse a todas com níveis diferentes de escolaridade?

O IFMA – campus Açailândia apesar de à época dispor de modestas instalações prediais, já contava com bons laboratórios para as aulas práticas dos cursos de Automação Industrial, Florestas e Alimentos. Mas, segundo a coordenação do Programa Mulheres Mil no campus, o Curso Básico em Qualificação Profissional em Alimentos apresentou melhores condições de desenvolvimento como instalações apropriadas, profissionais das áreas técnicas e humanas e a possibilidade de ingresso no mercado de trabalho local. Com carga horária de 250 horas, organizadas e distribuídas de acordo com o Módulo Educacional Central – o currículo, em que constam as seguintes disciplinas: Português, Matemática, Informática Básica, Higiene e Segurança no Trabalho, Empreendedorismo, Técnicas de congelamento, Ética e Cidadania, Mapa da Vida, além de oficinas e visitas técnicas.

O ingresso das mulheres no Programa ocorreu da seguinte forma: a coordenação do Programa visitou a comunidade do entorno do IFMA, entre os locais a Associação de Moradores, Clube de Mães. Houve uma significativa procura, com um total de 221 candidatas. Depois foi realizada a seleção das alunas, por meio da conferência de documentação, a fim de comprovarem os critérios exigidos pelo Programa, deste número foram selecionadas 100 candidatas e, destas, 86 alunas concluíram o curso. Assim, foram organizadas quatro turmas, com vinte e cinco alunas.

Ao ingressarem como alunas elas receberam orientações acerca das regras da escola: a obrigatoriedade do uso do uniforme, estabelecido para as alunas do Programa; o horário de funcionamento que ocorreria de segunda-feira a quintas-feiras, no horário das 14h00min às 17h:30min; tinham direito também aos atendimentos médico e odontológico oferecidos na Instituição para toda a comunidade escolar servidores(as) e terceirizados(as).

Houve desistência já na primeira etapa dos trabalhos, os motivos para deixarem, alguns deles foram o horário, que geraria dificuldades para conciliar a rotina doméstica e o curso. Algumas alunas desistiram em virtude do atraso para iniciar as aulas. Outras consideraram o curso muito demorado; mudanças no local de residência; outras conseguiram emprego, em outros casos, devido a maternidade.

O relato das alunas sobre as expectativas com relação ao Programa foi construído nas cartas produzidas durante o curso de Qualificação Profissional em Alimentos, no ano de 2012.

A escrita das cartas foi maturada a partir de reflexões sobre a diversidade do nível de escolarização da turma, como trabalhar conteúdos de Língua Portuguesa em 20 horas e com um grande espaço entre as aulas, essas foram as reflexões feitas para a escolha dessa produção. Além disso, ainda que essas mulheres estivessem fora do espaço escolar, elas traziam consigo leituras e experiências realizadas ao longo da vida. Assim, elaboramos o plano de aula com foco na leitura, nos elementos da comunicação humana e a carta como gênero textual a ser trabalhado.

No primeiro encontro com as alunas da turma de 2012, no mês de novembro, na disciplina de Língua Portuguesa, realizamos uma sondagem oral para verificar seus conhecimentos sobre a Língua. Explicamos como seriam os cinco encontros, cujas aulas ocorreriam às quartas-feiras, das 14h às 17h30min. No decorrer das demais aulas, havia, no primeiro momento, a exposição dos conteúdos conceituais e no segundo momento fazíamos as rodas de conversa com exercícios orais para verificar a apreensão do conteúdo.

Nas aulas utilizamos textos instrucionais, como receitas de alimentos, pois havia relação com o curso, também jornais, revistas, poesias, cantigas de roda, imagens, vídeos.

A leitura dessas poesias despertava as lembranças das mulheres sobre si. Depois que as poesias eram lidas, havia uma roda de conversa para que as alunas expusessem suas reflexões a partir das seguintes questões: qual o tema da poesia? As experiências da poesia poderiam ser relacionadas com a vida real?

Em seguida, solicitava-se que as alunas escrevessem uma carta com os seguintes elementos: local, data, nome, o assunto e o destinatário. O destinatário escolhido por elas foi a professora. O conteúdo da carta deveria contemplar as suas expectativas para o ano de 2013 e de que modo o Programa poderia ajudá-las.

As autoras das cartas são mulheres com idade entre 32 a 48 anos, sendo 9 maranhenses e 1 uma baiana, além disso das 9 maranhenses apenas duas nasceram em Açailândia, fato este que aponta para o perfil da cidade com grande número de pessoas vindas das cidades próximas em busca de trabalho e estudo para os(as) filhos(as), por exemplo. Quanto à escolarização das 10 alunas selecionadas, 3 possuem o ensino fundamental incompleto, 2 com o ensino médio Completo e 5 não declararam o nível de escolarização, todas declararam receber o benefício social, no caso o Bolsa Família, e possuem uma média de 3 filhos (as); elas também pertencem a algum segmento religioso, fato este que se comprova nos registros encontrados nas cartas. Quanto à materialidade das fontes, foram escritas em papel comum, alguns com desenhos e outros não.

Apresentamos a seguir as cartas e suas respectivas autoras. A aluna da Carta 1 é uma mulher de 35 anos, de religião evangélica, parda, oriunda de escola pública, maranhense, casada, que inicia sua narrativa intitulada em *Rabiscos de uma história,* onde não faz referência sobre a infância, aliás nenhuma aluna da turma de 2012 menciona esta etapa da vida. A autora da carta escreve sobre os tempos de adolescente, pois *só pensava em curtir a vida.* Ela conta que a maturidade veio a partir da experiência de uma gravidez precoce, ainda na adolescência, mas que *deu certo.* Seu ingresso no curso Mulheres Mil lhe apresenta a expectativa de conseguir um trabalho

A Carta 2 foi escrita por uma aluna de 48 anos, baiana, evangélica, divorciada, parda, oriunda de escola pública. Sua carta também pode ser intitulada *Coragem*, pois é a palavra que mais aparece no documento, pois segundo ela, mesmo com um passado sofrido, lutou intensamente para o sustento de seus filhos. Sente-se grata a Deus pela coragem que teve para alcançar seu objetivo que era educar os filhos. Quanto ao futuro almeja, por meio do Curso, uma vida melhor, ter seu próprio negócio e conquistar um novo amor.

A escrevente da Carta 3 é uma mulher de 35 anos, maranhense, católica, vive em união estável e é oriunda de escola pública. Inspirada no texto trabalhado em sala de aula, de autoria de Lya Luft, "Querendo que dê certo", a aluna apresenta como aspecto marcante crescer profissional-mente por meio do Mulheres Mil, concluir os estudos, obter um emprego e conquistar a independência.

A Carta 4 de autoria de uma maranhense de 48 anos, católica, negra, oriunda de escola pública, viúva, apresenta o desejo de montar seu próprio negócio, esta é aliás a característica mais presente na carta. Ela pretende também continuar estudando e o Programa tem sido um espaço de muito aprendizado.

Escrita pela maranhense de 32 anos e a mais jovem do grupo, a Carta 5 revela uma mulher de fé católica, casada, parda, estudou na Educação de Jovens e Adultos. Seus planos são conseguir um bom emprego, construir a casa própria, concluir o curso de Alimentos e continuar estudando. Espera que no futuro possa dizer que *deu certo*. Uma especificidade marcante na escrita é a espiritualidade, pois menciona diversas vezes sua fé em Deus.

A Carta 6 de autoria de uma maranhense de 35 anos, católica, casada, negra, inicia a narrativa afirmando que algumas coisas não deram certo em sua vida, mas ainda assim conseguiu superá-las, uma delas foi retornar à sala de aula após 11 anos afastada, oportunidade oferecida pelo Mulheres Mil. Almeja ainda ter emprego ou montar seu negócio, com a ajuda dos filhos. A espiritualidade também é aspecto predominante na escrita.

Escrita por uma aluna de 35 anos, a Carta 7 é de uma mulher católica, parda, que vive em união estável, cuja autora apresenta na narrativa grande satisfação por ter sido selecionada para o Mulheres Mil, e a outra alegria foi porque o cônjuge abandonou o álcool. Seus planos são a construção da casa própria, emprego para o companheiro, filhos, para si ou montar seu negócio. A escrita apresenta como traço marcante a preocupação com a família.

Na Carta 8, a autora tem 36 anos, casada, católica, negra. Revela um relato bem sucinto, evidencia que por muitos anos dedicou-se ao cuidado do cônjuge e dos filhos, mas a partir de agora almeja cuidar mais de si.

Escrita por uma aluna de 35 anos, a Carta 9 revela uma mulher católica, solteira, parda, egressa do Educação de Jovens e Adultos em uma instituição pública. Seu breve relato expõe o desejo de retornar aos estudos, trabalhar por conta própria e, acerca da vida afetiva, busca um companheiro que a ame, valorize e respeite. Seus planos são tirar a carteira de habilitação, concluir o curso Mulheres Mil, *não ficar só em casa, viver, ser feliz com meus filhos*.

A Carta 10, de autoria de uma aluna de 36 anos, evangélica, casada, branca, apresenta como *meta* concluir o Mulheres Mil e a partir disso conseguir o emprego para ajudar a família, visto que o curso foi uma grande oportunidade.

Nesse sentido, como é perceptível, os relatos possibilitam compreender elementos que marcaram o percurso de vida das alunas: maternidade, relação conjugal, trabalho, educação e o Programa Mulheres Mil. Sobre as mulheres que estudaram na turma de 2012 são pessoas de 32 a 48 anos, a infância não apareceu nas escritas, todas são nordestinas, negras e pardas, algumas são mães, casadas, divorciadas, em união estável, religiosas, com baixa escolaridade, precisaram trabalhar para manter a si e a família. Elas têm como expectativas concluir o Programa a fim de conseguirem um emprego ou montar seu próprio negócio.

Essas mulheres poderiam ser tantas outras que palmilham pelas ruas deste país, que carregam em si os mesmos elementos: a pobreza e todas as exclusões decorrentes disto como ingresso tardio na escola, abandono escolar, maternidade precoce, algumas por desconhecerem os métodos contraceptivos, falta de acesso aos serviços de saúde, outras por não terem domínio de seus corpos; a fome; falta de acesso a bens culturais; o trabalho infantil; a violência doméstica; a sobrecarga de trabalho doméstico; emprego informal, o trabalho doméstico sem reconhecimento de seus direitos; o abandono dos cônjuges e a responsabilidade exclusiva pela educação dos filhos. Os espaços de sociabilidade limitam-se aos grupos religiosos e os banhos de rio.

As mulheres da turma de 2012 almejam conquistar um emprego, tornarem-se profissionais, obter a independência financeira e, como mencionado, tudo isso é o que representa para elas o Mulheres Mil. Por outro lado, é preciso reconhecer que o Programa não dará as condições necessárias para que todos esses planos se materializem, pois as alunas apresentam déficit educacional que as excluem do emprego formal, além de limitar o prosseguimento de seus estudos. Isto porque as políticas públicas brasileiras não modificam, em sua totalidade, as condições de vida das pessoas pobres. Embora, não seja determinante que as alunas permaneçam excluídas, nesse caso, a mobilidade social ocorrerá muito mais por iniciativa pessoal que política.

CONSIDERAÇÕES FINAIS

Analisamos os relatos de cartas produzidas por alunas do Programa Mulheres Mil no ano de 2012 no IFMA – campus Açailândia–MA, na disciplina de Língua Portuguesa, tendo como questões: O que é possível saber sobre as alunas a partir de seus escritos? Quem são essas mulheres? O que dizem de si mesmas nas linhas e entrelinhas das cartas? O que dizem sobre o Programa?

Tecemos considerações acerca do Instituto Federal do Maranhão, assim como sobre a unidade no município maranhense de Açailândia, o Programa Mulheres Mil e os relatos das alunas sobre sua participação. Os documentos selecionados para análise consistiram nas cartas e nos documentos governamentais. O curso ofertado foi o básico de Qualificação em Alimentos cujo objetivo principal era capacitar mulheres e possibilitá-las o ingresso no mercado de trabalho.

As mulheres participantes deste curso, segundo relato encontrado nas cartas, viam no Programa uma oportunidade para ingressarem no mercado de trabalho, montar seu negócio e voltar a estudar. No entanto, a proposta desta política em garantir acesso ao trabalho e ao estudo, não se mostrou suficiente para inserir todas as mulheres participantes do curso no mercado de trabalho local. Esse é um dado que não foi sistematizado oficialmente no campus de Açailândia, mas, em conversa com egressas das turmas, identificamos que algumas não conseguiram tal objetivo. Embora, se saiba também que o mercado formal não disponibiliza vagas para todas. Ao lado disso, o relatório da turma de 2012 mostrou dificuldades em inseri-las no mercado, pois na cidade há poucos estabelecimentos na área de alimentos. Há registro que quatro alunas foram selecionadas para treinamento em uma empresa de panificação, mas apenas uma foi efetivada, e esta precisou deixar o trabalho porque a carga horária ultrapassava o previsto no contrato de trabalho. Duas alunas obtiveram aprovação para o cargo de Auxiliar Operacional de Serviços Gerais na Prefeitura do município. Esses dados parciais mostram que poucas obtiveram êxito no que previa o Programa.

Outra questão diz respeito à oferta do curso voltado a preparação de alimentos, prática ligada ao trabalho feminino ao longo do tempo. Apesar de saber que o curso resultou de uma pesquisa sobre o mercado local, porém questionamos se não haveria outras possibilidades de formação entre as quais automação industrial, curso de floresta, eletromecânica, que já existem no *campus*, e também fazem parte do potencial de mercado na localidade.

Por fim, outra inquietação é que se trata de uma política pública recente, mesmo assim, consideramos ter se tratado de um estudo que contribui para o campo de estudos de outras políticas que objetivam a ampliação da escolaridade e profissionalização femininas.

REFERÊNCIAS

BRASIL. Ministério de Estado da Educação. **Portaria n.º 1.015, de 21 de julho de 2011.** 2011a. Disponível em: http://www2.ifal.edu.br/ifal/reitoria/legislacao/programa-nacional-mulheres-mil/at_download/file. Acesso em: 21 jun. 2017.

BRASIL, Ministério de Estado da Educação. **Portal Brasil**, 2014. Disponível em: http://www.brasil.gov.br/educacao/2015/03/mulheres-sao-maioria-no-ingresso-e-na-conclusao-de-cursos-superiores. Acesso em: 10 de fev. 2018

IBGE. Instituto Brasileiro de Geografia e Estatística. **Açailândia**. 2016. Disponível em: https://cidades.ibge.gov.br/v4/brasil/ma/acailandia/historico. Acesso em: 14 jun. 2017.

GÓMEZ, Antonio Castillo. Educação e cultura escrita: a propósito dos cadernos e escritos escolares. **Educação**, Porto Alegre, v. 35, n. 1, p. 66-72, jan./abr. 2012. Disponível em: https://revistaseletronicas.pucrs.br/ojs/index.php/faced/article/view/10366https://revistaseletronicas.pucrs.br/ojs/index.php/faced/article/view/10366. Acesso em: 10 fev. 2018.

IFMA. Instituto Federal de Educação, Ciência e Tecnologia do Maranhão – *Campus* Açailândia. **Plano de Trabalho do Programa Mulheres Mil: IFMA – *Campus* Açailândia**. Açailância: IFMA, 2011.

IFMA. Instituto Federal de Educação, Ciência e Tecnologia do Maranhão – *Campus* Açailândia. **Carta de Serviços ao Cidadão**. São Luís: IFMA, 2015

PEDROZA, R. L. S; ALVES, C. B. A narrativa de vida nos estudos de gênero: divisão sexual do trabalho e identidade, 2021. **Revista Sociais E Humanas**, v. 34, n. 2. https://doi.org/10.5902/2317175864245. Acesso em: 15 jun. 2018

RAGO, Margareth. Trabalho feminino e sexualidade. *In:* PRIORE, Mary Del. **História das mulheres no Brasil**. São Paulo: Contexto, 2010. p. 578-606.

SILVA, Tássia Mendes. **A educação profissional e a política pública Mulheres Mil**. 2015. Dissertação (Mestrado em Políticas Públicas) – Universidade Federal do Maranhão, Maranhão, 2015.

SCOTT, Joan. Experiência. *In:* SILVA, Alcione Leite da (org.). **Falas de gênero**: teorias, análises, leituras. Florianópolis: Editora Mulheres, 1999. p. 11-55.

AS MULHERES E OS ESTEREÓTIPOS FEMININOS NA LITERATURA INFANTIL

Leidy Morgana de Sousa Agapto

INTRODUÇÃO

O presente estudo decorre da dissertação de mestrado, intitulada: Isto Já Não é Mais Um Conto de Fadas: estereótipos femininos na literatura infantil. A dissertação foi apresentada ao Programa de Pós-Graduação em Educação da Universidade Federal do Maranhão. Dentre os objetivos da pesquisa constam, as análises de obras literárias infantis modernas e clássicas, em que buscamos saber, se as obras modernas, apresentam estereótipos femininos, assim como as literaturas clássicas analisadas.

É comum que esses arquétipos que rotularam e rotulam as mulheres, na literatura infantil clássica, durante muito tempo, estabelecessem inúmeros padrões, fossem ligados a fragilidade, a submissão, a dependência emocional e financeira, assim como os estereótipos relacionados à beleza, a maternidade, ao casamento como representação exclusiva do final feliz, e entre outros.

Os estereótipos contidos na literatura infantil são transmitidos as crianças, por meio do contato com o livro, seja pela leitura realizada em casa, na escola, ou em outros ambientes, são repassados por meio do enredo, das atitudes e comportamentos das personagens e, principalmente, pelas imagens que as representam.

Os estereótipos femininos estão presentes em nós, e são replicados diariamente pela linguagem, seja ela verbal ou não verbal, as roupas e acessórios são carregados de significados, e cheias de valores, e que comumente nos classificam como pertencentes aos grupos sociais que participamos, os estereótipos também são reforçados e consequentemente perpetuados por meio dos comportamentos, sobre os comportamentos, esses nos enquadram em grupos, assim como também nos definem como pertencentes a um sexo, e também a um gênero.

Existem também os discursos que adotamos, que não são puros, mas que nos atravessam, e são carregados de significados ideológicos, como afirma Pêcheux (1969). E com um peso ainda maior, as ideologias que se manifestam por intermédio da linguagem, sofrem forte influência do contexto histórico ao qual estamos inseridos, e esses discursos que nos perpassam, garantem que diversas questões continuem se mantendo, como a ideia de "uniformidade" que é reforçada, para que cada gênero, ou sexo, continue sendo algo imutável, sendo inquestionável qualquer tipo de mudança.

Os discursos, que como sabemos, possuem um fundo ideológico, não reforçam somente os estereótipos femininos, mas muitos outros estereótipos, e além deles, o preconceito, e uma suposta superioridade de um gênero em relação a outro, ou até mesmo a orientação sexual, que reforçaram culturalmente o conceito da heteronormativade, que se impõe muitas vezes de forma violenta, às vezes mascarada, ou de forma expressa, por meio de discursos de ódio, agressão psicológica, chegando muitas vezes a ser imposta por intermédio da violência física.

Essas questões que reforçam os estereótipos, contrariam a evolução que acompanhamos ao longo dos tempos, no que diz respeito às relações de gênero e, principalmente, quando nos referimos as categorias feminilidades. Feminilidades no plural, pois não há um padrão, mas há diversos modelos de femininos, e que podem ser adotados, por homens e mulheres, meninas e meninos, e independente do ciclo social ao qual pertença. Essas feminilidades plurais nos libertam de ter que adotar inúmeras características para sermos consideradas femininas, nos dão espaço para que possamos nos sentir pertencentes, e à vontade para nos categorizarmos, adotando alguns hábitos, e outros não.

Neste artigo, queremos dar destaque aos estereótipos femininos que se fazem presentes na literatura infantil clássica, em relação a algumas princesas citadas na obra literária *A Revolta das princesas,* são elas: Bela Adormecida, Branca de Neve, Cinderela, Ariel, Rapunzel, Sherazade e Bela.

AS MULHERES E OS ESTEREÓTIPOS FEMININOS NA LITERATURA INFANTIL

Inicialmente, os contos literários, não eram exatamente direcionados às crianças, mas ao público em geral, podendo ser mais bem compreendido pelo público adulto, por conta do teor das obras, como histórias sombrias, que retratavam inúmeras questões sociais e culturais, e que se utilizavam de uma abordagem que não fazia relação com as experiências infantis.

Os contos de fadas são histórias que vem sendo contadas desde há muito tempo, Zilberman (2005) e Cademartori (1987) relatam sobre o desenvolvimento da literatura infantil. Mencionam que a transmissão da literatura acontecia mediante a tradição oral, desde contos folclóricos até provérbios populares, transmitidos de geração em geração. A literatura infantil se originou e se desenvolveu. Ao longo dos tempos sofreu inúmeras transformações, até chegar a se tornar a literatura infantil que conhecemos hoje, em sua imensa pluralidade.

Toda história é carregada de significados, seja em seu discurso, ou em suas ilustrações, as imagens são carregadas de representações, símbolos que são adotados culturalmente, e que nos assemelham e nos diferenciam, podendo ser padronizadas e generalizadas, sendo esse tipo de imagem preconcebida, conhecida como estereótipos.

Reconhecemos que o gênero está ligado aos papéis atribuídos a homens/mulheres meninos/meninas, de como ele/ela deve ou pode falar, agir, reagir, vestir-se, e entre outras questões, é o que afirma Scott (1995). E os estereótipos, esses são modelos que estabelecem padrões a serem seguidos; havendo, portanto, os estereótipos de gêneros. Sobre o estereótipo na literatura infantil, utilizaremos as considerações de Nunes (2009), que conceitua as concepções estereotipadas sobre a feminilidade e a masculinidade em manuais escolares e outros materiais pedagógicos, incluindo a análise de textos e imagens.

Entendemos que as personagens femininas podem ser representadas de inúmeras maneiras, sem necessariamente apresentar atitudes, comportamentos, competências, ou até mesmo realizar atividades ou exercer funções que possam ser ligadas ao gênero feminino pois, independente do gênero, características podem ser adotadas, como pertencentes aos indivíduos, e não ao sexo ou gênero da personagem.

Compreendemos que as referências, tanto em relação ao feminino, quanto em relação ao masculino, devem ser visíveis, sem que se estabeleça qualquer noção de superioridade de um gênero a outro, e que os traços que caracterizam as personagens podem representar diversidade, assim como a caracterização física e psicológica.

É natural que os contos clássicos carreguem muitos tabus, e também muitas questões em que já evoluímos há tempos. É importante destacar que essas histórias são contadas até hoje, e que diariamente, crianças recebem os padrões expressos nessas histórias, e a tendência é que as crianças introjetem esses modelos. Não que eles não sejam capazes de questionar, mas é válido lembrar que não são tão passíveis de reflexões e análises profundas, sobre suas personalidades, ainda em construção e os estereótipos de gênero. Estes que são considerados por nós adultos como algo comum, mas, muitas vezes, não refletimos o quanto o tipo de expectativa social por eles gerado exige de nós.

Os estereótipos de gênero possuem grande impacto, quando recebidos pelas pequenas, seja pela necessidade de se adequar nesse sistema de reprodução de estereótipos femininos, ou pela não aceitação da própria aparência, levando em consideração que bonito mesmo ser aceito pelo outro, se adequando aos padrões.

Questionando o arquétipo das princesas submissas e indefesas

Os contos de fadas retrataram por muito tempo os corpos coloniais. Podemos observar nos contos clássicos, inúmeras situações que desmerecem não só a inteligência das mulheres, mas também o nosso valor. Cada uma dessas histórias foi criada e publicada em épocas diferentes, mas o que elas têm de parecidas são as limitações e a submissão feminina, ou seja, vários estereótipos femininos.

O livro *A revolta das princesas* (2015), de Celine Lamour-Crochet e Lisbeth Renardy, retrata alguns dos dramas vividos pelas princesas dos clássicos da literatura.

Figura 1 – A revolta das princesas

Fonte: Renardy (2015)

Na obra, observamos de forma clara os estereótipos representados em cada uma dessas personagens, o que torna evidente a falta de protagonismo pelas personagens principais das histórias. Fato constatado em alguns trechos do livro.

Bela Adormecida – Para começar, a pobre menina, por causa da praga de uma feiticeira, fura o dedo num fuso e em seguida, dorme por cem anos. Você imagina a dor que ela sentiu nas costas ao acordar! E seu hálito horrível, depois de tanto tempo sem escovar os dentes! Aurora é a princesa protagonista da obra. O filme, recriado pela Disney, é fiel à primeira versão, escrita por Charles Perrault, em 1697.

Branca de Neve – Por muitos anos Branca de Neve suportou as perseguições da madrasta, sem falar numa tentativa de sufocamento e outra, depois, de envenenamento. Já o príncipe! Ah! Outra vez se saiu bem! Ele só precisou dar-lhe um beijo; fácil demais!

Branca de Neve, protagonista do filme Branca de Neve e os Sete Anões (1937), foi a primeira princesa criada pelos estúdios Disney. Sua história, no entanto, baseia-se em um conto alemão que foi transcrito pelos Irmãos Grimm, em 1817.

Cinderela – Lembrem-se da Cinderela: usava roupa suja de borralho. Durante anos, suportou a zombaria das filhas da madrasta. A pobre menina precisava até dormir no chão! Já o príncipe! Ah! Esse só precisou mandar que seus pajens a encontrassem... Não foi nada difícil para ele!

Assim como a história de Branca de Neve, Cinderela é uma princesa baseada em um conto francês, escrito por Charles Perrault, em 1697. O conto, contudo, foi reescrito por Wilhelm e Jacob Grimm e renomeado para Gata Borralheira.

Ariel – E a pequena sereia. Ela aceitou ficar sem voz para juntar-se a seu príncipe Encantado. E o que ele fez? Se apaixonou por outra. Não é nada justo! Ariel é a 28ª personagem a ganhar uma animação sua, A Pequena Sereia (1989) e a 4ª princesa da Disney. Inspirada no conto homônimo de Hans Christian Andersen, sua história foi alterada, visto que a sereia da história original tinha a vida e o final extremamente trágicos.

Rapunzel – A infeliz Rapunzel precisava, toda manhã, desembaraçar os longos cabelos. Isso lhe tomava metade do dia. Que martírio! E ela precisou aguentar o peso do príncipe quando ele subiu por suas tranças... depois a infeliz teve dores de cabeça durante semanas! O filme Enrolados, da Disney, se baseou no conto alemão *Rapunzel*, escrito por Jacob e William Grimm em 1815, para criar sua narrativa. A história, contudo, se difere em diversos pontos da versão criada pelos irmãos ou na história oral que foi difundida.

Sherazade – Ela foi obrigada a quebrar a cabeça durante 1001 noites para continuar viva. Que dificuldade inventar toda noite uma história cativante e diferente! Quanto ao príncipe, apenas o mais fácil: só fazia escutar os contos que ela narrava. Francamente, nada cansativo!

Bela – Bela precisou suportar o caráter terrível da fera, suas mudanças de humor e seu jeito esquisito. Por causa da fera, ficou aprisionada no castelo dele, sem contato com a família e nem com o mundo. A Bela e a Fera é um clássico de animação da Disney, considerado um dos mais prestigiados do estúdio junto com outros filmes [...] Lançado originalmente em 13 de novembro de 1991.

Essas princesas deveriam enfrentar as dificuldades que possivelmente poderiam acontecer ao longo do tempo, para só então viverem felizes, ou seja, é normal considerarmos viver uma situação ruim sem nos pronunciarmos, ou tomarmos uma atitude? Por que a Cinderela não fugiu, reagindo aos maus tratos da madrasta e das suas filhas? Ou deu um basta expulsando-as de sua casa? A mulher boazinha, que não deve desobedecer ou expor a sua opinião, é o que fica evidente, que devemos aceitar apenas aquilo que nos dão, que não devemos questionar, nem problematizar as situações, ou às questões que nos incomodam.

A Bela Adormecida (princesa Aurora) só dorme a história praticamente toda, e somente um beijo de amor verdadeiro poderá acordá-la. Na história ela "aceita" que um estranho toque seu corpo, beijando-a, depois eles vivem felizes para sempre, já que o casamento deles se realiza no mesmo dia em que eles se conhecem.

A protagonista dorme e não interage durante boa parte da história, ficando totalmente dependente de outro personagem, no caso o príncipe. Ela dormiu por bastante tempo, e assim que acorda, depois de ter sido despertada pelo beijo de amor verdadeiro, ela toma uma das decisões mais importantes da vida, casar-se, ficam no ar inúmeras questões, o beijo de amor foi realmente verdadeiro? Verdadeiro por parte do príncipe? Será que se apaixonou pela beleza física da Bela Adormecida? pois ele decidiu beijar a princesa para desfazer o encanto, sem, no entanto, ter conversado ou se envolvido emocionalmente.

Entendemos a dependência da protagonista, ser salva, e o fato de aceitar se casar, não sabemos se por amor verdadeiro, ou por gratidão, o que antigamente era extremamente normal, a mulher ser dada em casamento pelo pai a um homem, que ela só viria a conhecer na hora de se casar, ou seja, quando casada.

Conseguem perceber, que em algumas histórias apenas as personagens femininas eram más, invejosas e causavam grandes tragédias nos contos? Eis a fada Malévola de Aurora que jogou uma maldição na princesa, isso tudo apenas por não ter sido convidada para o batizado da princesa.

Outro exemplo da crueldade e futilidade feminina é a madrasta de Branca de Neve, que decide acabar com a vida da princesa quando descobre que ela se tornou a mais bela do reino. E o que ela faz ao entrar em uma casa em que moram sete homens? Imediatamente faz uma faxina e prepara uma deliciosa comidinha caseira. Branca de Neve "inocentemente" come a maçã envenenada, passando a dormir um sono profundo, acaba, também sendo salva, do sono profundo, pelo lindo príncipe.

Branca de Neve temia o poder que a madrasta tinha sobre o reino e sobre os seus servos, por isso fugiu. Quem não fugiria depois de ser ameaçada de morte? Até aí tudo bem, mas ela como filha do Rei, não teria condições de enfrentar a Rainha e reivindicar seus direitos? Ao final, depois de ser salva pelo príncipe e pelos anões, ela também recorre ao casamento, que representa o final feliz da moça.

Ariel, coitada, renuncia a todos, ao seu lar e principalmente ao amor da sua família, para viver com um homem que acabou de conhecer, é comum a mulher abandonar tudo para viver ao lado do homem que ama, não é? Abandonar carreira, renunciar a vida social para se dedicar aos cuidados da casa e dos filhos. Afinal, isso é amor! A romantização do fato dela renunciar a própria vida é a pior parte da história, por "amor" aceitar viver a vida do outro, acaba deixando se levar, deixando de ser dona de si.

Ela toma decisões importantes, de forma precipitada, não sei qual a pior de todas, se ceder a voz a bruxa Úrsula, e não poder manifestar seus desejos, ou o fato de aceitar tornar-se "humana", simplesmente por amor ao príncipe, que ao longo da história não exibe por ela os mesmos sentimentos, chegando inclusive a namorar com outra mulher ao longo do conto.

A princesa Rapunzel foi entregue pelos seus pais a uma bruxa, para que ela a criasse. A criança foi mantida em cárcere privado durante toda a sua infância e adolescência e, só após conhecer um corajoso príncipe teve a ideia de fugir, fugir para se casar com ele e viver feliz para sempre.

Rapunzel viveu durante muito tempo sem interagir com outras pessoas, exceto a bruxa que a criou, até agora, não entendo, como ela conseguiu estabelecer tão rapidamente, a ideia de amor romântico, e se apaixonar tão rapidamente pelo príncipe. Ela não poderia ter tentado fugir antes de conhecer o príncipe? E explorar todo aquele universo além da torre, e mais uma vez o final feliz da moça estava condicionado ao casamento, assim como foi de muitas outras princesas.

E a Cinderela que não vê outra saída, a não ser casar-se com um lindo príncipe rico, para sair daquela vida de humilhação e principalmente de pobreza, Cinderela poderia ter tomado uma atitude, ter repreendido à madrasta, as suas filhas, poderia ter tentado fazer um acordo, estabelecendo limites para melhorar a convivência na casa, ou poderia tomar uma medida mais drástica expulsando a madrasta e as suas filhas.

Mas, havia uma dependência tanto emocional, quanto financeira por parte de Cinderela em relação à madrasta, o que a limitava, e atrapalhou bastante, pois durante o decorrer da história, a moça teve que aceitar o que lhe era oferecido, tendo sido obrigada a adotar um novo modo de vida, lembrando que ela vivia muito bem, e era servida, e de repente ela passou a servir, usar roupas velhas de borralho, que na verdade não condiziam com a sua realidade, já que a madrasta e suas filhas continuavam a viver muito bem.

Um ponto bem relevante a ser destacado, é a inveja e o ódio nutridos pela madrasta de Cinderela, além de proibir que ela tivesse acesso a seus recursos financeiros, mesmo que fossem poucos, levando em consideração as palavras da madrasta, que garantia que elas estavam falidas, ela impediu que Cinderela fosse ao baile, negando a ela a chance de realizar um bom casamento, de conhecer o príncipe e de interagir com a alta sociedade.

A madrasta fazia questão de destratar Cinderela, além de ridicularizar as ideias e os interesses manifestados pela jovem. O tratamento entre a enteada e as filhas era gritante, fazendo realmente jus ao nome madrasta, não demonstrava sentimentos afetuosos, mas foi capaz das mais terríveis ações, como rasgar o vestido de baile, que a mãe de Cinderela havia deixado para ela.

A pior de todas foi à história de Bela, entregue pelo seu pai para uma fera, para que ele pudesse manter-se vivo. A Bela foi obrigada a suportar a fera, que tinha uma aparência horrível, e também um péssimo humor, mas apesar da aparência, tratava a Bela bem, tentava ser agradável, pois queria que ela se casasse com ele. O casamento mais uma vez representa o felizes para sempre, no qual ele se transforma em um lindo príncipe, ela passou a amá-lo. Existe uma metáfora que diz: "a beleza está nos olhos de quem a vê", o importante é que ela ficou feliz, e ele era rico. Coincidência ou não, eles viveram felizes para sempre.

Um ponto interessante sobre a história de Bela a ser discutido, são os encantos, primeiro uma maldição que transformou o príncipe em Fera, depois o poder que Bela teve quando se declarou a Fera, quebrando a maldição que havia sobre ele, fazendo com que ele se transformasse em príncipe novamente.

Bela realmente aprendeu a amar a Fera, independente da sua aparência, o que de fato é uma belíssima mensagem a ser transmitida as leitoras, o que não podemos negar ser algo bem profundo. Mesmo que no início isso tenha se dado contra a vontade da moça, o que reforça o estereótipo da mulher obediente ao pai, e depois a Fera. Entretanto, ela não se negou a ficar no castelo, e nem tentou fugir, mesmo depois de conhecer a Fera.

Sherazade para não ser morta pelo marido, criava todos os dias, histórias diferentes. Os discursos presentes na obra retratam: violência, misoginia e obediência ao marido. O marido que detinha o direito sobre ela, de tal forma, que poderia acabar com a sua vida, assim como fez com a esposa anterior, que o havia traído e, ele tomado pelo ódio, para lavar sua honra, assassinou-a. Isso mesmo que você leu, para lavar a honra. Shahriar tinha o direito sobre a vida de Sherazade, e o que justificava a sua ação, era o comportamento inadequado da esposa, que ao trair feria a honra do marido, e este teria todo o direito de vingar-se.

CONSIDERAÇÕES FINAIS

Concluímos que são inúmeros os estereótipos femininos contidos nos contos clássicos estudados, assim como os discursos ideológicos contidos nas obras, são apresentados e se constituem de forma clara ao longo dos enredos, provando o quanto as nossas falas e experiências não são puras, Pêcheux (1969) afirma que as nossas falas são resultados de relações de poder, e de sentidos, que influenciam as produções de discurso.

Fundamentados em Nunes (2009) listaremos alguns dos estereótipos contidos nas obras:

Bela Adormecida – supervalorização do amor romântico pela princesa, por meio do beijo não consentido e dependência da figura masculina;

Branca de Neve – Valorização dos afazeres domésticos na casa dos anões, apesar de ser a mais bela de todas, e a inimizade feminina como algo natural;

Cinderela – Subserviência, fragilidade e mulher do lar, inveja e inimizade como algo inerente às relações femininas;

Ariel – Supervalorização do amor romântico ao aceitar tornar-se humana e perder a voz, para viver o felizes para sempre;

Rapunzel – Obediência e pureza;

Sherazade – Dependência em relação ao homem;

Bela – Obediência cega e paciência, além de aprender a amar o homem que a mantém como refém.

Além das características listadas anteriormente, todas elas valorizam de forma exacerbada a beleza, e apresentam uma necessidade de encontrar o amor verdadeiro para alcançar o felizes para sempre, seja esse amor à primeira vista, ou conquistado com o tempo, como foi o caso de Bela, em Bela e a Fera.

O papel das princesas acaba tendo uma dependência em relação ao dos príncipes, apesar das histórias carregarem o nome delas, e serem sobre elas, as princesas não agem, mas é bem comum que elas sofram algo muito terrível para que possam ser salvas. Elas se concentram em arrumar-se para o baile, em andar muito bem vestidas e maquiadas (afinal a maquiagem disfarça as imperfeições, e essas não precisam ser vistas pelos príncipes e nem pelas amigas e filhas das madrastas invejosas, que só desejam o mal) e, enfim ser vaidosa.

Assim os próprios livros criam esse espaço para que as meninas sejam vistas de tal modo, que reproduzam e cresçam acreditando em tais verdades. O livro infantil tem grande função no papel da construção da identidade. É necessária a desnaturalização desse olhar, para que possamos parar de entender a mulher como alguém que precisa estar dentro de um padrão, mas sim, em toda a sua pluralidade.

Que as mulheres sejam retratadas nos livros de literaturas infantis, como uma mulher ou uma menina que não precisa ser salva (a não ser que ela realmente precise, já que pode muito bem se virar sozinha).

Mais do que salva, a mulher que analisa e planeja, que pensa e organiza as suas ações, a mulher que argumenta que questiona, que não aceita menos do que ela merece, que ama o príncipe, mas que também fica muito bem sozinha e que deseja ser feliz, mas que entende que nem tudo é para sempre, já que a vida é uma sucessão de acontecimentos bons e ruins.

REFERÊNCIAS

CADEMARTORI, Lígia. **O que é literatura infantil**. 3. ed. São Paulo: Brasiliense, 1987.

LAMOUR-CROCHET, Céline.; LISBETH, Renardy. **A revolta das princesas.** São Paulo: Saber e Ler, 2013.

NUNES, M. Teresa. **O feminino e o masculino nos materiais pedagógicos (in) visibilidades e (des)equilibrios**. Lisboa: Comissão para a cidadania e igualdade de género. Presidência do Conselho de Ministros, 2009.

PÊCHEUX, Michel. **Analyse automatique du discours**. Paris: Dunod, 1969.

SCOTT, Joan. Gênero: uma categoria útil de análise histórica. **Educação e Realidade**, Porto Alegre, v. 20, n. 2, p. 71-99, 1995.

ZILBERMAN, Regina. **Como e por que ler a literatura infantil brasileira**. Rio de Janeiro: Objetiva, 2005.

PARTE 2

MULHERES AFRODESCENDENTES E SUA INSUBMISSÃO

ECONOMIA E EMANCIPAÇÃO DAS MULHERES NA ÁFRICA AUSTRAL XITIKI: ABUNDÂNCIA E SOBRIEDADE NA CONTRACORRENTE[15]

Teresa Cunha

"O conhecimento fala
A sabedoria escuta".
Vovó Matimba

TEORIAS EM-PODER-DELAS

A presença e a penetração do capitalismo nas nossas sociedades são tão avassaladoras que procurar *outras economias*, ou seja, aquelas que estejam para além dele, em resistência a ele ou em pura fractura com ele, se torna numa busca muito complexa. Decerto que um olhar feminista e pós-colonial introduz uma diferença analítica crucial que me tem permitido considerar que *no sul* e *com o sul* as aprendizagens que faço são quase sempre imprevistas. A minha abordagem feminista traz para o debate duas questões preliminares: a primeira é a da posicionalidade do olhar científico e da forma como ele sobredetermina a relação entre os chamados sujeitos e objectos do conhecimento. Nas palavras de Sandra Harding, entre especialistas e leigos dentro da ciência. Em segundo lugar, uma abordagem feminista não ignora as relações de poder que se inscrevem e escrevem sobre a realidade social.

Posicionalidade e relações de poder são dois *topoi* teóricos que questionam, desconstroem dicotomias e universalismos *a priori* e ressaltam as polirracionalidades em presença. Uma perspectiva feminista e pós-colonial não só enriquece, mas radicaliza esta crítica profunda à construção da uma ciência positiva e normativa baseada na arrogância da sua universalidade.

Afirmar-me feminista e pós-colonial é sempre um múltiplo esforço de reorganizar profundamente os mapas e as agências cognitivas com os quais tenho que lidar. Falar de feminismo pós-colonial é sempre, além do mais, o contacto e a perplexidade perante as memórias divergentes, as narrativas

---

[15] O referido texto não contém referência por se tratar de relato de pesquisa apresentado como conferência de encerramento do VIII EMEMCE - Encontro Maranhense sobre Educação, Mulheres e Relações de Gênero no Cotidiano Escolar, realizado em 2021.

discrepantes e as histórias ao contrário. Além disso, é poder pensar para além do colonial e da colonialidade que ainda nos prendem à modernidade ocidental. É um exercício constante de colocar em evidência a nossa tamanha ignorância perante um mundo pluriverso, e não o universo da imaginação colonial, e a nossa arrogância de considerar que o podemos compreender e dominar com aquilo que apenas nós inventámos: a ciência moderna. A estas forças epistémicas junto a *ecologia dos saberes* de Boaventura de Sousa Santos para poder falar e, sobretudo, escutar.

Assim, sou conduzida de imediato a fazer um exercício de *sociologia das emergências*. Procurei fragmentos, sinais, pedaços, mas também estruturas operacionais de *outras economias*. A primeira consequência foi a renomeação do tema no qual se inscreve esta minha pesquisa: *outras socioeconomias* em vez de *outras economias*.

A realidade com que fui contactanto, as lições que fui aprendendo com esse *sul não imperial* em que tenho trabalhado e estudado, levaram-me a perceber o quão fortes são as imbricações entre os modos sociais de existir e os de organizar e distribuir os recursos, de todos os tipos, que infraestruturam, estruturam, alimentam e dão horizontes de futuro, os bons e os maus. Por este motivo a distinção disciplinar entre economia e sociedade, além de não ter sido útil, mostrou-se danosa no decurso da minha pesquisa ao tentar saber e conhecer aquilo que lá está, na realidade social, mas não está a ser visto ou está a ser olhado como meras estratégias de sobrevivência ou velhas idiossincrasias antropológicas, afinal praticadas e vividas por uma larga maioria de pessoas no mundo. A sociologia da emergência é um guarda-chuva que abarca alguns pontos de viragem metodológica no que toca ao estudo das outras socioeconomias, ao afirmar a porosidade das fronteiras entre economia e sociedade. O xitiki é um desses modos de existir e distribuir recursos que contraria o capitalismo como forma de produção hegemónica. Mais à frente falarei um pouco mais do xitiki.

Essas socioeconomias concretas com que fui contactando e conhecendo, nasceram e criaram modos de resistência; são lutas seculares por outros modos de vida, por outros paradigmas de governo da casa, mas também aparecem com adaptações funcionais, às vezes orgânicas, com o capitalismo. Decorre daqui a minha preocupação em procurar nestas realidades impuras, cheias de contradições, recusando e aceitando o capitalismo, a profundidade do social que está entalhada e que talha no que, na superfície, pode ser avaliado apenas como ausência de escolhas, pobreza, ignorância, ou modos primitivos, atrasados, obscuros, ancestrais, e pior ainda, obstáculos ao desenvolvimento, de um grupo social se organizar e tratar da sua casa, dos seus conhecimentos e dos seus bens.

Esta apresentação baseia-se em pesquisas qualitativas que estou levando a cabo desde 2010 com base nas narrativas de mulheres (e alguns homens). Tendo o epicentro em Moçambique inclui trabalho empírico e documental em três países: Moçambique nas províncias de Maputo, Gaza, Inhambane e Tete; África do Sul, províncias de Gauteng e North West; Brasil, estado do Rio Grande Sul e do Mato Grosso.

Os meus campos de análise são:

- Práticas de produção, gestão e distribuição da riqueza, poupanças, empréstimos e investimentos como modos endógenos e não capitalistas, engendrados e liderados por mulheres, das comunidades e grupos observados;

- Diferentes agências cognitivas e suas respectivas pragmáticas narradas por mulheres (e alguns homens) que estão activamente implicadas em práticas não-capitalistas;

- Troca de conhecimentos entre os grupos e comunidades que implicam acções de disseminação entre as actoras locais, as lideranças femininas e as suas organizações criadas e mantidas nos seus próprios termos.

Distingo, das aprendizagens feitas, duas características basilares que me parecem formar um padrão conceptual nas socioeconomias que estudei e que parecem ser dissociações explícitas com o modelo capitalista de organização econômica e, portanto, social: a abundância e a sobriedade.

As duas ideias, *sobriedade* e *abundância,* que me parecem informar essa busca por um horizonte inédito, mas viável, não me parecem poder ser reduzidas a meras categorias analíticas de uma sociologia de banda estreita como ainda é a sociologia *mainstream* ocidental, mesmo quando questionada pelas suas versões críticas.

As minhas razões para o afirmar são as seguintes: quando se enunciam essas duas entidades, sobriedade e abundância, a partir do sul-não imperial, elas são constituintes vivos do princípio da não separação, compostas de complexas relações entre espiritualidades, crenças e fés; valores e identidades; memórias, rituais e símbolos; conhecimentos, práticas e tecnologias.

Se a abundância e a sobriedade para serem percebidas e tematizadas precisarem respeitar as regras da separação e da etiquetagem elas perdem sentidos e, com eles, se perderá o meu trabalho de cientista social. Por estas razões o que aqui apresento são hermenêuticas incompletas, são epistemologias compostas do lusco-fusco das minhas tentativas e das minhas ignorâncias. Contudo, são já caminhos em andamento, não terminados.

Antes de me debruçar com detalhe sobre o que são, a meu ver, essas aprendizagens sobre a sobriedade e da abundância, é necessário analisar e definir o contexto maior em que estas entidades estão operando e criando, não apenas resistências, mas também alternativas vitais para uma larga maioria de pessoas no *Sul Global*. O tempo e o espaço aqui são escassos e vou ter que trabalhar com essa escassez, por isso, o traço é largo, mas estou certa de que a linguagem *sem açúcar e sem afeto* do actual reajustamento estrutural a ocorrer nos *Suis do Sul* incluindo Moçambique, África do Sul e Brasil não impressionará pela novidade:

- A extração maciça de recursos minerais e energéticos de vários tipos; a sobre-exploração e a usurpação da terra para culturas intensivas; o deslocamento forçado de populações; a privatização de recursos vitais como orlas marinhas e ribeirinhas, e portanto do acesso à água de irrigação e para consumo biológico; o abate de florestas, a destruição de savanas e corredores da biodiversidade na terra e no mar; a reestruturação fundiária por intermédio dos planos de concessões; a especulação imobiliária; a financeirização da economia e o colapso dos mercados de pequena escala e de proximidade; o aprofundamento das desigualdades sociais; a erosão da democracia e dos sistemas de representação, governo e controle pelas/os cidadãs/ãos; a suspensão não-dita das garantias constitucionais e jurídicas a vários níveis; a nova retórica desenvolvimentista; os conflitos armados nas florestas, favelas ou *townships* que se desenvolvem e se alastram, são a política por outros meios hoje em dia; a insegurança cívica e a perseguição intelectual; as políticas de assimilação como os novos nomes para genocídio e epistemicídio; o empobrecimento brutal e brutalizado em que o dia seguinte é sempre o mais concreto horizonte de não existência; a guerra, são, entre outras, as trágicas faces do ajustamento estrutural a ocorrer nos países estudados e no mundo.

Se juntarmos a este panorama avassalador as relações de poder desiguais existentes entre mulheres e homens e que estão, tanto nos interstícios das relações sociais das mais privadas às mais públicas, podemos aceitar, pelo menos, que o ponto de partida é severo, e que a posicionalidade deste conhecimento é, antes de mais, informada pela injustiça e sofrimento estruturais.

Contudo, a realidade apresenta-se criativa e complexa e permite-nos ir chegando a lugares de enunciação discordantes que falam e narram *outras* divergentes maneiras de estar no mundo e de o governar. Por outras palavras, uma outra maneira de ser a própria humanidade.

Debruço-me então sobre uma das mais interessantes socioeconomias engendradas e lideradas por mulheres do e no Sul e que tem muitos nomes, mas os princípios constitutivos são muito idênticos: o xitiki, o kixikila, tontine, stokfel, mutirão, vai de ajuda, e muitos outros nomes. Vou centrar-me no xitiki praticado em Moçambique e que é transversal a toda a sociedade moçambicana.

O XITIKI EM MOÇAMBIQUE

A ligação das práticas do xitiki e as mulheres em Moçambique é uma evidência empírica que tem sido objecto de muitas pesquisas e reflexões. As mulheres em Moçambique estão muito activas nas actividades produtivas e circuitos económicos do país e uma parte substantiva do rendimento gerado e utilizado para o sustento das famílias é realizado por elas no âmbito daquilo que é designado por 'economia informal'.

Face a estas condições de vida, muitas mulheres e homens recuperam, inventam e actualizam práticas socioeconómicas que são postas ao serviço de uma interpretação da sua realidade e da resolução dos problemas que ela lhes impõe.

O xitiki tem vindo a ser analisado pela literatura acadêmica como uma prática comum de poupança colectiva e de crédito rotativo entre um grupo restrito de pessoas, normalmente mulheres, com o objectivo de adquirir bens, produtos e serviços que de outra maneira não lhes seriam acessíveis, mediante a escassez de moeda com que vivem.

Perante os discursos, as práticas observadas ao longo do meu trabalho, refiro-me àquele que desenvolvi em Moçambique nomeadamente nos mercados informais de "Xipamanine", "Malanga" e "Xiquelene", junto de vendedores e vendedeiras de rua assim como com lideranças femininas locais, a definição dominante sobre o xitiki começou a revelar-se simplista e insuficiente. As sociabilidades e experiências associadas ao xitiki, ou àquilo que muitas pessoas denominam de xiticar, indicavam que nelas se condensavam muitas outras ferramentas, não apenas econômicas, e não apenas de sobrevivência.

A pragmática do xitiki mostra-se imbuída de uma ética com especificidades extraeconômicas e uma estética inserta em relações sociais complexas e ricas em variações, detalhes, significados e códigos de conduta. Deste modo, tornou-se claro para mim que o xitiki estava para além de uma estratégia de sobrevivência das pessoas mais empobrecidas dos chamados mercados informais de Maputo, porém responsáveis pela maioria das transacções económicas e trocas comerciais, com e sem moeda, da capital do país.

Uma outra ordem de razão começou a tornar-se clara: o xitiki, aparecia no meu estudo empírico e na minha reflexão teórica como compatível como uma pragmática com virtualidades éticas, estéticas e socioeconómicas não capitalistas, feministas e pós-coloniais. A constatação de que eu estava a participar na observação de alguma coisa outra, diversa levou-me a procurar nela um pensamento sociológico virado para o futuro, ainda que esta prática de xiticar seja chamada de tradicional esteja ancorada em experiências alimentadas de geração em geração.

As senhoras das rodas de xitiki, com os seus telefones celulares cuidadosamente guardados nos seios e eficazmente utilizados nas suas rotinas diárias, fizeram-me perceber, progressivamente, que não estava perante um arremedo, uma qualquer actualização do tradicional ou de uma emissão postal analógica do pré-colonial. Estava sim localizada e imbricada em um real cujas sociabilidades podem ser mestiças na sua dimensão mais aparente, mas que estão para lá de uma análise simplista de colonialidade.

O xitiki é uma palavra tsonga que é traduzida para a língua portuguesa, comummente, como juntar, congregar, poupar ou amealhar. Contudo ao longo da pesquisa foram surgindo mais significados da palavra reforçando a ideia de que o xitiki é colocar alguma coisa de lado, mas não apenas em benefício de si, mas do grupo, por meio da força do colectivo. É levar a cabo um objectivo que aumenta a coesão de toda a comunidade envolvida.

Indica, por si mesmo, um conjunto de significados societais que extrapolam a ideia de poupança enquanto uma simples ferramenta de acumulação de moeda com o fim de obter uma certa capacidade económica e financeira, num futuro mais ou menos próximo. De facto, se nos ativermos à simples mecânica do xiticar, o que somos capazes de distinguir de imediato é o seguinte: um grupo maior ou menor de pessoas decidem sobre uma determinada quantia em dinheiro que regularmente colocam num mealheiro comum para, em seguida, cada uma delas receber esse montante acumulado numa ordem sucessiva, previamente estabelecida pelo grupo. Estes grupos são constituídos por elementos da mesma família, grupos de colegas, grupos de amigas/os, isto é, grupos em que a coesão interna já existe, é possível e pode ser mantida.

À medida que a lente de resolução social aumenta pode distinguir-se que xiticar, fazer xitiki, participar num grupo de xitiki é bastante mais do que partilhar um mealheiro e receber dinheiro à vez. O primeiro acto distintivo é que o mealheiro não é um objecto físico, mas a confiança agregada do grupo numa pessoa que passa a ser guardiã das poupanças de todas e todos. É uma pessoa que guarda e se responsabiliza pelos recursos da pequena comunidade e que terá de prestar contas sobre eles e sobre a sua utilização.

Esta pequena grande diferença presta-se a considerar que o xitiki envolve uma ética comportamental e de grupo, assim como promove uma estética nos momentos de recolha e de distribuição dos recursos. A pessoa responsável pelo xitiki não se limita a entregar o dinheiro, mas deve também promover o envolvimento de todo o grupo no processo e organiza um momento celebratório *quasi ritual* para que cada uma dessas passagens de recursos seja um acto colectivo de reforço mútuo. Os grupos de xitiki, as rodas de xitiki têm uma função de integração e até de inclusão social.

Ao observar e ao ouvir as narrações sobre o xiticar outros assuntos de notável valor reflexivo foram emergindo. O xitiki exige da parte das pessoas integrantes do grupo competências econômicas tais como:

1. disciplina orçamental, pois implica uma análise do orçamento disponível e das despesas essenciais;

2. saber fazer uma cabimentação rigorosa e perseverante tendo em conta os objectivos traçados;

3. saber fazer planos de poupança com vista ao investimento, isto é, a poupança não é mera acumulação cega, nem se justifica por si mesma. Não é uma simples maneira de aforrar, mas sim de criar condições de investimento na habitação, educação, empresa, entre muitas outras coisas.

As rodas de xitiki têm presidenta, secretária, tesoureira, e há um registro meticuloso de todas as decisões, procedimentos e acções. Os planos de despesa são faseados, calculados com base na capacidade financeira, oportunidade, disponibilidade do mercado, urgência ou prioridade.

O acto de xiticar inclui a definição participada e democrática de uma política de redistribuição e controle social sobre aquisições e consumo. Isto quer dizer que a ordem da redistribuição do montante total é decidida pelo grupo, podendo haver alterações nessa ordem, em casos considerados relevantes e desde que haja um acordo de todas as pessoas. Isto requer controle social, debate, argumentação colectivos. Este se passa sobre as aquisições ou o consumo de bens, serviços ou produtos que é feito a seguir ao recebimento do xitiki. Em muitos casos o grupo assegura-se que o dinheiro é gasto naquilo para que estava destinado e acordado, segundo um plano de coerência da gestão individual dos recursos

As variações encontradas na forma de fazer o xitiki nem sempre contemplam todos estes mecanismos socioeconômicos, mas, de uma forma geral, a prática revela-se organizada e informada por uma ética de conduta em que se destacam as competências acima referidas assim como, a força da comunidade, a coesão social, a confiança mútua, a persistência, o trabalho, a produção alternativa de riqueza ou recursos e a justiça, em escalas de proximidade.

A prática do xitiki inclui registros escritos, cálculo, contabilidade organizada e um acervo do histórico das actividades dos grupos. O recurso à escrita é quase constante assim como a emissão de títulos de crédito e a apresentação de contas por meio de balancetes periódicos. Estou convencida que as aprendizagens escolares da escrita, leitura e do cálculo encontram aqui significados reforçados de funcionalidade e utilidade social pelo que, pensar no xitiki como uma estratégia de educação popular parece-me apropriado. A educação popular entendida como a conscientização dos grupos e das comunidades e do desenvolvimento de competências de interpretação, análise, registro e comunicação, que passam também pelo escrito, estão na base da actividade de xiticar ainda que não sejam entendidas nem desenvolvidas enquanto tal. Esta potencialidade endógena do xitiki é suficientemente forte e evidente para não ser descartável de uma análise de uma economia política pós-capitalista.

O xitiki constitui também uma instância educativa popular de valorização de aptidões e aprendizagens não escolares, porém vitais, relevantes e úteis nas sociedades em causa e na consolidação e ampliação de conhecimentos dos grupos em diversas áreas dos saberes e da sua capacidade de reflexão sobre si e sobre a transformação da sociedade que se deseja.

O PODER-DELAS E O XITIKI

Como já deixei claro, o xitiki é, majoritariamente praticado e gerido por mulheres. Tanto os xitikis de colegas, amigas ou familiares, regra geral são organizados e liderados por mulheres escolhidas entre todas das do grupo. Isto não quer dizer que não haja homens envolvidos e que estes, em determinadas circunstâncias, não exerçam o seu protagonismo. Contudo, o meu estudo mostra que são as mulheres que estão mais comprometidas com o xiticar.

Essa questão merece alguma atenção por várias razões. Por um lado, as mulheres parecem desejar ter espaços de mulheres, ou seja, elas querem estar à vontade entre elas o que seria perturbado pela presença de homens. Este argumento deve ser aprofundado pois parece que não se trata de excluir os homens, mas de garantir o repúdio de qualquer tipo de cooptação masculina sobre esse espaço-tempo das mulheres.

A segunda razão prende-se com a capacidade de criar um espaço de autoridade entre pares por parte das mulheres, mas que extrapola, muitas vezes, o grupo. Trata-se do exercício da sua autoridade e do seu controle: controle sobre o conhecimento acerca do montante que conseguem ganhar com o seu trabalho; o controle sobre o modo como o gastam; o controle sobre o processo de decisão e de gestão dos recursos disponíveis. Estes espaços são considerados de efectiva emancipação das mulheres relativamente ao potencial de dominação pelos homens. Surgem nos discursos e na ênfase colocada em algumas expressões retóricas como alguma coisa de importância vital para elas.

Do meu ponto de vista, importante notar que uma análise feminista do xitiki pode ser também uma crítica feminista aos feminismos ocidentais ou marcadamente ocidentalizados, que se entendem sempre como o ponto de partida e de chegada das resistências e da emancipação das mulheres.

A ética do xitiki é exigente relativamente ao comportamento mais comum dos homens moçambicanos e elas não confiam neles. Elas asseguram com clareza que muitos homens não conseguem ser disciplinados o suficiente para fazer as entregas, esperar pela sua vez para receber e, sobretudo, cumprir com os planos de investimento e consumo previamente acordados. Elas fazem uma crítica acérrima destas incompetências masculinas com as quais não desejam contaminar os seus grupos. Para além destes argumentos, elas alegam ainda que os homens têm os seus próprios grupos e nada os impede de xiticar a não ser a sua imaturidade e inépcia para cumprir as suas próprias promessas.

As narrativas das mulheres são ainda mais acutilantes quando justificam a exclusão ou, pelo menos, a diferenciação comportamental entre mulheres e homens nos grupos de xiticar. Elas descrevem-se realçando a sua comprovada dedicação ao bem comum do seu grupo ou família, indicando que os seus investimentos são, sobretudo, para a aquisição de bens de consumo colectivos como comida, educação das crianças, habitação ou cuidados de saúde. Na realidade, as mulheres fazem xitikis também em proveito próprio como a aquisição de capulanas, mukumes, vembas, lenços ou produtos de beleza; viagens.

Elas argumentam que mesmo quando os seus investimentos lhes são dirigidos, elas não perdem a noção das necessidades do grupo ou da família. Ao contrário dos homens a quem atribuem, repetidamente, uma quase total inabilidade social que resulta no abandono e na escassez de quase tudo dentro da família ou do grupo e no esbanjamento, sem preocupação pelo colectivo.

Essas componentes reflexivas e críticas acerca da socialização e da ética de conduta diferenciada entre os sexos não deixa de ser um forte sinal de compreensão do carácter social das injustiças e das desigualdades que estão relacionados, não com determinismos biológicos, mas com mecanismos culturais e societais para os quais elas estão a encontrar estas respostas sem fazer desarticular, por completo, o grupo ou a família.

Em nenhum momento das diversas entrevistas me foi relatado algum acontecimento concreto em que alguma mulher não tenha sido fiel aos seus compromissos do xitiki ou tenha tido um comportamento desadequado perante o seu grupo. As narrativas construídas eliminaram esses episódios do repertório retórico com que querem descrever e analisar as suas práticas de xitiki. No entanto, por intermédio de conversas informais ou de algumas observações mais ou menos sutis entre elas, percebe-se que muitas conhecem ou já experimentaram situações de desonestidade de mulheres em algum grupo de xitiki.

A literatura que pude analisar trata em geral o xitiki como um objecto antiquado, de sobrevivência bastando-lhe descrevê-lo de forma mecânica e relacioná-lo com outras práticas económicas consideradas tradicionais. O seu valor para uma visão outra sobre o desenvolvimento por intermédio de uma lógica não capitalista é, em geral, relacionada com o facto de poder ser interpretado como mais um modo ancestral de conhecimento, actualizado e reapropriado nas condições actuais, mas sem valor socioeconómico *per se*. A minha observação empírica e a minha reflexão levam-me a considerar que estas análises escondem mais do que aquilo que mostram. Em primeiro lugar, não valorizam suficientemente os recursos endógenos da sociedade moçambicana para redistribuir riqueza e implementar a justiça. De muitas formas, continuam a utilizar os modelos capitalistas de desenvolvimento como paradigmas comparativos que, do seu lugar de enunciação, só conseguem vislumbrar o xitiki e outras tecnologias socioeconômicas como um recurso do precário, da resistência à insolvência, enfim, um apelo contemporâneo e desesperado ao atávico por natural incapacidade de produzir conhecimentos novos, outros e insubmissos.

Ao contrário da visão hegemônica de qualificar essas comunidades de pobres, em que falta tudo, eu distingo uma contracorrente tanto de conhecimentos (epistemológica) quanto social (práticas) que abrem espaço a outras formas de entender as relações econômicas, a economia solidária e o que sabemos sobre isso.

Termino com umas curtas reflexões sobre duas características: a abundância e a sobriedade. Para o desenvolvimentismo a primeira é inverossímil nestas socioeconomias; e a segunda, é pura contradição da primeira.

A abundância é o reconhecimento da autoria, da identificação, da nomeação, da definição colectiva dos valores disponíveis em proveito de todas as pessoas e as demais criaturas do mundo a que se ligam e se interconectam. Abundância é reconhecer todos os bens que estão em presença de uma comunidade-sociedade de grupo para trocar, para distribuir e redistribuir porque o valor e preço são duas coisas diversas, e não se podem reduzir um ao outro. Abundantes porque os bens recursos não são apenas as mercadorias, o que se compra e se vende, mas sim, tudo aquilo de que a comunidade-sociedade-grupo dispõe para viver e viver bem: são os frutos da terra, instrumentos manufacturados, mas também são os sentimentos de pertença e proteção, são os espíritos, deusas e deuses, são a atenção, o cuidado, são os serviços do cuidado, são a confiança, são as cadeias de produção justa e solidária, a inovação nas soluções, as tecnologias, os conhecimentos e as sabedorias.

A criação da escassez é um dos principais recursos do capitalismo para poder garantir a acumulação, o lucro e o poder de alguns. Pelo contrário, reconhecer e definir a fartura e a abundância são um dos principais modos de definir uma socioeconomia não capitalista, porque rompe com o poder do uso exclusivo da força da acumulação sem fim.

A abundância de ideias, de dignidade, de interesse pelo colectivo é um elemento de um *outro* paradigma socioeconômico que está por se cumprir porque não transforma nem em mercadoria nem em lixo os recursos, as ideias, as coisas, as tecnologias ou os saberes.

A abundância é capaz de reinventar o círculo virtuoso da utilidade social e o prolongamento da vida por meio do cuidado e trocas solidárias, que não se esgotam e que aumentam o poder de relação positiva entre as comunidades e o mundo. Nesta economia da abundância consumir é também usar em reciprocidade; é investir e poupar porque atribui valor social e perspectivo a todas as dimensões e potenciais de riqueza das comunidades, e valoriza todos os aspectos do bem-viver. A economia da abundância é o contrário político, económico e ético da austeridade que é uma outra maneira de dizer uma economia de escassez na qual só alguns podem ter lugar e viver bem.

Combinando-se com a abundância, surge a sobriedade. A sobriedade, tal como a venho entendendo, é o contrário da renovação obsessiva do novo – aqui a redundância é proposital. É uma ruptura com a vertigem de eliminar o passado, subsumir o presente para imaginar-se estar sempre no futuro. A sobriedade, pelo contrário, é um tempo que se valoriza e se enriquece à medida que não cede aos curtos-circuitos do que ainda agora era novo e logo em seguida obsoleto. Sobriedade é também quando se olha para um objecto como se ele fosse algo de orgânico cuja vida deve ser prolongada e atenciosamente cuidada, para que o trabalho que facilita ou que oferece possa também ele ser repetidamente posto ao serviço dos fins para o qual foi criado. Não é avareza, é o contrário do desperdício; não é porque não é possível comprar mais, repor, encontrar no mercado das coisas, é multiplicar a utilidade vital e funcional das coisas; é o contrário do pensamento descartável é uma hermenêutica de cuidado de preservação orgânica entre criaturas e instrumentos.

A sobriedade é também o contrário da ganância. É o reverso da avidez de ter sempre mais, acumular, fazer armazém de coisas, mas também de poder. A sobriedade é saber aplicar a justa medida das coisas, dos poderes, dos recursos àquilo para os quais são convocados para o Bem-Viver de todas e todos. A sobriedade é uma forma de radicalização da democracia, uma vez que ao invés de acumular poder, estatuto, honras, direitos, prerrogativas, recursos, impele à autoridade partilhada e disciplina a pulsão destruidora da autocracia e personalismo.

A sobriedade, como até aqui a tenho apresentado põe em evidência, por um lado, a *ecologia das temporalidades* que a sustenta e lhe dá múltiplos sentidos e, por outro lado, as suas virtudes democratizadoras de *alta intensidade*. Por último, gostaria de me deter sobre uma outra característica da sobriedade imbricada nas lições das socioeconomias desses *suis não impe-*

riais a que submeti as minhas *ignorâncias imperiais*. A sobriedade funciona em muitos casos como a vital necessidade de uma redução drástica dos custos com as luzes. Quando digo luzes, não digo lâmpadas, candeeiros ou outros artefactos movidos a energia elétrica de qualquer origem. Opto por dizer Luzes no sentido das epistemologias das Luzes, centradas no vórtice probatório do olhar, no olho logocêntrico e na presunção de que essa Luz irradia e pode explicar o mundo todo. A sobriedade é o desvio do olhar para dar lugar ao corpo todo, criando espaço e tempo para a reparação dos danos provocados pela violência tão colonial de separar, dividir, implantar fronteiras nas quais se assegura a desigualdade da alteridade subalterna. É uma outra economia do desejo. Um desejo em linha com o Wunnwuana, Emakhwua: de *crescer com*.

SABERES DE MULHERES PROFESSORAS NO CURSO LIESAFRO: INSUBMISSAS AFROUNIVERSITÁRIAS

Walquíria Costa Pereira
Raimunda Nonata da Silva Machado

A voz de minha bisavó
ecoou criança
nos porões do navio.
Ecoou lamentos
de uma infância perdida.
[...]
A voz de minha mãe
ecoou baixinho revolta
[...]
A minha voz ainda
ecoa versos perplexos
com rimas de sangue
e fome.
[...]
A voz de minha filha
recolhe em si
a fala e o ato.
O ontem – o hoje – o agora.
Na voz de minha filha
se fará ouvir a ressonância
O eco da vida-liberdade.
(Conceição Evaristo)

A postura de investigar saberes de professoras afrodescendentes na docência do ensino superior é um exercício histórico/cultural de recolher vozes ancestrais ontoepistêmicas (de vigilância ontológica e epistêmica) que, mediante análise de trajetórias sociais (Bourdieu, 1996), faz inserção na situacionalidade (Freire, 2014) do ser (mulheres afrodescendentes), que é a sua própria condição de existência afrodiaspórica, afinal, "Nossos passos vêm de longe" (Carneiro, 2006, p. 22).

De muito longe, nossos ancestrais cunharam o conceito insubmissão. No Dicionário Aurélio tem significado de algo altivo, independente, desobediente e rebelde, este último, é diferente de insubordinação e indisciplina.

Para Conceição Evaristo (2016, 2017, 2020) são Olhos D'água, Becos de Memória e Lágrimas de Mulheres que tratam de nossas escrevivências (para nós, do MAfroEduc Olùkọ́[16], são afroescrevivências de insubmissões) porque são lembranças do cotidiano de luta, resistência, conquistas, avanços, superações históricas de nossos/as antepassados e ancestrais. São muitas memórias das mulheres negras estarem no mundo, inclusive, produzindo formas de entorpecer a dor: sofrer é proibido!

> Mesmo com toda dignidade ultrajada, mesmo que matassem os seus, mesmo com a fome cantando no estômago de todos, com o frio rachando a pele de muitos, com a doença comendo o corpo, com o desespero diante daquele viver-morrer, por maior que fosse a dor, era proibido sofrer (Evaristo, 2017, p. 35).

Assim sendo, destacamos possibilidades pedagógicas de insubmissões (Evaristo, 2020; Nascimento, 2021) e transgressões (hooks, 2013) como enfrentamentos e superações, tecidas nas tensões de um território acadêmico enraizado nos discursos da modernidade eurocentrada. Nesse tipo de pedagogia, a insubmissão não é palavra comum, é conceito, tal como adverte Machado (2023, p. 86), que se refere a uma "unidade de conhecimento com argumentação sustentada na filosofia da libertação com princípios afrocêntricos e decoloniais que recolhem vestígios das memórias revolucionárias de desobediência ancestral, apagadas pelo projeto colonial", fazendo eclodir uma "África Insubmissa" (Mbembe, 2013), logo, insubmissão é um conceito AfroReferenciado!

Desse modo, analisamos os saberes de Professoras AfroUniversitárias, a partir de suas memórias insubmissas, tendo por base os campos epistemológicos da Afrocentricidade (Asante, 2009; 2016) e da Intersubjetivação (Castiano 2010; 2013). Especificamente, buscamos identificar esses saberes e as suas possibilidades de produção de práticas educativas, enveredando pela discussão de uma abordagem de educação afrocentrada e intersubjetiva.

E, considerando que os saberes docentes são provenientes de diferentes fontes, que influenciam as práticas educativas das/os professoras/es, ressaltamos a importância da memória como intercâmbio de diferentes experiências, "a mais épica de todas as faculdades" e ocasião em que "o

---

[16] Trata-se do Grupo de Estudos e Pesquisa sobre Educação Afrocentrada (MAfroEduc Olùkọ́/UFMA), instituído pela Resolução n.º 1661-CONSEPE/UFMA, de 27 de novembro de 2017 que homologou seu Projeto de Pesquisa "Professoras Afrodescendentes no Magistério Superior: vozes epistêmicas", desenvolvido no período de 2018 a 2022.

narrador é a figura na qual o justo se encontra consigo mesmo" (Benjamin, 1994, p. 210-221), uma vez que "é a base para a construção da identidade, da consciência do indivíduo e dos grupos sociais" (Motta, 2003, p. 119).

Ora, é com as memórias das professoras AfroUniversitárias, do Curso de Licenciatura Interdisciplinar em Estudos Africanos e Afro-Brasileiros (LIESAFRO), da Universidade Federal do Maranhão (UFMA), campus do Bacanga, na cidade de São Luís, no Estado do Maranhão que realizaremos esse diálogo afrocentrado e intersubjetivo.

Nosso interesse pela LIESAFRO diz respeito a sua natureza filosófica voltada para Educação das Relações Étnico-Raciais (ERER), por ser a única licenciatura brasileira com este perfil e porque a sua constituição ainda é muito recente. É uma iniciativa inovadora e pioneira no Brasil, situada no contexto dos Estudos Negros e Estudos Africanos, implementada na UFMA, objetivando "formar profissionais para a docência dos anos iniciais do ensino fundamental na área das Ciências Humanas [...], no ensino médio na área de História e para atuação nas secretarias municipais e estaduais de educação para a implementação da Lei n.º 10.639/2003" (UFMA, 2018, p. 5).

O curso foi criado pela Resolução n.º 224 do CONSUN, de 24 de fevereiro de 2015, tendo sua aula inaugural proferida pela Prof.ª Dr.ª Nilma Lino Gomes em cinco de maio de dois mil e quinze (UFMA, 2018). Possui Projeto Político Pedagógico com princípio metodológico interdisciplinar, visando o fortalecimento de uma formação de qualidade social, cujos princípios pedagógicos podem vir a "alargar o horizonte epistemológico trazendo novas discussões e novas reflexões sobre o espaço social, abrindo caminhos para outras formas de conhecer" (Padilha; Machado, 2019, p. 195) nos espaços universitários, especialmente, nas licenciaturas.

Com estudos de abordagem qualitativa, fazendo uso de levantamento bibliográfico, documental e entrevistas (realizadas de forma on-line e denominadas de diálogos com vozes epistêmicas) garimpamos memórias de professoras AfroUniversitárias da LIESAFRO, a partir do diálogo entre saberes oriundos de múltiplas experiências de vida.

Este diálogo com/entre muitos saberes, foi oportunizado à luz das perspectivas da Afrocentricidade e da Intersubjetivação que são aportes teóricos ligados, dentre outros, às análises dos modos de insubmissão diante das lutas de resistência de povos que tiveram seus saberes e histórias contados a partir de uma visão eurocêntrica.

A afrocentricidade, "gira em torno da cooperação, da coletividade, da comunhão, das massas oprimidas, da continuidade cultural, da justiça restaurativa, dos valores e da memória como termos para a exploração e o avanço da comunidade humana" (Asante, 2016, p. 12). Com essa atitude epistêmica, desafiamos e incentivamos a produção da consciência de ser africanas/os e afrodescendentes em África e nas diásporas. Além disso, inspira o reconhecimento da cultura, dos valores e da memória dos povos marginalizados, oportunizando a valorização de nossa identidade racial, nossos saberes e nossa ancestralidade, demarcando posturas de insubmissão negra cada vez que enfrentou e enfrenta:

> [...] uma história de quase quinhentos anos de resistência à dor, ao sofrimento físico e moral, à sensação de não existir, a prática de ainda não pertencer a uma sociedade na qual consagrou tudo o que possuía, oferecendo ainda hoje o resto de si mesmo. Ser negro não pode ser resumido a um "estado de espírito", a "alma branca ou negra", a aspectos de comportamento que determinados brancos elegeram como sendo de negro e assim adotá-los como seus (Nascimento, 2021, p. 49).

Na ótica intersubjetiva, trabalhamos com a desconstrução da hegemonia epistêmica moderna de razão instrumental, determinista e dicotômica. Criamos espaços de trocas de saberes, visibilizando experiências outrora desperdiçadas, e, assim, permitimos o desenvolvimento de novas problematizações e novos objetos de estudo que nos oportunizam transitar por caminhos que se distanciam das hierarquizações opressoras de gênero, raça, classe, geração, sexualidade, capacitismo e tantas outras.

Nessas perspectivas, evidenciamos diferentes fontes dos saberes das professoras, posicionando-se como "sujeitos do seu próprio destino" (Castiano, 2010, p. 37) e criando redes de agenciamento e protagonismo nos Centros Universitários como agentes que interferem conscientemente na realidade objetiva, não mais manipulados de fora, já que consegue produzir estratégias de valorização de sua própria história (Asante, 2009; Freire, 2014; Mazama, 2009).

Essa discussão, acerca dos saberes, memórias/trajetórias das professoras, práticas educativas, teve como ponto de partida a inquietação sobre: como os saberes de professoras AfroUniversitárias do curso LIESAFRO, poderiam contribuir na produção de práticas educativas afrocentradas e intersubjetivas? Para tanto, analisaremos, neste breve estudo, um pouco das memórias das Insubmissas AfroUniversitárias, localizando seus saberes e, respectivo território ontoepistêmico (subjetivação e intersubjetivação afrocêntricas) na existência de transformar-se em docente universitária.

AS AGENTES DA LIESAFRO: SÃO INSUBMISSAS AFROUNIVERSITÁRIAS?

Historicamente, nós mulheres, enfrentamos diferentes formas de discriminações e exclusões. Somos silenciadas e invisibilizadas na produção do conhecimento. Este silenciamento se evidencia ainda mais entre as mulheres afrodescendentes por fazermos parte de um grupo mais segregado, cuja trajetórias de vida são interligadas por estigmas e estereótipos estabelecidos por uma lógica epistêmica moderna, a partir de ideias etnocêntricas e racistas.

A presença de mulheres afrodescendentes na profissão docente, como professoras universitárias, faz parte de um movimento de luta e resistência que se constitui a partir da organização de redes de insubmissão à hegemonia da lógica colonial/patriarcal/racista/moderna, criando estratégias de restabelecimento, reontologização das vozes silenciadas pelos processos escravistas/colonizadores. Assim, barreiras tidas como intransponíveis, devido aos diferentes estigmas impostos por este projeto excludente, estão sendo removidas por um grupo de mulheres insubmissas.

Nesse grupo, temos professoras AfroUniversitárias que possuem "valores culturais que refletem na sua representação sobre o que é "ser negro", "ser branco", "ser mulher" e ser homem na sociedade brasileira" (Gomes, 1995, p. 187), uma vez que a consciência desta percepção pode possibilitar uma prática educativa de valorização dos saberes subalternizados e marginalizados, considerando "o sujeito dentro de sua própria história" (Asante, 2016, p. 15).

Ao se apropriarem de um espaço, que historicamente não foi pensado para elas, pois, de acordo com o imaginário social, imposto pela cultura dominante, elas não possuem capacidade intelectual para serem docentes universitárias ou ocupar qualquer outro espaço de prestígio científico e de poder, as mulheres AfroUniversitárias, realizam um movimento de resistência e "desobediência epistêmica" (Mignolo, 2008), no que se refere ao discurso colonizador.

Destacamos que essa "desobediência epistêmica" consiste em desafiar a ordem colonial estabelecida, se distanciar do lugar hostilizado historicamente e pensado para as mulheres afrodescendentes e se apropriar de espaços acessíveis à produção de saberes de desconstrução das "condições que resultam nas desigualdades e hierarquia que localizam grupos subalternizados" (Ribeiro, 2017, p. 35). Logo, significa arquitetar estratégias de insubmissão, ou seja, ações de deslocamento, de fuga, saída do território opressor. No campo educacional, são pertinentes os argumentos de Gomes (1995, p. 28):

> Essas mulheres [...] ao se tornarem professoras, "saíram do seu lugar", isto é, do lugar predestinado por um pensamento racista e pelas condições socioeconômicas da maioria da população negra brasileira – o lugar da doméstica, da lavadeira, da passadeira, daquela que realiza serviços gerais –, para ocuparem uma posição que, por mais questionada que seja, ainda é vista como possuidora de status social e está relacionada a um importante instrumento: o saber formal.

Essa maneira de desobediência epistêmica, como ato de insubmissão, é observada quando as mulheres afrodescendentes rompem com o padrão eurocêntrico estabelecido pela sociedade de se tornarem lavadeiras, empregadas domésticas, dentre outras profissões de menor prestígio social, e se apropriam de lugares que são produtores de conhecimento, como as universidades, criando condições (razão sensível ao reconhecimentos da existência de múltiplos saberes) e possibilidades (razão sensível ancorada em epistemes de libertação) que colocam em dúvida a prevalência da hegemonia branca e eurocêntrica. Além disso e, sobretudo, conseguem manter uma "responsabilidade epistêmica" (Castiano, 2010) com o grupo social a que pertencem.

As agentes desta pesquisa que possuem essas referências de insubmissão são três mulheres afrodescendentes que ingressaram na carreira do Magistério Superior e tornaram-se docentes universitárias. Para elas, esta conquista foi e continua sendo um ato subversivo, uma vez que romperam com o padrão culturalmente pensado para elas. Mas, quem são essas mulheres?

Figura 1 - Kátia Evangelista Regis (LIESAFRO/UFMA)

Fonte: https://www.fapema.br/18887-2acao-de-cooperacao-internacional-financiada-pela-fapema-e-tema-de-artigo-da-colecao-desafios-globais-da-ufmg/. Acesso em: 23 ago. 2023

Nasceu em julho de 1977, no município de Santo André, situado na zona sudeste de São Paulo. Mulher negra[17] e de família de classe trabalhadora, sempre foi uma estudante questionadora e militante dos movimentos sociais, sobretudo o movimento negro. Em 1996, ingressa no ensino superior para cursar licenciatura e bacharelado em História na Universidade de São Paulo (USP). Após a graduação, torna-se mestre (2004) e doutora (2009) em educação: currículo pela Pontifícia Universidade Católica de São Paulo (PUC/SP). O primeiro pós-doutorado (2015), também foi realizado no Programa de Educação: Currículo da PUC de São Paulo, em parceria com o departamento de história da Universidade Pedagógica em Moçambique. Atualmente, realiza pesquisa sobre currículo em países da África Austral, correspondente ao seu segundo pós-doutoramento, na Universidade Púnguè (UniPúnguè), em Moçambique.

Como docente, tem incluído, em sua prática educativa, o ensino da história e cultura africana e afro-brasileira. Kátia Régis foi uma das primeiras docentes a trabalhar na Licenciatura Interdisciplinar em Ciências Humanas/História, campus de Pinheiro/Maranhão. Em uma viagem para a Universidade de Lisboa, em companhia do professor Marcelo Pagliosa, tiveram conhecimento de uma Licenciatura em Estudos Africanos e pensaram na possibilidade de trazer essa experiência de Estudos Africanos na Europa, para ser implementado, também no Brasil, mais especificamente para a UFMA.

Assim, em 2014, em diálogo com o professor Carlos Benedito Rodrigues da Silva, docente Titular do Departamento de Sociologia e Antropologia da UFMA e coordenador do Núcleo de Estudos Afro-brasileiros (NEAB) da UFMA, e com o professor Marcelo Pagliosa Carvalho, Professor Associado II da UFMA e coordenador local do Acordo de Intercâmbio dos Estados Unidos, a professora Kátia Regis foi uma das propositoras da criação do Curso de Licenciatura Interdisciplinar em Estudos Africanos e Afro-brasileiros (LIESAFRO). Com esse trabalho inovador na UFMA, ela foi transferida para o Campus de São Luís, em 2015, para assumir a coordenação da LIESAFRO, cuja primeira turma tem início neste mesmo ano.

Atuando a quase 25 anos como professora, destes, 12 anos na educação superior, com o desafio de ser a primeira coordenadora da LIESAFRO, responsável pela gestão da implementação e consolidação deste curso, acredita que as/os professoras/es, em seu espaço de trabalho, precisam ser

---

[17] Negra é a classificação racial utilizada pelo IBGE, reivindicada pelo movimento negro e o tipo de pertencimento racial que as agentes, desta pesquisa, se reconhecem.

comprometidas/os com uma educação emancipatória que seja capaz de provocar rupturas e questionar todas as diferentes formas de desigualdades existentes na sociedade brasileira.

Vale ressaltar que, na atual gestão presidencial de Luiz Inácio Lula da Silva (2023-2011), Kátia Regis foi nomeada, em dia 2 de março de 2023, para exercer a função de Coordenadora-Geral de Justiça Racial e Combate ao Racismo, na Diretoria de Políticas de Combate e Superação do Racismo, da Secretaria de Políticas de Ações Afirmativas, Combate e Superação do Racismo, do Ministério de Igualdade Racial.

Portanto, desenvolve uma prática educativa com perspectiva antirracista nas diversas disciplinas que leciona no curso (currículo, educação quilombola, educação das relações étnico-raciais) em que procura, por exemplo, inserir autores e autoras de África que possuem uma visão crítica sobre a lógica eurocentrada, e, autores e autoras da diáspora africana, com o objetivo de que os discentes, futuros professores da Educação Básica, possam ter um conhecimento consistente sobre o tema.

Figura 2 - Cidinalva Silva Câmara Neris (LIESAFRO/UFMA)

Fonte: arquivos do MAfroEduc (2022)

Nasceu em janeiro de 1978, em um povoado chamado Japeú, no interior de Alcântara, no Maranhão. Mulher negra, mãe, professora universitária, militante dos movimentos estudantis e negro, é doutora (2015) em Ciências Sociais pela Universidade Federal de Sergipe (UFS), com estágio, no exterior, em *École Normale Supérieure de Cachan* (Escola Normal Superior de Cachan), na França; mestre em Ciências Sociais (2009) pela Universidade Federal do Maranhão; e licenciada em História (2006).

Assumiu a docência como possibilidade de ascensão financeira. Trabalhou no projeto da Caritas Brasileiras em 1999, dando aula para menores infratores; foi tutora de cursos de Educação a Distância na UFMA; professora no Programa de Qualificação de Docentes[18] (PQD) da UEMA, dando aulas nos fins de semanas no curso de História; professora da rede municipal de ensino de São Luís, Maranhão.

Em maio de 2015, fez concurso da UFMA, para ser professora de história no curso de licenciatura interdisciplinar em Ciências Humanas/Sociologia na cidade de Bacabal/Maranhão, assumindo a vaga em julho, mesmo ano em que a LIESAFRO foi criada. Em meados de 2016, começou a trabalhar temporariamente na Pró-Reitoria de Assistência Estudantil (PROAES), da UFMA, campus Bacanga, na comissão de política de assistência estudantil, período que foi criado o "Programa Foco Acadêmico", em que o aluno receberia bolsa e ficaria engajado em algum projeto de pesquisa, que estaria consubstanciado com o tripé da universidade: pesquisa, ensino e extensão.

Na LIESAFRO, em parceria com um grupo de colegas, sugeriu a criação do Núcleo Interdisciplinar em Estudos Africanos e Afro-Brasileiros (NIESAFRO), que foi criado em 2019. Em parceria com o professor Carlos Benedito da Silva, trabalha no "Projeto Afrocientista", que é financiado pela Associação Brasileira de Pesquisadores/as Negros/as (ABPN), e tem sido desenvolvido dentro do Núcleo de Estudos Afro-Brasileiros (NEAB) da UFMA.

A professora Cidinalva Neris compreende que o trabalho docente não pode ser só o ganha pão ou o salário no final do mês, é uma forma de existir, de fazer as coisas, de fazer com que as coisas deem certo para ela e para os outros. Fica feliz quando suas/seus alunas/os passam em seletivos para cursar o mestrado, quando passam em concurso público, e, cada conquista delas/es considera como sua própria conquista.

A sua convicção é de que a universidade precisa romper com essa lógica da epistemologia moderna eurocêntrica e olhar a/o estudante como ser humano, como pessoa. Para Cidinalva Neris ensinar é sentimento. Ensina

---

[18] Ofereceu Cursos de Licenciatura Plena em Pedagogia, Letras, História, Geografia e Ciências, distribuídos em 81 municípios. Os Cursos eram ofertados no período de férias, destinados a professoras/res que atuavam na Educação Básica, e que não tinham formação acadêmica.

por prazer e por paixão. Preocupa-se com a/o professora/r que está sendo formada/o pela universidade. A educação não se restringe à sala de aula, pois se educa em qualquer lugar.

Figura 3 – Tatiane da Silva Sales (LIESAFRO/UFMA)

Fonte: currículo Lattes. http://lattes.cnpq.br/0926450377465770. Acesso em: 23 ago. 2023

Nasceu em janeiro de 1985, no estado do Piauí, filha e neta de mulheres negras, a afrodescendente é mãe e professora universitária, e, durante sua trajetória educacional participou de manifestações dos movimentos estudantis e docentes. É doutora em História Social da Amazônia (2017), pela Universidade Federal do Pará (UFPA); mestre em História Social (2010) pela Universidade Federal da Bahia (UFBA); e licenciada em História (2006) pela Universidade Estadual do Maranhão (UEMA). Toda sua trajetória educacional ocorreu em instituições públicas.

Tatiane Sales sempre foi muito estudiosa, ganhando destaque entre seus colegas de turma e docentes. Quando iniciou o ensino médio, seu olhar já estava voltado para o ingresso na universidade. Com o acesso à universidade, cursando a Licenciatura em História, nasceu o desejo de ser professora universitária, para tanto, começou a se preparar para realizar o mestrado.

Concluiu a graduação em março de 2007, e já em 2008 ingressou no mestrado na Universidade Federal da Bahia (UFBA), no Programa de História Social, sendo possível cursar algumas disciplinas no Núcleo de Estudos Interdisciplinares sobre a Mulheres (NEIM), que é pioneiro no Brasil nos estudos sobre mulheres e relações de gênero.

Foi professora da rede estadual de ensino do Maranhão, atuando na carreira docente no ensino médio no município de Arari; professora do Programa Darci Ribeiro, que substituiu o Programa de Qualificação de Docentes (PQD), da UEMA; em 2011, realizou seleção para professora substituta em História na licenciatura interdisciplinar em Ciências Humanas, na UFMA/campus de Codó/Maranhão e iniciou sua trajetória docente na UFMA, em outubro de 2011.

Em 2019, inicia sua trajetória docente na LIESAFRO. Tatiane Sales já tinha conhecimentos sobre a trajetória do curso, conhecia sua estrutura, o currículo, a metodologia por eixo interdisciplinar, e as propostas de ensino. Desde então, realiza um trabalho junto ao curso, ao lecionar História, que sempre foi o que queria fazer enquanto profissional da educação.

Na LIESAFRO, possui um olhar voltado para as questões das/os estudantes, considerando sua própria história de superação, semelhante ao que vimos nas memórias da professora Cidinalva. Assim, tem se aproximado de programas destinados as/os estudantes. Dentre os quais, assumiu a coordenação do Projeto da LIESAFRO, no período de 2018 a 2022, no Programa de Bolsa de Iniciação à Docência (PIBID) por meio do qual busca sempre compreender suas alunas, pois se visualiza nelas, na empolgação, nas dificuldades financeiras, na maternidade, nas questões de saúde, há uma identificação com as construções de ser mulher na sociedade brasileira.

Como essas professoras produzem saberes afrocentrados? É o que propomos discutir no tópico seguinte.

Insubmissas AfroUniversitárias produzem saberes afrocentrados intersubjetivos?

A compreensão acerca da produção de saberes das professoras AfroUniversitárias e suas contribuições nas práticas educativas afrocentradas intersubjetivas na formação de professoras/es, é necessário dialogar sobre o que são saberes, e em que sentido podem produzir este tipo prática educativa.

Os saberes são conhecimentos que são elaborados sobre algo ou sobre alguém. Para o autor maranhense Hilton Japiassu (1934-2015) o saber é "um **conjunto de conhecimentos** metodicamente adquiridos, mais ou menos sistematicamente organizados e susceptíveis de serem transmitidos por um processo pedagógico de ensino" (Japiassu, 1979, p. 15, grifos nossos).

As docentes da LIESAFRO têm trabalhado na (re)criação desse conjunto de conhecimentos, incluindo valores/atitudes e procedimentos no espaço acadêmico, como lugar que não hierarquiza os saberes. Mas, criam alternativas de condições e possibilidades para que as/os alunas/os possam "conceber-se de uma forma compatível com sua história, cultura e ancestralidade [...] e da visão de mundo africana em que ele se baseia" (Mazama, 2009, p.122).

Essas mulheres possuem saberes diversos, resultados de sua própria experiência como mulheres negras, afrodescendentes, brancas da classe popular ou da zona rural. Na universidade, utilizam-se destes saberes a fim de criarem espaços de diálogos e reconhecimento dos diferentes tipos de conhecimentos (profissional, acadêmico, científico, local etc.).

Nesse jogo de relações de poder, também, utilizam-se da própria episteme moderna e, como agentes posicionadas, trabalham para provar e comprovar suas capacidades intelectuais, diante dos estereótipos endereçados às mulheres, e, nesse tensionamento, essas mulheres definem seu "lugar social" (Ribeiro, 2017), no qual gera diferentes saberes.

A valorização dessas professoras AfroUniversitárias como produtoras de saberes, é pouco evidenciada, devido ao epistemicídio que lhes exige o enfrentamento do processo de invisibilidade constituído por diferentes formas de discriminações e preconceitos, a partir das dimensões de gênero, sexualidade, raça, classe social, geração, dentre outras. Desse modo, conforme Ribeiro (2019, p. 75), os saberes produzidos, por agentes historicamente subalternizados, não são apenas "contradiscursos importantes, são lugares de potência e configuração do mundo por outros olhares e geografias".

Nessa acepção, o saber possui uma intencionalidade, logo, a produção de saberes, por docentes AfroUniversitárias, é "necessária para entendermos realidades que foram consideradas implícitas dentro da normatização hegemônica" (Ribeiro, 2019, p. 59). Isto porque o saber é uma produção que se dá na interface entre o individual e o social, logo, "é sempre o saber de alguém que trabalha alguma coisa no intuito de realizar um objetivo qualquer" (Tardif, 2014, p.11).

Nas trajetórias educacionais e profissionais das professoras AfroUniversitárias, da LIESAFRO, vimos que suas práticas educativas valorizam a História e Cultura Africana e Afro-Brasileira entre suas/eus alunas/os. Esta é uma maneira de contribuir na "transformação da sociedade, a partir das histórias e memórias que valorize e respeite as tradições africanas e afro-brasileiras" (Lima; Reis; Silva, 2018, p. 41). Mas, quais saberes são mobilizados nesse tipo de prática educativa?

Prática educativa é um conceito polissêmico que deve considerar suas propriedades universais, particulares e singulares, considerando as perspectivas teóricas, que nos posicionamos (Machado, 2016) para produzir nossas intencionalidades política, pedagógica e epistêmica e, desse modo, realizar projetos educativos de diferentes abordagens, dentre as quais, tradicional, tecnicista, construtivista e sociocrítica.

Essa intencionalidade, presente nas práticas educativas, é que nos levam a considerar Kátia Régis, Cidinalva Neris e Tatiane Sales como produtoras de saberes afrocentrados e intersubjetivos, logo, como **professoras afrocentristas insubmissas** à lógica colonial, pois apresentam "capacidade de olhar os fenômenos do ponto de vista dos próprios africanos" (Asante, 2009, p. 96) e afrodescendentes em diáspora, mediante o diálogo intercultural, a exemplo dos trabalhos de campo que, também, realizaram em Cabo Verde e Moçambique.

Os saberes que produzem **Práticas Educativas Afrocentradas Intersubjetivas** são conhecimentos da Pedagogia Sociocrítica, provenientes de suas experiências pessoal, educacional, de militância e profissional. Com este acúmulo de conhecimentos criam condições e possibilidades de diálogos interculturais, provocadores de debates e movimentos acadêmicos no sentido de "descolonizar a universidade que ainda mantém um padrão ocidentalizado" (Pereira, 2019, p. 61).

Nessa intencionalidade de descolonização do currículo, que atravessa as memórias das três docentes da LIESAFRO, localizamos saberes afrocentrados intersubjetivos. Primeiramente, agruparmos esses saberes, em 4 (quatro) princípios intersubjetivos: resistência, identidade, militância e dororidade e, por conseguinte, explicitamos a sua natureza de (inter) subjetivação. Vejamos:

- **Saberes de militância:**

Provém do envolvimento com os movimentos, manifestações sociais e encontros com professoras/es críticos, durante o percurso escolar, como agentes posicionadas quanto a ser mulher negra ou afrodescendente e de pertencimento à classe trabalhadora e rural. Nesse sentido, destacam-se as contribuições dos movimentos sociais, na constituição desses saberes, uma vez que "são produtores e articuladores dos saberes construídos pelos grupos não hegemônicos e contra-hegemônicos da nossa sociedade" (Gomes, 2017, p.16). Foi possível reconhecer saberes da militância em, pelo menos, 4 (quatro) situações:

a. participação em movimentos de trabalhadores da educação durante a infância e adolescência;

b. participação nos movimentos estudantis durante a adolescência;

c. participação em manifestações realizadas por discentes e docentes durante a trajetória escolar, mesmo não estando ligada, especificamente, aos movimentos estudantis.

d. criação do LIESAFRO e das atividades inerentes a este curso como: revisão e atualização do PPP, criação do NIESAFRO, criação da Revista Kwanissa, realização de trabalho de campo (Cabo Verde e Moçambique), mantendo diálogo intercultural Sul-Sul, África-Diáspora.

A participação nos movimentos sociais possibilitou que se apropriassem do espírito de luta, preservando conhecimentos, saberes e experiências que, na LIESAFRO, é colocado em prática pelo trabalho de construir coletivamente um currículo de valorização da história e cultura africana, na sala de aula, em atividades de pesquisa, extensão, seja por meio de eventos científicos ou trabalho de campo em países africanos. São lugares com potencial para discutirem a problemática da educação das relações raciais, as políticas raciais, ações afirmativas, educação quilombola, dentre outras, produzindo, **saberes de militância.**

A militância é um importante instrumento político, pedagógico e epistêmico de fortalecimento das estratégias de insubmissão de combate às diferentes manifestações de discriminações e de racismo, possibilitando a criação de atitudes de resistências, e intervenções sociais e pedagógicas, em busca de mudanças na sociedade.

Assim, é de suma importância na constituição de projetos de educação afrocentrada intersubjetiva por possibilitar o diálogo entre os diferentes saberes, entre as diferentes culturas, contribuindo na formação de nossas identidades plurais conscientes das formas de opressão e das suas conquistas.

- **Saberes de resistências:**

Também são provenientes do envolvimento com os movimentos sociais, além de que atravessam suas memórias de experiências pessoais/familiares, educacionais e profissionais, pois os povos Africanos têm uma história/herstória rica em resistência às formas de opressão Europeia" (Dove, 1998, p. 18) que se estende e se tensiona ainda mais em espaços de prestígio social como as universidades, em que os atos de resistência são expressos nas práticas educativas das professoras ao se (re)apropriarem diariamente da lógica acadêmica a fim de, a partir do seu interior, construírem suas estratégias de "resistência epistêmica" (Pereira; Machado, 2020), tais como:

a. resistência quanto a ausência de reconhecimento intelectual ao participar de um evento científico na universidade e não ser vista como coordenadora de sala, mesmo estando no local destinado à coordenação;

b. resistência às dificuldades de travessia: sair da cidade onde nasceu se afastando do convívio entre os pais e irmãos, para morar e trabalhar com uma família desconhecida, incluindo os desafios de se tornar professora doutora em uma universidade pública;

c. resistência aos desafios financeiros de estudar e trabalhar em localidades diferentes, e se tornar professora doutora de uma universidade pública;

d. resistência aos preconceitos e discriminação de gênero, raça e classe social e ao epistemicídio.

Esse tipo de resistência, também, são formas insubmissas de reagir contra o projeto colonial. Kátia Régis trabalha com a descolonização do currículo, Cidinalva Neris com a Pedagogia da Existência (como ato de conscientização política) e Tatiane Sales vê nas relações de gênero, sexualidade e diversidade possibilidades interseccionais de diálogo entre os diferentes saberes.

Esses referidos saberes de militância e resistência constituem uma escola de pensamento nascida das estratégias de insubmissão ao epistemicídio porque dá justo restabelecimento a história e cultura africana nos processos de formação humana, tornando africanas/os e afrodescendentes agentes de sua própria história. E, numa perspectiva intersubjetiva, ainda mantém diálogo com os saberes europeus, americanos e asiáticos buscando consolidar projetos de vida mais democráticos, mediante o diálogo intercultural.

- **Saberes de identidade:**

A identidade "é formada na interação entre o eu e a sociedade" (Hall, 2005, p.11), mediante influência das relações de poder impostas aos agentes sociais (Pereira, 2019). Desse modo, os saberes de identidade são produzidos a partir das experiências de si, consigo mesma e com os outros, numa construção intersubjetiva, por exemplo:

a. nos questionamentos sobre os papéis sociais atribuídos a nós afrodescendentes durante a infância, a adolescência e até mesmo durante o ciclo adulto;

b. no reconhecimento do ser negra na trajetória educacional e, em algumas ocasiões, durante o exercício da profissionalidade docente;

c. na valorização do ser mulher, na luta pela igualdade social e enfrentamento da supremacia branca e masculina.

Como agentes posicionadas, no âmbito das relações raciais, de gênero e classe, produzem suas práticas educativas em disciplinas, com seus Planos de Ensino; projetos de extensão; orientação acadêmica; gestão acadêmica, dentre outros, evidenciando autoras/es africanas/os e da diáspora, e, com isso, desenraizam as epistemes de estudos que referenciam, predominantemente, homens brancos da Europa Ocidental.

Com os saberes de identidade, as AfroUniversitárias incentivam as/os alunas/os ao reconhecimento de sua localização psicológica, e, por conseguinte, da tomada de consciência da opressão, do silenciamento e do epistemicídio que enfrentamos ao longo da história. Estes saberes são importantes instrumentos para "desmistificar os mecanismos epistemológicos pelos quais a ciência moderna expurga os outros saberes de serem considerados como válidos" (Castiano, 2013, p. 42), ao permitir que os afrodescendentes tenham consciência de suas conquistas, suas vitórias e das suas estratégias insubmissas de antes e de hoje.

- **Saberes de dororidade:**

Produzidos no intercâmbio das diferentes experiências (pessoais/familiares, educacionais, profissionais), os saberes da dororidade atravessam o trabalho exaustivo de enfrentamento do racismo e do sexismo porque não se trata somente de sororidade, é também, dororidade. Um conceito contém o outro. Sororidade sem dororidade não abala o edifício das múltiplas opressões.

Admitimos com Vilma Piedade (2017) que não há dor (mágoa, sofrimento, aflição etc.) maior ou menor, não podemos mensurar a dor porque ela é de quem sente, tem fatores externos e internos como o racismo e o sexismo que dilaceram nosso corpo/mente. "Então inventaram que Nós, Pretas e Pretos, somos mais "resistentes" à dor. E, Resistir, verbo na sua forma infinitiva, é o que fazemos, todo dia, toda hora, frente ao Racismo – filho dileto do processo escravocrata e da colonização" (Piedade, 2017, p. 22). Logo, Dororidade pode ser entendida como conceito fortalecedor das formas de resistência e insubmissão que atravessam as experiências africanas e afrodiaspóricas. Nesse sentido, vejamos os saberes de dororidade, produzidos pelas professoras AfroUniversitárias, a partir de quatro movimentos:

a. não ser reconhecida como estudante, e, depois docente universitária de uma universidade pública;

b. ser estudante universitária e identificada como funcionária de serviços gerais;

c. escutar expressões racistas durante a infância e adolescência;

d. enfrentar preconceitos e discriminações de gênero e raça no cotidiano do espaço acadêmico em embates de centro acadêmico universitário;

e. enfrentar dificuldades financeiras para acessar as aulas na universidade, precisando em alguns momentos se locomover de um bairro para outro caminhando, para economizar o passe escolar.

Esses saberes de militância, de resistência, de identidade e de dororidade, que foram garimpados, neste estudo, a partir de memórias das professoras Kátia Régis, Cidinalva Neris e Tatiane Sales são geradores de tomada de decisões na produção do currículo de formação docente, mediante a inserção das professoras e seu compromisso com a cultura e história de sua comunidade, o lugar africano e afrodiaspórico. Um processo epistêmico de subjetivação-inter-subjetivação em que nos tornarmos conscientes (de nossas histórias de lutas, conquistas e superações).

Por isso, argumentamos sobre a existência de saberes afrocentrados intersubjetivos na LIESAFRO, como um conjunto de conhecimento formadores da maturidade intelectual, logo, organizadores de diferentes formas de ver a realidade social brasileira, abrindo novas e mais excitantes portas para a comunicação humana. É uma forma de consciência histórica [...] é uma atitude, uma localização e orientação" (Asante, 2016, p. 16).

Nessa perspectiva, os saberes subalternizados e invisibilizados nas epistemes racistas e sexistas têm sua lógica questionada com saberes de militância, de resistência, de identidade e de dororidade. Nessas condições de existência e possibilidades epistêmicas afrocentradas intersubjetivas, vale ressaltar:

• A criação da licenciatura interdisciplinar em Estudos Africanos e Afro-Brasileiros, alimentada e fortalecida com participação coletiva de um grupo de professoras/es, dentre as/os quais, três mulheres nos contaram suas histórias com a LIESAFRO;

- A criação do Núcleo Interdisciplinar de Estudos Africanos e Afro--Brasileiros (NIESAFRO) endereçado a manter diálogo intersubjetivo entre docentes e discentes;

- A centralidade na dialogia dos processos de descolonização do currículo ocidentalizado, incluindo atividades destinadas às narrativas produzidas pelo Sul com o Sul e para o Sul, dando visibilidade no diálogo horizontal entre autoras/es europeus, asiáticos, ameríndios e américa-ladinos.

Vimos que mobilizar saberes de militância, de resistência, de identidade e de dororidade é uma maneira de produzir práticas educativas, por meio de diálogo intersubjetivo, organizando alternativas de compreensão da realidade sociocultural, natural e metafísica que se lhes apresenta (Castiano, 2013), isto porque conteúdos africanos e afrodiaspóricos tem princípio de formação humana holístico (físico e espiritual). É desse modo que se engendram práticas educativas afrocentradas intersubjetivas que, por sua vez, são potencializadoras do protagonismo feminino nas diásporas, recentralizando as epistemes africanas, mediante a difusão dos seus valores civilizatórios, tais como: memória, ancestralidade, territorialidade, religiosidade, cooperação/comunitarismo, oralidade, corporeidade, musicalidade e ludicidade (Trindade, 2010, p. 14).

Em suma, ressaltamos que professoras AfroUniversitárias (Kátia Regis, Cidinalva Neris e Tatiane Sales), em suas práticas educativas, vêm criando condições e possibilidades para: "introduzir no debate acadêmico, nas nossas universidades, obras escritas por pensadores e cientistas africanos para dar a oportunidade ao nosso estudante de confrontar-se com referenciais e teóricos africanos" (Castiano, 2010, p.11) e, desse modo, tornam-se insubmissas ao currículo eurocentrado, mantendo o compromisso e a responsabilidade epistêmica com o reconhecimento e a valorização da história e cultura de africanas/os e afrodescendentes.

CONSIDERAÇÕES FINAIS – as vozes insubmissas de muito longe, ainda ecoam...

Neste estudo sobre saberes de professoras AfroUniversitárias, emergiram diferentes formas de opressão (gênero, raça, classe) como sistemas produtores de discriminações, silenciamentos, exclusões morte social e física, cujas situações são enfrentadas por essas mulheres, considerando o contexto de estruturação da sociedade brasileira baseada, hegemonicamente, na forma de pensar eurocêntrica.

As mulheres afrodescendentes estão inseridas em um grupo social que, historicamente, vem agindo com desobediência epistêmica e, de modo insubmisso, cria condições (múltiplos saberes/discursos) e possibilidades (formas de pensar crítico-emancipatórias). Este grupo está trabalhando na superação dos desafios das múltiplas diferenciações causadoras de opressão conseguindo, assim, acumular alguma mobilidade de ascensão socioeconômica.

A presença dessas mulheres na docência superior é uma longa história de resistência, que atravessa a memória de uma "África Insubmissa" (Mbembe, 2013). Temos a continuidade de um legado ancestral de lutas, conquistas, reivindicações e revolução em defesa do resgate da justiça intelectual, sociocultural e política em função do restabelecimento da humanização do/a africana/o afrodescendente e de toda diáspora. Ocorrem, assim, instabilidades no espaço acadêmico, eclodindo muitos conflitos nas relações socioeducacionais no jogo pela manutenção de prestígio e poder (Machado; Boakari, 2013).

As tensões acadêmicas em torno de prestígio e poder estão relacionadas a produção de saberes. No que diz respeito às memórias da professora **Kátia Régis**, vimos que a sua atuação como militante no Movimento Negro, possibilitou a realização de leituras sobre a história e cultura africana e afro-brasileira. Durante o mestrado e doutorado, começa a refletir conceitualmente sobre a descolonização do currículo escolar e suas contribuições na criação de práticas educativas libertadoras.

Sua trajetória de vida é rica de saberes emancipatórios e antirracistas, considerando o seu envolvimento com as discussões do movimento negro. Valoriza experiências de estudo e pesquisas em articulação com instituições africanas, mantendo o diálogo entre o Brasil e os diferentes países do continente africano. Em perspectiva intercultural sul-sul contribui na reflexão sobre conteúdos ensinados no que diz respeito à história e cultura africana e afro-brasileira nas instituições de ensino.

Nas memórias da professora **Cidinalva Neris**, a sua atuação nos Movimentos Estudantis, na PROAS e na LIESAFRO tem instigado o desenvolvimento de projetos endereçados ao fortalecimento do acesso e permanência dos/as estudantes afrodescendentes na universidade, orientando-os a participarem de editais, conhecerem seus direitos, oportunidades de bolsas e auxílio estudantil, elaborarem documentos, dentre outras inúmeras necessidades.

Acredita em uma pedagogia de existência, levando mais leveza as/os estudantes, lembrando de sua própria experiência de vida repleta de rupturas, enfrentamentos e superação. Valoriza o trabalho em conjunto, realizado na LIESAFRO, no intuito de visualizar as/os alunas/os como parceiras/os de estudos, uma vez que estudam e aprendem juntos.

A trajetória de **Tatiane Sales**, do ensino médio a graduação, foi de envolvimento ativo em manifestações sociais junto a docentes e discentes em busca de melhores condições de educação para os estudantes. Com ênfase nas lutas feministas tem uma prática educativa voltada para as questões de gênero, sexualidade e diversidade. Na LIESAFRO, obteve oportunidade de adentrar em teorizações do feminismo negro decolonial, dentre as quais destaca Lélia Gonzalez (1935 a 1994), cujas produções alimentam os conhecimentos contestadores do currículo eurocentrado, abrindo fendas para diferentes visões e maneiras de produzir conhecimento histórico.

Com este movimento por uma história vista por diferentes lentes, Tatiane Sales, inclui em suas aulas de História, uma literatura do Sul com o Sul, dando visibilidade às autoras(es) latinoamericas(os), de periferia, africanistas, africanas/os. Discute os Feminismos negros, o Mulherismo Africana, nas disciplinas de Sexualidade atribui, à LIESAFRO, espaço de aprendizagem constante.

Assim, com esses saberes, as professoras AfroUniversitárias estão reivindincando justiça social e cognitiva contra todas as formas de opressão humana e promover "uma poderosa ética de comunicação e interação entre sujeitos" (Asante, 2009, p.103), por meio de estratégias educativas que colocam em discussão conteúdos culturais (gênero, raça, sexualidade, classe social, diversidades, dentre outros), visando a conscientização política acerca dos mecanismos pelos quais as opressões são reproduzidas.

São saberes afrocentrados intersubjetivos que possibilitam uma interação, contribuindo com a criação de espaços epistêmicos de trocas de saberes, e, de diálogos que valorizam o reconhecimento do eu e do outro, incluindo a história e cultura africana e afro-brasileira e de diferentes culturas na comunidade acadêmica.

Logo, essas professoras AfroUniversitárias contribuem na produção de práticas educativas afrocentradas intersubjetivas vinculadas a sua história, cultura, memória, corporeidade e ancestralidade, tendo a cosmopercepção africana como fundamento ancestral de sua insubmissão, endereçada a projetos de libertação. Nessa lógica, os saberes de militância, resistência, identidade e dororidade são importantes na produção dos projetos educativos por possibilitarem espaços de diálogos e troca de saberes.

REFERÊNCIAS

ASANTE, Molefi Kete. Afrocentricidade: notas sobre uma posição disciplinar. *In*: NASCIMENTO, Elisa Larkin (org.). **Afrocentricidade**: uma abordagem epistemológica inovadora. São Paulo: Selo Negro, 2009.

ASANTE, Molefi Kete. **Afrocentricidade como crítica ao paradigma hegemônico ocidental**: introdução a uma ideia. Ensaios Filosóficos, v. XIV, dezembro, 2016.

BENJAMIN, W. **Magia e técnica, arte e política**: ensaios sobre literatura e história da cultura. 1994.

BOAKARI, Francis Musa. Mulheres afrodescendentes de sucesso: confrontando as discriminações brasileiras. *In*: Seminário Internacional Fazendo Gênero 9. 2010, Florianópolis. **Anais eletrônicos do Fazendo Gênero 9**. Florianópolis: UFSC, 2010.

BOURDIEU. Pierre. **Razões práticas**: sobre a teoria da ação. São Paulo: Papirus, 1996.

CARNEIRO, Fernanda. Nossos passos vêm de longe. *In*: WERNECK, Jurema; MENDONÇA, Maisa; WHITE, Evelyn C (org.). **O livro da saúde das mulheres negras:** nossos passos vêm de longe. Rio de Janeiro: Pallas/Criola, 2006.

CASTIANO, José Paulino. **Referenciais da Filosofia Africana**: em busca da intersubjectivação. 1. ed. Maputo, Sociedade Editorial Ndjira Ltda, 2010.

CASTIANO, José Paulino. **Os saberes locais na academia**: condições e possibilidades da sua legitimação. Maputo, Universidade Pedagógica/CEMEC, 2013.

CESAR, Layla Jorge T. **Educacão intercultural**. Belo Horizonte: Editora Dialética, 2020.

DOVE, Nah. **Mulherismo Africana:** uma teoria afro-cêntrica. Jornal de Estudos Negros, v. 28, n. 5. p. 515-539, maio 1998. Disponível em: https://estahorareall. files.wordpress.com/2015/11/mulherisma-africana-uma-teoria-afrocecc82ntrica-nah-dove.pdf. Acesso em: 27 ago. 2020.

EVARISTO, Conceição. **Becos da memória**. Rio de Janeiro: Pallas, 2016.

EVARISTO, Conceição. **Olhos D'água**. Rio de Janeiro: Pallas, 2017.

EVARISTO, Conceição. **Insubmissas lágrimas de mulheres**. Rio de Janeiro: Malê, 2020.

FREIRE, Paulo. **Pedagogia do Oprimido**. Rio de Janeiro: Paz e Terra, 2014.

GOMES, Nilma Lino. **A mulher negra que vi de perto**. Belo Horizonte: Mazza Edições, 1995.

GOMES, Nilma Lino. **O Movimento Negro educador**: saberes construídos nas lutas por emancipação. Petrópolis, RJ: Vozes, 2017.

HALL, Stuart. **A identidade cultural na pós-modernidade**. Rio de Janeiro: DP&A, 2005.

hooks, bell. **Ensinando a transgredir**: a educação como prática da liberdade. Tradução de Marcelo Brandão Cipolla. São Paulo: Editora WMF Martins Fontes, 2013.

JAPIASSU, Hilton. **Introdução ao Pensamento Epistemológico**. Rio de Janeiro: F. Alves, 1979.

LIMA, Cledson Severino de; REIS, Maria da Conceição dos; SILVA, Delma Josefa da. Afrocentricidade e Educação: um legado epistêmico para as pesquisas educacionais. **Revista Semana Pedagógica**, v. 1, n. 1, 2018.

MACHADO, Raimunda Nonata da Silva; BOAKARI, Francis Musa. Formação continuada com e na diversidade: outros caminhos à universidade no século XXI. *In:* DIAS, Ana Maria Iório; LIMA, Maria da Glória Soares Barbosa. **O cenário docente na Educação Superior no século XXI**: perspectivas e desafios contemporâneos. Teresina: EDUFPI, 2013. p. 283-305.

MACHADO, Raimunda Nonata da Silva. Rede conceitual sobre Prática Educativa. **Revista linguagens, Educação e Sociedade**, Teresina, v. 21, n. 35, p. 262-285, jul/dez. 2016. Disponível em: https://periodicos.ufpi.br/index.php/lingedusoc/article/view/1241. Acesso em: 20 ago. 2020.

MACHADO, Raimunda Nonata da Silva. **Professoras Afrodescendentes no Magistério Superior**: vozes epistêmicas. São Luís: UFMA/FAPEMA, 2023.

MAZAMA, Ama. A Afrocentricidade como um novo paradigma. *In:* NASCIMENTO, Eliza Larkin. (org.). **Afrocentricidade**: Uma abordagem epistemológica inovadora. São Paulo: Selo Negro. 2009

MBEMBE, Achilles. **África Insubmissa**: cristianismo, poder e Estado na sociedade pós-colonial. Edições Pedago, Lda: Mangualde/Portugal; Edições Mulemba: Luanda/Angola, 2013.

MIGNOLO, Walter D. Desobediência epistêmica: a opção descolonial e o significado de identidade em política. **Cadernos de Letras da UFF** – Dossiê: Literatura, língua e identidade, n. 34, p. 287-324, 2008.

MOTTA, Diomar das Graças. **As mulheres professoras na política educacional no Maranhão**. São Luís: Imprensa Universitária/UFMA, 2003.

NASCIMENTO, Beatriz. **Uma história feita por mãos negras**: relações raciais, quilombos e movimentos. Organização de Alex Ratts. Rio de Janeiro: Zahar, 2021.

PADILHA, Glaucia Santana Silva; MACHADO, Raimunda Nonata da Silva. Pedagogia Afrocentrada em práticas educativas de professoras afrodescendentes universitárias. **Nuances**: estudos sobre Educação, Presidente Prudente/SP, v. 30, n. 1, p.188-203, 2019.

PEREIRA, Walquiria Costa. **A estrada:** professoras afrodescendentes entrecruzam e entrelaçam memórias de resistências. 2019. 74f. Monografia (Graduação em Pedagogia) – Universidade Federal do Maranhão, São Luís, 2019.

PEREIRA, Walquiria Costa; MACHADO, Raimunda Nonata da Silva. Memórias de professoras afrodescendentes – práticas entrecruzadas e entrelaçadas. *In*: OLIVEIRA, Ana Caroline Amorim *et al*. **Anais do III Simpósio Internacional Interdisciplinar em Cultura e Sociedade do PGCult**. São Luís: Edufma, 2020.

PIEDADE, Vilma. **Dororidade.** São Paulo: Editora Nós, 2017.

RIBEIRO, Djamila. **O que é lugar de fala?** Belo Horizonte: Letramento: Justificando, 2017.

RIBEIRO, Djamila. **Pequeno Manual Antirracista**. 1.ed. São Paulo: Companhia das Letras, 2019.

TARDIF, Maurice. **Saberes docentes e formação profissional**. 17. ed. Petrópolis, RJ: Vozes, 2014.

TRINDADE, Azoilda Loretto da. Valores civilizatórios afro-brasileiros e educação infantil: uma contribuição afro-brasileira. *In:* BRANDÃO, Ana Paula Brandão; TRINDADE, Azoilda Loretto da (org.). **Modos de brincar:** caderno de atividades, saberes e fazeres. Rio de Janeiro: Fundação Roberto Marinho, 2010. p. 11-15.

UFMA. **Projeto Político Pedagógico do Curso de Licenciatura em Estudos Africanos e Afro-Brasileiros**. 2018. Disponível em: http://www.ufma.br/portalUFMA/arquivo/Grpt2ll2COwhfL7.pdf. Acesso em: 20 ago. 2020.

MULHERES QUILOMBOLAS QUEBRADEIRAS DE COCO BABAÇU NAS ENSINAGENS DA ODALA

Tercilia Mária da Cruz Silva
Raimunda Nonata da Silva Machado

Atravessadas por Laranjeiras, falamos de nós mesmas, de nossos afrossaberes que nutrem milhares de comunidades!!!
Tercília Silva e Raimunda Machado

Fonte: arquivos do MAfroEduc/UFMA

Quando adentramos no campo das lutas feministas, uma força poderosa na busca por justiça social/cognitiva articulada em um movimento que vem desempenhando papel crucial nas lutas e conquistas em prol da legitimação dos direitos das mulheres, vale ressaltar duas grandes vertentes: o feminismo da igualdade e o feminismo da diferença.

Na ótica da igualdade, e, considerando as reivindicações contra o capitalismo patriarcal, é notável que tivemos avanços relevantes na denúncia das diferenciações de papéis que inferiorizam a mulher, ampliando as desigualdades sociais.

Na ótica das diferenças é marcadamente notório que as análises plurais ainda são desafiadoras nas teorizações feministas. A questão racial, por exemplo, ainda não possui tanto espaço no debate das relações de gênero como os demais tipos de discriminação às mulheres que dão ênfase à opressão do patriarcado e da divisão sexual no mercado de trabalho (Gonzales, 2020).

No rastro do reconhecimento e da valorização das diferenças, que marcam as experiências plurais de ser mulher, este estudo analisa os saberes do cotidiano das mulheres quebradeiras de coco babaçu, especificamente da Comunidade Quilombola de Laranjeiras (CQL), em Aldeias Altas-MA, discutindo possibilidades de práticas educativas de alfabetização dialógica com esse grupo de mulheres, sujeitos críticos e reflexivos, de notório saber, em sua comunidade.

Pensar o feminismo, a partir dessas relações interculturais, é considerar a singularidade entre as lutas das mulheres brancas e das mulheres negras, assim como suas formas criativas de ensinar e aprender o conhecimento existente, a sua transformação na dialogicidade e a produção do conhecimento ainda não existente, refletindo modos pelos quais o ensino e a experiência de aprendizado podem ser diferentes (hooks, 2017).

Para as mulheres quilombolas, por exemplo, alguns conceitos referentes aos feminismos não correspondem aos seus sentidos de ser e estar no mundo. Afinal, o feminismo esteve, por muito tempo, atrelado à visão eurocêntrica, universalizando o ser mulher, inviabilizando assim as mulheres que enfrentam outros tipos de opressão além do sexismo. É preciso "enegrecendo o feminismo" (Carneiro, 2003, p. 118) para tratar de questões relativas à trajetória das mulheres negras no interior do movimento feminista brasileiro.

Silva (2020, p. 55) considera que "as questões relativas a mulheres quilombolas não estão contempladas pelo feminismo branco tampouco, pelo feminismo negro", deixando uma lacuna sobre as especificidades dessas mulheres. Esse silêncio não as coloca como sujeitos políticos, por isso é necessário um olhar étnico-racial e afrocentrado sobre seus enfrentamentos, suas lutas e resistências como práticas de insubmissão ao colonialismo.

Aqui, insubmissão é existir, anunciando, em nós mesmas, a presença das Anastácias, Mãe Meninha de Gantois, as rainhas de congadas, Dona Ivone Lara, Ruth de Sousa, tantas mulheres na ponte do Atlântico, em África e nas diásporas que se anunciam e anunciam presenças desencontradas, na "'arte própria de alimentar através do tempo' [...] habilidades que foram transmitidas, ensinadas de umas para as outras" (Evaristo, 2020, p. 135).

É imprescindível recorrer a uma postura de vigilância epistêmica para "evitar a armadilha da produção de uma teoria única" (Silva, 2020, p. 56). Nessa perspectiva, propomos refletir sobre saberes provenientes do cotidiano das mulheres quilombolas quebradeiras de coco babaçu à luz do Feminismo Negro Decolonial e Afrocentrado (FND-Afro), cujo referencial teórico valoriza os saberes locais ligados a ancestralidade africana.

Propor esse atravessamento entre decolonialidade e Afrocentricidade, significa adentrar em um paradigma sócio-humanitário que interliga o feminismo, o racismo e o agenciamento de mulheres quilombolas quebradeiras de coco babaçu como professoras/mestras de sua própria comunidade, contribuindo, ainda, na produção de saberes necessários à sistematização de seu próprio processo formativo, via processo de escolarização.

A dialogicidade é a ponte que faz a mediação entre nós (acadêmicos) e as mestras de Laranjeiras com seus saberes locais. Na ação dialógica é possível acessar os significados e os sentidos específicos do lugar em que estamos inseridas, a CQL e, assim, com os pés em Laranjeiras, nos colocamos em lugar de escuta, de conhecer e aprender com essas mestras.

Essa atitude de escuta e aprendizagem, a partir de observações participantes compreensivas, das quais emergiram os temas geradores (Freire, 2014), descortinaram confetos – afetos e conceitos (Gauthier, 2015) e afrossaberes (Petit, 2015) manifestados consciente ou inconscientemente nas diversas formas de experiências presentes no cotidiano das mulheres quilombolas quebradeiras de coco babaçu.

Nas relações comunitárias, no cooperativismo, na reciprocidade expressa na circularidade, nas relações com os elementos naturais (mata, terra, rios, sol...), nas atividades tradicionais no campo que as tornam guardiãs de saberes da floresta, foi possível identificar afrossaberes, conhecimentos oriundos do cotidiano e fabricados de diferentes maneiras e ocasiões.

No contato das mulheres com a mata/floresta, no jeito como estabelecem a orientação dentro da mata, a identificação dos lugares onde possam realizar a quebra do coco babaçu (*Orbignya phalerata*) ou que possam abrir uma Caeira para a produção do carvão, no contato com a palmeira do babaçu e do coco em suas fases: maduro, verde e seco, pois, em cada fase é possível fazer uso diferente desse recurso natural, seja para a produção do azeite, do leite ou para a produção do carvão.

Na técnica da quebra do coco babaçu, as mulheres utilizam ferramentas específicas, tais como o machado e um pedaço de pau (cacete), e realizam essa atividade sentadas no chão com o machado preso em uma das pernas com a lâmina para cima, com uma das mãos segura o babaçu sobre a lâmina, com a outra, lança o pedaço de pau (cacete) sobre o fruto e, com um golpe, abrem seu endocarpo (a região mais resistente), tendo acesso a amêndoa. Essa técnica de quebra do coco babaçu exige força, competência e habilidade (Barbosa, 2014).

A palha da palmeira do coco babaçu é trançada, pelas mulheres e utilizada na produção de cofos, esteiras e diversas cestarias, além de servir para carregar cocos, transportar alimentos, carregar pescados. Esse tipo de artesanato é feito com palha de palmeira nova, verde, mas com o tempo ela fica amarela. Outra produção criativa, diz respeito ao uso da capemba (Folha larga e consistente que surge próximo ao cacho da palmeira) como vaso ou base de arranjos florais.

Todos esses elementos corporificam os saberes locais da CQL, no cotidiano das mulheres quilombolas, que as tornam mestras dos saberes das matas e das florestas, produzindo conhecimentos socioculturais, políticos, econômicos com empreendimentos provenientes de suas vivências, de suas potencialidades criadoras de existência, com seus afrossaberes insubmissos.

Então, com a hospitalidade e receptividade da CQL, tecemos, com as mulheres de Laranjeiras, confetos e afrossaberes, por meio de temas geradores, pois, como nos ensina Freire (2011), não se estuda somente nas escolas, as casas, os quintais, as estradas, a mata fechada dos cocais, que percorremos neste estudo, foram lugares, em potencial, de aprendizagem significativa.

Os afrossaberes dessas mulheres são conteúdos essenciais na elaboração de diversos projetos educativos endereçados aos/as moradores de Laranjeiras, afinal, estão imbricados nas suas histórias de vida, nas memórias que trazem de seus ancestrais, de suas matriarcas, sejam elas bisavós, avós ou mães e permeiam as ações dialógicas desta comunidade.

Portanto, o resultado disso foi a criação da Oficina Dialógica Afro-centrada em Laranjeiras (ODALa) que, por meio de rodas de conversa, nos permitiu dialogar e aprender sobre os confetos (conceitos/afetos) e os afrossaberes que fazem parte das vivências insubmissas de mulheres quilombolas quebradeiras de coco babaçu, da comunidade de Laranjeiras, em Aldeias Altas-MA.

DIALOGICIDADE, CONFETOS E AFROSSABERES NA ODALa

Na língua Xhosa, uma das onze línguas oficiais da África do Sul, ODALA é quem cria, ou seja, aquele que possui a capacidade de produzir, gerar, conceber o novo. A criação é o desvio daquilo que temos para algo novo, é o salto para o novo, o diálogo entre o que conhecemos e o que precisamos conhecer.

A ODALa, deste estudo, tem esse sentido. É um lugar de criação coletiva e dialógica de temas geradores de confetos e afrossaberes, que nos impulsiona a elevar nossa condição de existência, estabelecendo relações simbólicas em conexão com as experiências de si, a fim de pensar em possibilidades autênticas, reais, vivas de elaboração de processos de alfabetização com mulheres quilombolas quebradeiras de coco babaçu. Gauthier (2012, p. 55) aponta que o ato de criar não pode renunciar da participação plena do grupo-pesquisador. Na constituição desse grupo, as agentes sociais da pesquisa são co-pesquisadoras ativas e responsáveis, com elas, "firma-se uma forma de anarquismo epistêmico, sem sol, sem falo, sem fala-mestre, sem mastro. Que não exclui, mas acolhe o/a outro/a."

Nessa perspectiva, a ODALa foi realizada, por ocasião de nossa terceira estadia na comunidade de Laranjeiras, nos dias 6 e 7 de novembro de 2021. No dia 6 de novembro chegamos, na comunidade, ao meio-dia. Tivemos tempo para almoçar na casa de Diana Almeida (liderança política da comunidade) e fomos visitar as copesquisadoras, cumprimentando-as e comunicando nossa chegada, à comunidade, para continuarmos nossas reflexões sobre os saberes de Laranjeiras. Na ocasião, tentamos visitar Izidória, Tereza, Maria, Antônia, Lizaura e Neguinha e agendar roda de conversa na ODALa, que aconteceu no dia seguinte. Tudo ocorreu da seguinte forma:

> No domingo pela manhã visitamos algumas das participantes da pesquisa com o intuito de marcarmos nossa ODALa. Uma delas, que mora mais distante, foi possível

comunicar por telefone. Tivemos dificuldades de realização da oficina pela manhã, pois as mulheres estavam realizando os serviços domésticos. A dona Maria, que mora próxima a casa da Diana (onde ficamos hospedadas) estava fazendo o almoço e disse que só poderia à tarde. Dona Izidória não estava na comunidade, pois havia viajado para Caxias uns dias antes e a previsão de retorno era na quarta-feira. Então, pensei que poderia tentar reunir as participantes que estivessem na comunidade, com a possibilidade de fazermos nossa roda após o almoço. Novamente fui à casa de dona Maria, que falou que só poderia sair de casa depois das 15h00min, justificando que precisaria esperar "os meninos para almoçar e servir a comida deles". As participantes que já haviam confirmado eram apenas a dona Tereza e a Antônia. A dona Lizaura, que morava mais distante, ainda não havia confirmado a presença. Pensei então que poderia fazer a roda com Antônia e dona Tereza. A dificuldade na realização da roda me deixou reflexiva, tentando encontrar uma alternativa para que todas pudessem participar. Foi assim que pensei que poderia ser viável para Antônia e Tereza irem para a casa de Maria, já que ela não poderia sair de casa. Da casa das duas para a casa de dona Maria são aproximadamente dois quilômetros, então conversei com as duas para saber se podiam, elas aceitaram e fomos no carro. Antônia estava com bebê e sentia-se bem para sair. Chegamos à casa de Maria, que ficou surpresa, já que não esperava que fôssemos. Logo conversamos e ela concordou que fizéssemos a nossa atividade. Na frente da casa da dona Maria tem duas mangueiras, onde estava sentada Neguinha (ela pediu que fosse identificada por esse nome na pesquisa) que logo pediu que nos achegássemos. Assim, decidimos fazer nossa roda de diálogo debaixo da mangueira. Dando início às 13h53min da tarde (Diário de Campo – Comunidade Laranjeiras, 7 de novembro de 2021).

Na realização da ODALa, tivemos dificuldades para reunir com as mulheres, porém, o diálogo, a paciência, e a atitude comunitária própria de Laranjeiras foram essenciais na busca de estratégias que mais se adequassem à rotina das co-pesquisadoras. Este foi um momento significativo para construção coletiva da ODALa e, tal como fazia Paulo Freire, aprendemos em comunhão debaixo de uma mangueira. Seguem alguns registros desse momento, na Figura 1.

Figura 1 – Oficina Dialógica Afrocentrada em Laranjeiras - ODALa

Fonte: acervo da pesquisadora (2021)

As imagens retratam o momento em que dialogávamos, em círculo, vivenciando o dispositivo de pesquisa que inclui as co-pesquisadoras (Gauthier, 2012), efetivamente, como participantes do estudo. Partindo dos pressupostos da sociopoética, enfatizamos, como recursos a oralidade e a corporeidade, no intuito de elucidar os confetos e afrossaberes do cotidiano das co-pesquisadoras, mediante inserção em sua própria matriz histórica e cultural (Mazama, 2009) que reverberam as práticas cotidianas na dialogicidade freireana. Logo, a ensinagem, das mestras de Laranjeiras, fazem emergir o que não é escrito, porque:

> [...] a relação dialógica enquanto relação entre sujeitos que se dão a comunicação e a intercomunicação, entre sujeitos refratários a burocratização de sua mente, abertos sempre a possibilidade de conhecer e de mais conhecer, é absolutamente indispensável ao processo de conhecimento (Freire, 2015, p. 98).

A natureza social das práticas de alfabetização dialógicas se dá a partir da ruptura sistêmica com forma tradicional bancária de desenvolver práticas educativas. Debaixo das mangueiras fizemos a leitura do mundo de Laranjeiras, mas, também, de Laranjeiras no mundo colonial, racista, patriarcal, moderno, capitalista, uma atitude curiosa e crítica que antecede a leitura da palavra (Freire, 2019), assim, dialogamos e problematizamos a realidade corrente na comunidade.

Na interação e reciprocidade, por meio de uma epistemologia da amorosidade é possível descolonizar as mentes, reconstruindo e (re)orientando saberes que nos conectam, mas que a razão moderna incivilizou. Nas epistemes da amorosidade há práticas insubmissas, nas quais os corpos se encontram e se reconfiguram enquanto resistem às barbaridades do colonialismo nas complexidades dos confetos e afrossaberes que mantêm viva as tradições do território, em disputa econômica, social, afetiva, política e pedagógica.

Nessa lógica contra-hegemônica, a dialogicidade é imprescindível na composição dos temas geradores, confetos e afrossaberes, que também são marcados pelos **valores civilizatórios**: Circularidade, Religiosidade, Corporeidade, Musicalidade, Cooperação e Comunitarismo, Ancestralidade, Memória, Ludicidade, Energia Vital/Axé, Oralidade. Desse modo, contrapõe-se à lógica colonial como condições e possibilidades de resgate da humanidade das mulheres quilombolas, logo, essenciais nos processos de alfabetização dialógica nessa comunidade.

Nos momentos de reflexão na ODALa, o "ciclo gnosiológico" (Freire, 2019), que corresponde a interação entre ensinar e aprender o conhecimento existente em Laranjeiras, se transforma em dialogicidade, fazendo emergir a produção do conhecimento ainda não existente ou silenciado no âmbito da racionalidade moderna. Para vivenciarmos esse ciclo, iniciamos a roda de conversa com a leitura do Poema de Conceição Evaristo, intitulado **"Tempo de nos aquilombar"**.

> É tempo de **caminhar em fingido silêncio,**
> e buscar o momento certo do grito,
> aparentar fechar um olho evitando o cisco
> e abrir escancaradamente o outro.
>
> É tempo de **fazer os ouvidos moucos**
> para os vazios lero-leros,
> e cuidar dos passos assuntando as vias,
> ir se vigiando atento, que o buraco é fundo.

> É tempo de **ninguém se soltar de ninguém**,
> mas olhar fundo na palma aberta
> a alma de quem lhe oferece o gesto.
> O laçar de mãos não pode ser algema
> e sim acertada tática, necessário esquema.
>
> É tempo de **formar novos quilombos**,
> em qualquer lugar que estejamos,
> e que venham os dias futuros, salve 2021,
> a mística quilombola persiste afirmando:
> **"a liberdade é uma luta constante"**.
>
> (Conceição Evaristo, 2022, grifos nossos)

Esse poema foi imprescindível para estimular debates sobre práticas de insubmissão, um modo de resistência epistêmica que ocorre por atitudes de aquilombamentos; fortalecer o diálogo, em torno do Feminismo Negro Decolonial e Afrocentrado (FND-Afro) e subsidiar a discussão, a partir de temas geradores (Quilombo, Comunidade, Palmeira, Coco babaçu, Laranjeiras e Mulher).

Esses referidos temas geradores surgiram durante as observações participantes compreensivas, cujo procedimento, teve início mediante "um diálogo às claras entre todos [...] expressando como um quefazer educativo. Como ação cultural" (Freire, 2019, p. 144-145), nascendo, assim, o sujeito dialógico (equipe local de pesquisa), com seus diversos saberes subsidiados pelos discursos que produzem.

Também, as palavras de Conceição Evaristo (2022) ecoam como um grito de marcha para a libertação e reflete diretamente no tocante ao que vem acontecendo na comunidade. "A liberdade é uma luta constante" é um grito de insubmissão para os quilombos do Brasil e para o que as mulheres quilombolas quebradeiras de coco babaçu de Laranjeiras estão enfrentando, a luta pelo lugar, pela terra, pela liberdade, a preservação dos babaçuais e do território.

Desse modo, na realização da ODALa, agrupamos os temas geradores em um pequeno cofo, produzido pela copesquisadora Izidória. O cofo é uma espécie de cesto, produzido com a palha da palmeira nativa, que serve para transportar produtos ou objetos, também utilizado durante a pescaria para guardar os pescados e/ou frutos do mar.

A proposta freiriana de "temas geradores" deu sustentação a ODALa como lugar de investigação dialógica com as mulheres, posicionando-se como articuladoras da ensinagem (processo compartilhado de ensinar e aprender), ao mesmo tempo que, também, refletíamos numa sistematização rigorosa e crítica dos saberes das mestras, quebradeiras de coco babaçu, de Laranjeiras.

Os temas geradores são potencializadores de profundos debates, instigam a outros temas, questões, a relacioná-los entre si, com o cotidiano das mulheres e com o mundo. Eles podem, também, ser carregados de amorosidade, e significados particulares. Quilombo, Comunidade, Palmeira, Coco babaçu, Laranjeiras, Mulher, foram temas geradores de diálogos, que fizeram eclodir os confetos e os afrossaberes presentes no cotidiano da CQL. Nessa dialogicidade foi possível, com as mulheres, aprender, "conhecer, não só a objetividade em que estão, mas a consciência que tenham desta objetividade; os vários níveis de percepção de si mesmos e do mundo *em* que e *com* que estão" (Freire, 2019, p. 119).

Em tudo isso está presente o "diálogo dos enunciados" (Comin; Santos, 2010, p.749) que consistiu na busca do universo vocabular da comunidade, escolhendo temas extraídos dos enunciados das mestras quebradeiras de coco babaçu e colocando-os em discussão na ODALa. Essa seleção de temas descreveu a realidade da CQL e expressou suas práticas educativas cotidianas. Desse modo, podemos propor projetos de alfabetização dialógica libertadora em que as mulheres, como protagonistas,

> [...] se sintam sujeitos de seu pensar, **discutindo o seu pensar, sua própria visão do mundo**, manifestada implícita ou explicitamente, nas suas sugestões e nas de seus companheiros [...] essa visão de educação parte da convicção de que não pode sequer presentear o seu programa, mas tem de buscá-lo dialogicamente com o povo (Freire, 2019, p. 166, grifo nosso).

Temos assim, um processo de dialogicidade ou um "dialogismo construído" (Comin; Santos, 2010, p. 749), no qual várias vozes femininas se relacionam a um tema específico, resultando em respostas construídas coletivamente. E como isso foi realizado?

Combinamos que cada co-pesquisadora deveria retirar um tema gerador do cofo, expressando o seu significado e sentido na sua vida, manifestando o "reconhecimento do sujeito no objeto (a situação existencial concreta) e do objeto como situação em que está o sujeito [...] dar o passo da representação da situação (codificação) à situação concreta mesma em que e com que se encontram" (Freire, 2019, p. 135-136).

Dessa maneira, ocorreu a "análise crítica da análise codificada", ou seja, os temas geradores se encontram com as significações particulares das mulheres, temos a "representação de uma situação existencial, com alguns elementos constitutivos em interação" (Freire, 2019, p. 135). Nessa situacionalidade, "o todo passa a ganhar significado" particular dentro do grupo, surgindo os confetos e afrossaberes resultantes da interação entre as narrativas sobre as condições de existência em Laranjeiras e no Mundo.

Em linhas gerais, **os temas geradores** (Quilombo, Comunidade, Palmeira, Coco babaçu, Laranjeiras e Mulher) **descortinaram confetos e afrossaberes** nas narrativas das mulheres quilombolas quebradeiras de coco babaçu, a partir da ODALa.

MULHERES DE LARANJEIRAS DESCORTINAM SEUS CONFETOS E AFROSSABERES EM RODAS DE CONVERSA

Os diálogos, na ODALa, tiveram início com o tema gerador **quilombo**. Para co-pesquisadora Lizaura o quilombo: *"representa muita coisa, eu nasci e me criei, tô com 47 ano que eu moro aqui, então, pra mim, ele vale muita coisa. É a minha vida, a vida da minha família, de todos" (Lizaura, 2021)*. Em seguida, a co-pesquisadora Maria acrescenta *"nós tudim aqui, nós nascemo e se criemo aqui" (Maria, 2021)*. Nesse diálogo, o confeto é que o **quilombo é vida!**

Em Laranjeiras vivem cerca de 43 famílias e todas/os moradoras/es da comunidade são ligados/as por algum grau de parentesco. Uma das heranças de África é a constituição do quilombo como lugares de resistência, historicamente estruturado por famílias extensas, constituída por pessoas ligadas por algum grau de parentesco (Leite, 1996), isso se dá devido a maioria dos povos da África central praticar o sistema de parentesco matrilinear, em relação à descendência, estrato social, sucessão e herança (Munanga, 1996, p. 61). No que se segue, a co-pesquisadoras Lizaura e Neguinha acrescentam:

> *Já tentaram tirar nós daqui. Fizeram a gente assinar, sem a gente saber o que tá assinando, o que que significa aquilo pra gente, né? pra quem não sabe... A gente assina, porque ninguém não sabe. Não teve um que não assinou. Não sabe o que vai significar essa assinatura pra gente, até hoje* (Lizaura, 2021).

> *Nós assinamo um monte de papel. Já tentaram tirar nós daqui, mas nunca, até agora ainda não conseguiram não* (Neguinha, 2021).

As co-pesquisadoras se referem ao aparecimento de supostos donos da comunidade, o desmatamento, queimadas e compra de terras que está acontecendo em áreas adjacentes. As narrativas constam de que lotes de terra estão sendo vendidos e que estes estão sendo preparados para o cultivo de roça e/ou outras plantações. Visitamos, inclusive, grandes áreas em que houve a derrubada de palmeiras. Segundo Diana (2021):

> Se você for ali onde já começaram trabalhar, nossa, você anda é horas de relógio, já está tudo desmatado, é oito máquinas que tá derrubando tudo, é madeira, árvore. Olha, um rapaz que morava lá, é um amigo nosso, foi embora, ele tinha um plantio de tanja, manga, laranja, jaca, caju, tudo ele tinha, e o açude bem grande, ele chegou com o trator e jogou tudo no chão, nem as frutas deixou.

Novaes e Araújo (2016) destacam que tais atos, decorrem de ações de empresas, por meio do agronegócio, projetos de infraestrutura, da indústria e da pecuária. Essa prática tem ampliado as situações de conflitos socioambientais, apontando o estado do Maranhão como um dos lugares recorrentes dessas tensões, e as quebradeiras de coco babaçu como um dos principais alvos afetados nesse processo.

Implicadas no mundo, elas (as mulheres de Laranjeiras), estão conectadas, participando do diálogo das coisas entre si (Gauthier, 2012). Possuem informações, ao mesmo tempo, complexas e parciais de conexões múltiplas que as insere numa forma crítica de pensar o mundo, mediante interpretação existencial e concreta de ser/estar na Comunidade Quilombola de Laranjeiras (CQL). Esse tipo de **comunidade**

> [...] é o espírito, a luz-guia da tribo; é onde as pessoas se reúnem para realizar um objetivo específico, para ajudar os outros a realizarem seu propósito e cuidar uma das outras. O objetivo da comunidade é assegurar que cada membro seja ouvido e consiga contribuir com os dons que trouxe ao mundo, da forma apropriada. Sem essa doação, a comunidade morre. E sem a comunidade o indivíduo fica sem espaço para contribuir (Somé, 2007, p. 35).

Para a co-pesquisadora Teresa (2021) a **comunidade** *"é boa pra nós, pra vocês. Aqui tá todo mundo bem, e vocês também. Tem a vida boa. Eu gosto de morar aqui".* Diana descreve o que é uma comunidade:

> Aí chega o serviço da roça, aí todo mundo vai pra roça. Você vai pegar uma mata virgem dessa aí e tacar o machado, joga no chão aí queima, você broca uma roça agora, novembro queima, dezembro

> *cerca, janeiro planta, fevereiro, março, abril é só colheita de legumes.*
> *É três meses de "colheição" de legumes, porque tem legumes que*
> *vem primeiro e outros que vem depois. Melancia, vem primeiro, aí*
> *vem o milho, por último é o arroz. E o último é a mandioca, que só*
> *é com um ano. Você planta ela em dezembro e só vai tirar ela em*
> *dezembro do outro ano. Aí já presta pra fazer a farinha. Quando*
> *você cortou o arroz no mês de junho, aí parou, julho parou, não*
> *tem serviço de roça não, pois "rumbora" pro carvão. Nós "passemo"*
> *quatro, cinco mês sem mexer no carvão, já tem coco no chão. Bora*
> *juntar os cocos. Aí é assim, quando sai um período entra no outro,*
> *quando sai um período entra no outro. É saindo de uma coisa e*
> *entrando na outra* (Diana, 2021).

As narrativas (o dito e o vivido) mostram processos de cooperação, comunitarismo e ligação com a ancestralidade, sentimento de pertença que é "alimentado pela capacidade de traçar a genealogia e contar as histórias do coletivo" (Petit; Cruz, 2008, p. 3). Novamente, chegamos ao confeto **vida**, pois, a Comunidade é o Quilombo e este é vida. É cercado por babaçuais, tem como valor político, cultural, simbólico, afetivo e econômico as **palmeiras.** A co-pesquisadora Lizaura (2021) diz: *"é a coisa milhó do mundo"* e Maria (2021) confirma: *"a palmeira é boa demais"*. Lizaura continua:

> *a gente quebra o coco, faz um leite, a gente faz o carvão pra cozinhar.*
> *Se dizer assim "aquela palmeira acabou os cacho ela não presta*
> *não, mais é ruim." Num é assim não, pra alguma coisa aquele coco*
> *serve. Se ser ruim, bora botar pra queimar, bota na caeira, o carvão*
> *tá bem queimadim. Você vai tira o carvão e coloca no saco, isso*
> *aí dá um carvão beleza pra cozinhar. O coco serve de todo jeito, a*
> *palmeira nada no mundo se perde pra ela* (Lizaura, 2021).

As palmeiras circundam todo o estado do Maranhão e se tornaram símbolos de representação maranhense, já que é um elemento natural presente em todo o estado. As palmeiras do babaçu também são lembradas no discurso poético, destacando-se o poeta Gonçalves Dias, em Canção do Exílio, quando exprime: "Minha terra tem palmeiras / Onde canta o sabiá / As aves que aqui gorjeiam / Não gorjeiam como lá". Os significados da palmeira são diversos e associados ao coco babaçu e seus derivados.

De acordo com Barbosa (2014, p. 66), os babaçuais já foram considerados o "Eldorado do Maranhão", "riqueza maranhense", o "ouro pardo". As palmeiras, uma "obra em apreço" e uma "valiosa fonte de matéria-prima". Nesse diálogo, sobressaem práticas insubmissas de **resistência** na luta pela **subsistência** e, sobretudo, pela existência.

As guardiãs das matas e das florestas, no confronto com proprietários e ocupando a linha de frente em muitas das negociações, articulam-se, por meio do Movimento Interestadual das Quebradeiras de Coco Babaçu (MIQCB) do Maranhão, Pará, Piauí e Tocantins, fundado em 1991, com a ajuda de organizações não governamentais. Nessa ocasião, teve o primeiro Encontro Interestadual das Quebradeiras de Coco Babaçu, na capital do estado do Maranhão, São Luís, resultando na criação da Articulação das Mulheres Quebradeiras de Coco Babaçu (MIQCB, 2020).

Essa articulação prevê a defesa ambiental e ecológica, preservação dos babaçuais e da coleta do coco babaçu, afirmação de identidades étnicas (povo da floresta, povos originários, quilombolas, dentre outros) e demandas relacionadas a opressão de gênero e raça, já que o extrativismo é uma atividade recorrente na comunidade. Sobre a quebra do **coco babaçu**, recordam como e com quem aprenderam a atividade:

> *O coco babaçu eu aprendi quebrar que a Maria me ensinou, quebrar um coquinho e ir pro mato. Eu não sabia onde era o mato que tinha as palmeiras* (Antônia, 2021).

> *Merma quem me ensinou foi minha mãe, ela quebrando coco e me dando aquelas bandinhas bem fininha, uma foice, não tinha machado pra mim, aí eu levava uma foice. Ela me dava uma bandinha, era mais luta pra mim tirar, mas eu aprendi. Ela quebrava e tirava a bandinha e me dava. Ela ia pro mato umas 6/7 horas, a partir de 12 horas. Nós ia embora acho que eu não tinha dez caroço de coco. Aí pronto, hoje eu quebro 25 quilo de coco* (Neguinha, 2021).

O tema gerador **coco babaçu** é de extrema importância para as mulheres quebradeiras de coco babaçu, tanto no seu potencial econômico-industrial como na relação afetuosa que estabelecem com a atividade. Segundo Barbosa (2014, p. 68), o sentido do babaçu na vida dessas mulheres pode tomar "dimensões não somente econômicas, mas também sócio-culturais, não somente materiais, mas também simbólicas".

Vale ressaltar que, neste diálogo, os afrossaberes são evidenciados. São tudo aquilo, todas as memórias repassadas de geração em geração. São afrossaberes: como se faz uma casa de taipa, uma roça, carvão, caeira, quebra do coco, artesanatos, azeite, bolo e tantas outros). Nesse momento, Neguinha acessa uma memória afetiva quando recorda: *"eu me alembro, minha mãe no mato quebrando coco e eu mamando no peito dela"* (Neguinha, 2021).

Na perspectiva da cultura Africana, o processo de aprendizagem se dá a partir das relações com a comunidade, "os que vieram primeiro, os mais antigos, os mais velhos são referências importantes para as famílias, comunidades, indivíduos" (Santana, 2010, p. 15). Assim, consideramos como importantes confetos para a mulheres de Laranjeiras a **memória** e a **ancestralidade**.

Quando chegamos no tema gerador **Laranjeiras**, as mulheres rememoraram o poeta Gonçalves Dias: *"ah minha amiga, não tem uma coisa mais importante nesse país do que Gonçalves Dias"*, diz Lizaura (2021), referindo-se ao fato de que o poeta brasileiro nasceu em Laranjeiras, e, atualmente, é homenageado pela comunidade e autoridades locais, anualmente, no dia 10 de agosto (data que recorda seu nascimento). Mais uma vez a **memória** se apresenta como elemento de fortalecimento da **identidade** e o **pertencimento** das mulheres, à medida que fazem esse resgate histórico e se identificam como sendo parte dela (Laranjeiras), como pertencentes das terras das palmeiras!

Sobre a discussão do último tema gerador: **mulher,** Lizaura declara

> *[...] é muito correria pra gente, mas é muito bom, porque a gente aprende fazer de tudo, a gente, a mulher é a única no mundo que nunca no mundo que depende dos outros, a mãe ensinando ela sabe-fazer de tudo, lavar roupa, quebra o coco, faz o carvão, faz o feijão. E tem muito homem que não sabe acender nem o fogo. Eu agradeço muito a Deus por ser mulher, eu agradeço* (Lizaura, 2021).

Em síntese, Lizaura nos diz que a mulher é mãe, ela "sabe-fazer de tudo", mesmo diante de tantas sujeições, das condições sociais, das dificuldades para garantir o próprio sustento, da família, da comunidade e, sobretudo, a preservação do seu território. A mulher é aquela insubmissa ao projeto colonial, ela continua o legado de luta e resistência de seus antepassados e ancestrais. São guardiães das matas, das florestas, dos rios, da natureza! São articuladoras das estratégias de defesa e valorização da sua cultura entre os babaçuais.

Nessa discussão, o tema gerador Mulher descortina os confetos de **pertencimento** e **matrilinearidade**, quando as co-pesquisadoras enfatizam a sua atuação, como mulheres, no desenvolvimento e continuidade das atividades tradicionais da comunidade. Essas mulheres se intitulam herdeiras e mantenedoras de saberes herdados de suas ancestrais, incorporados na organização sociopolítica da comunidade, cuja liderança é uma mulher.

Portanto, no cotidiano essas mulheres articulam as atividades culturais próprias de subsistência e de preservação de saberes tradicionais, desse modo, se constituem como espaços potenciais e viáveis para a manifestação de formas de vida e de existência com atitudes insubmissas, resistem à lógica homogeneizante eurocêntrica, e sustentam uma ligação ancestral com os valores civilizatórios africanos.

MULHERES DE LARANJEIRAS DESCORTINAM SEUS CONFETOS E AFROSSABERES EM RODAS DE RITMOS E MOVIMENTOS

Outra atividade realizada na ODALa foi a técnica de Roda de Ritmos e Movimentos. Para Petit e Cruz (2008), o ritmo é a ordenação do movimento transformador-expressivo que alinha o indivíduo ao cosmos. Nesse sentido, combinamos que cada copesquisadora deveria dirigir-se ao centro da roda e realizar um gesto com o corpo, como uma forma de manifestação de suas experiências cotidianas e, assim, expressar uma reelaboração simbólica-cultural da comunidade. Por fim, cada movimento é repetido por todas nós do grupo.

Nas culturas africanas o corpo é de fundamental importância. Trata-se da corporeidade do que é visível, mas, também, invisível, pois a energia vital é materializada no corpo (de todos os seres vivos – animal, vegetal, mineral) em constante transformação, (re)criação, metamorfose. O corpo (simultaneamente com a mente) ritualiza porque é lugar de memória, expressa sentimentos, vivências do cotidiano, é território do sagrado, da oralidade, da cooperação, da musicalidade, da ludicidade e, assim, compartilha prazeres e desprazeres do viver enquanto se movimenta, pensa, brica e se comunica!

Então, o corpo está presente em todos os rituais, ele é ação dialógica e cultural, "tudo parte do corpo, o corpo é referência" (Petit; Cruz, 2008, p. 5). Nessa dimensão de totalidade corpo/mente temos uma corporeidade em que:

> [...] como o corpo percebido em sua totalidade, ideia diferente daquela propagada entre os séculos XVII e XIX, quando o corpo era visto como algo separado da mente. Falar de corporeidade é falar de existência simultânea entre corpo e mente; de um corpo que se movimenta, que expressa vivências cotidianas, sentimentos, culturas. Uma cultura não cristalizada, mas que se modifica no tempo e no espaço por nós vividos (Reis, 2010, p. 23).

Na Roda de Ritmos e Movimentos, a corporeidade se constituiu como ação relacional das mulheres quilombolas quebradeiras de coco babaçu com o mundo, e com as suas práticas cotidianas. Desse modo, o corpo dialógico transita por dimensões psicológica-mental-espiritual das mulheres, enquanto se expressam na roda. As mulheres ritualizam, dinamizam e se provocam a dialogar com suas experiências, a partir das expressões corporais. Comunicam a sua capacidade de "libertação dos sentidos e recriação simbólica" (Petit; Cruz, 2008, p. 6), expõem elementos culturais e, continuam descortinando confetos e afrossaberes, delineadores de seu jeito de ser/estar no mundo, em Laranjeiras. Como isso aconteceu?

> Para iniciar essa atividade, peguei a bebê de Antônia para que ela pudesse participar da atividade. Antônia iniciou com uma passada para o meio da roda como quem estivesse desfilando, logo após todas nós repetimos o gesto. Durante esse processo, as mulheres se questionavam sobre qual gesto fariam. Em seguida, Neguinha faz o gesto de **apanhar o coco no chão**, atividade que realiza quando vai para a mata quebrar coco. Lizaura faz o gesto da **pesca com currú**. Enquanto fazia esse movimento, ela explicava o que estava fazendo. Essa técnica de pescaria é realizada com o auxílio do currú, também conhecido como socó ou choque, que é feito pelas próprias mulheres com tala de bambu.
> Dona Tereza faz o gesto da **quebra do coco**. De cócoras, faz um gesto de um cacete, batendo no coco apoiado no machado. Enquanto uma vai fazendo o gesto, as outras conversam sobre como é realizada a atividade, o que facilita a identificação de cada gesto (Diário de Campo – Comunidade Laranjeiras, 7 de novembro de 2021).

Presenciamos uma roda de mulheres descortinando o confeto "**corpo-consciente**", na medida em que, em seus gestos simbólicos, elas expressavam consciência de si, do mundo, comunicando por intermédio de seus movimentos, "uma relação dialética entre os condicionamentos e sua liberdade" (Freire, 2019, p. 125). Afinal, insubmissão exige criatividade que exige produzir potência de liberdade!

Esses intercâmbios verbais ou intercomunicação, mediante experiência crítica do corpo com temas do cotidiano, traduz "um conhecimento sensível sobre o mundo expresso, emblematicamente, pela estesia dos gestos, das relações amorosas, dos afetos, da palavra dita e da linguagem poética, entre outras possibilidades da experiência existencial" (Nóbrega, 2008, p. 147).

Toda essa apropriação da linguagem corporal (Reis, 2010), pelas mulheres, que ocorreu com a liberdade de movimentos, espontaneidade, sem correção dos movimentos, descortinou gestos fazendo alusão ao confeto "corpo consciente" e, por conseguinte, trouxe à tona várias atividades socioculturais e econômicas, tais como: a quebra do coco, a pescaria, o ato de apanhar o coco no chão, estar na mata, fazer uma caeira, cestarias, dentre outros que denominamos de afrossaberes.

Na invenção da Oficina Dialógica Afrocentrada em Laranjeiras (ODALa), as mulheres manifestaram seus **confetos** (conceitos e afetos): vida, insubmissão, resistência, subsistência/existência, memória, ancestralidade, pertencimento, identidade, matrilinearidade e corpo consciente, e, seus **afrossaberes**: casa de taipa, roça, carvão, caeira, quebra do coco, denúncia crítica e insubmissa do desmatamento e do agronegócio).

Portanto, esses confetos e afrossaberes são, respectivamente, unidade de conhecimento vivo/existencial/espiritual e conteúdos culturais provenientes de experiências do cotidiano transformados em ensinagem, como processo compartilhado de ensinar e aprender ancestral (os mais velhos são referências e, por isso, cuidam, respeitam e protegem os mais novos). Assim sendo, as mulheres quilombolas quebradeiras de coco babaçu, de Laranjeiras (Aldeias Altas-MA), são as mestras em sua comunidade.

CONSIDERAÇÕES FINAIS: O que aprendemos na ODALa das mulheres de Laranjeiras

O exercício de interpretar as interpretações (Geertz, 2008), traduzir e evidenciar outros modos de conceber o conhecimento, por meio de ações dialógicas, contribui na produção de abordagens pedagógicas libertadoras que, com postura crítica no Feminismo Negro Decolonial e Afrocentrado (FND-Afro), considera a própria realidade das/os educandas/os, construindo coletivamente diferentes perspectivas potenciais na restituição das humanidades negadas.

Eis aqui a essência deste estudo, dialogar com os saberes de mulheres dos cocais maranhenses e produzir narrativas de confetos e afrossaberes que podem ser utilizados em tantas outras ODALas (lugares com a capacidade de produzir, gerar, conceber o novo) de alfabetização dialógica, em áreas quilombolas. Uma ODALa não pode renunciar ao compromisso com a agência dos sujeitos quilombolas. As mulheres quebradeiras de coco babaçu, co-pesquisadoras, também são mães, filhas, tias, esposas, parteiras, curandeiras, pescadoras, agricultoras, produtoras de carvão, artesãs, tendo em vista as inúmeras atividades que fabricam, como modos de insubmissão e resistência na preservação da vida (as matas, as florestas, a natureza) do quilombo.

Com os pés na Comunidade Quilombola Laranjeiras (CQL), as guardiãs insubmissas dos babaçuais, com suas ensinagens nos fizeram sentir, ouvir, pisar, (re)lembrar a retirar amêndoa do coco, entrar na mata, nos lares de taipa, nos quintais, no campo, na roda. Nos oportunizaram reviver os saberes de nossa tradição pulsante no cotidiano das mulheres quebradeiras de coco babaçu da comunidade Laranjeiras. Esses saberes foram descortinados com a dialogicidade freireana e agrupados em: **temas geradores** (Quilombo, Comunidade, Palmeira, Coco babaçu, Laranjeiras e Mulher); **Confetos** (vida, insubmissão, resistência, subsistência/existência, memória, ancestralidade, pertencimento, identidade, matrilinearidade e corpo consciente) e **afrossaberes** (casa de taipa, cestarias, roça, carvão, caeira, quebra do coco, denúncia crítica e insubmissa do desmatamento e do agronegócio), sistematizados na Figura 2:

Figura 2 – Temas Geradores – Afrossaberes – Confetos

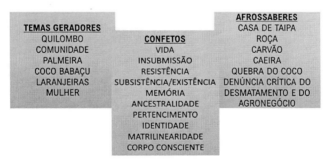

Fonte: Silva (2023)

Com as mulheres de Laranjeiras, criamos uma ODALa para produção de práticas educativas de alfabetização dialógica consistente e pautada na realidade do grupo, que tem a total capacidade de fornecer subsídios na promoção de pedagogias libertadoras que valorizam a essência feminina afrodiaspórica, insurgente, radical, repleta de política, amorosidade de rigor. Sem esquecer que, em cada encontro temos outro rio a atravessar, e que as estratégias precisam ser (re)inventadas para abarcar sempre novas experiências de ensinagem, pois, "Ensinar é um ato teatral" (hooks, 2017).

Os temas geradores, confetos e afrossaberes estão vinculados aos valores civilizatórios (Circularidade, Religiosidade, Corporeidade, Musicalidade, Cooperação e Comunitarismo, Ancestralidade, Memória, Ludicidade, Energia Vital/Axé, Oralidade) presentes na CQL. Essa relação circular, descortinada durante a Oficina Dialógica Afrocentrada em Laranjeiras (ODALa), está sintetizada no Círculo Concêntrico, a seguir:

Figura 3 – Círculo Concêntrico da CQL

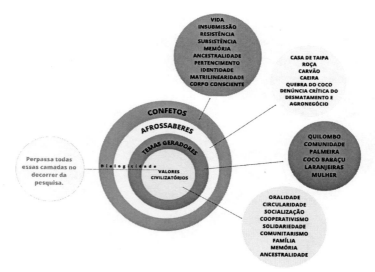

Fonte: Silva (2023)

No esquema, partimos do mais geral para o particular (Freire, 2019), pois, os valores civilizatórios se constituíram como ponto central, no processo de dialogicidade com os saberes locais da comunidade. Cada camada do Círculo concêntrico foi surgindo, no decorrer da pesquisa, à medida em que mergulhávamos nas ações dialógicas, que se relaciona com o todo de que participa, de modo que a dialogicidade atravessa todas as camadas do círculo proveniente das interações na ODALa.

A ODALa foi o espaço de maior interação com as mulheres, maior conexão do ciclo gnosiológico, do corpo consciente, das ensinagens sobre o dia a dia da comunidade, compartilhando as experiências vivenciadas e os conhecimentos tradicionais umas com as outras, de geração a geração, tendo em vista que o objeto cognoscível (temas geradores) não é o fim do ato cognoscente das mulheres. É antes o mediatizador desse grupo feminino afrodiaspórico e cognoscente, (Freire, 2019) em debates sobre experiências de si.

Vale ressaltar que esse estudo foi possível, essencialmente, por seu vínculo com a dialogicidade freireana presente nos saberes locais da CQL. Além disso, e de forma espontânea, a amorosidade e o afeto estiveram sempre ativos. Uma investigação, a partir de temas geradores, precisa assumir postura e ação cultural dialógica, permitindo que "a compreensão da realidade se refaz, ganhando um nível que até então não tinham" (Freire, 2019, p. 134).

Com o Feminismo Negro Decolonial e Afrocentrado (FND-Afro) que reconhece e valoriza pedagogias radicais libertadoras temos uma ruptura epistemológica, face as práticas de insubmissão ou desobediência ao sistema de ensino colonial e bancário. Fazer uso de perspectivas de alfabetização freireana nos oferece subsídios para pensarmos a ODALa como processo de investigação temática e, ao mesmo tempo, como possibilidade de alfabetização dialógica, mediante o uso dos saberes locais (temas geradores, afrossaberes e confetos), já que "toda autêntica educação se faz investigação do pensar" (Freire, 2019, p. 142).

Essa perspectiva investigativa é ponto de partida de todo processo educativo, podendo ser realizada em duas etapas: a pós-alfabetização e a alfabetização. A primeira tem como proposta a investigação de temas geradores e, a segunda, de palavras geradoras. A etapa a que nos propomos neste estudo foi a primeira, com o levantamento dos temas geradores, sendo que, do ponto de vista metodológico, a sua fase inicial exigiu que visitássemos o campo dialógico em momentos distintos:

> [...] em horas de trabalho no campo; que assistam a reuniões de alguma associação popular, observando o procedimento de seus participantes, a linguagem usada [...] o papel que desempenham as mulheres, os jovens. É indispensável que visitem em horas de lazer; que presenciem seus habitantes em atividades esportivas; que conversem com as pessoas em suas casas, registrando manifestações em torno das relações (Freire, 2019, p. 146).

Esse levantamento, se traduziu em uma "Experiência do viver na e com a comunidade quilombola de Laranjeiras", acolhimento, atenção, ensinagem (compartilhamento de saberes e experiências na ação dialógica do quefazer educativo). Assim, criamos a ODALa, baseada nos "círculos de cultura" de Paulo Freire, como um quefazer para o levantamento de questões/problemáticas referentes a processos de alfabetização e, sobretudo, como um espaço que reúne afrossaberes que são alimentadores de práticas educativas.

Portanto, este estudo reafirma que propostas de alfabetização dialógica e libertadora exigem curiosidade, rigorosidade, compromisso, responsabilidade e tantos outros conceitos listados por Freire (1996) na obra: Pedagogia da Autonomia. É assim que educadores e educadoras conseguem enfrentar relações de poder opressoras, vinculadas ao paradigma colonizador que, historicamente, tem negligenciado afrossaberes.

REFERÊNCIAS

BARBOSA, Viviane de Oliveira. **Na terra das palmeiras**: gênero, trabalho e identidades no universo das quebradeiras de coco babaçu no Maranhão. Jundiaí: Paco Editorial, 2014.

CARNEIRO, Sueli. Mulheres em movimento. **Estudos avançados**, São Paulo, v. 17, n. 49, p. 117-133, 2003. Disponível em: https://www.scielo.br/pdf/ea/v17n49/18400.pdf. Acesso em: 23 mar. 2021.

COMIN, Fabio Scorsolini; SANTOS, Manoel Antônio dos. Bakhtin e os processos de desenvolvimento humano. **Revista Brasileira Crescimento Desenvolvimento Humano**. v. 20, n. 3, p. 745-756, 2010. Disponível em: http://pepsic.bvsalud.org/scielo.php?script=sci_arttext&pid=S0104-12822010000300009. Acesso em: 8 fev. 2023.

EVARISTO, Conceição. **Tempo de nos aquilombar**. Disponível em: http://culturadorn.blogspot.com/2021/07/tempo-de-nos-aquilombar-conceicao.html. Acesso em: 8 fev. 2023.

EVARISTO, Conceição. **Insubmissas lágrimas de mulheres**. Rio de Janeiro: Malê, 2020.

FREIRE, Paulo. **Educação como prática da liberdade**. Paz e Terra, 1989.

FREIRE, Paulo. **Pedagogia da Autonomia**: saberes necessários à prática educativa. São Paulo: Paz e Terra, 1996.

FREIRE, Paulo. **A sombra desta mangueira**. 11. ed. Rio de Janeiro: Paz e Terra, 2015.

FREIRE, Paulo. **Pedagogia do oprimido**. 50. ed. ver. e atual. Rio de Janeiro: Paz e terra, 2019.

GAUTHIER, Jacques. Sociopoética e formação do Pesquisador Integral. **Revista Psicologia, Diversidade e Saúde**, Salvador, v. 4, n. 1, p. 78-86, 2015. Disponível em: https://www5.bahiana.edu.br/index.php/psicologia/article/view/459. Acesso em: 10 nov. 2022.

GAUTHIER, Jacques. **O oco do vento**: metodologia da pesquisa sociopoética e estudos transculturais. 1. ed. Curitiba, PR: CRV, 2012.

GEERTZ, Clifford. **A interpretação das culturas**. 1. ed., 13 reimpressão. Rio de Janeiro: LTC, 2008.

GONZALEZ, Lélia. **Por um feminismo afro-latino-americano**: ensaios, intervenções e diálogos. 1. ed. Rio de Janeiro: Zahar, 2020.

hooks, bell. **Ensinando a transgredir:** a educação como prática de liberdade. 2. ed. São Paulo: Editora WMF Martins Fontes, 2017.

LEITE, Fábio. Valores civilizatórios em sociedades negro-africanas. África: **Revista do Centro de Estudos Africanos**. USP, São. Paulo, n. 18-19, v. 1, p. 103-118, 1995/1996. Disponível em: https://www.revistas.usp.br/africa/article/view/74962. Acesso em: 9 nov. 2022.

MUNANGA, Kabengele. Origem e histórico do quilombo na África. **Revista USP**, São Paulo, v. 8, n. 28, p. 56-63, 1996. Disponível em: https://doi.org/10.11606/issn.2316-9036. Acesso em: 9 nov. 2022.

MAZAMA, Ama. A Afrocentricidade como um novo paradigma. *In:* NASCIMENTO, Eliza Larkin. (org.). **Afrocentricidade**: Uma abordagem epistemológica inovadora. São Paulo: Selo Negro. 2009.

NÓBREGA, Terezinha Petrucia da. Corpo, percepção e conhecimento em Merleau-Ponty. **Estudos de Psicologia.** 2008. Disponível em: www.scielo.br/epsic. Acesso em: 9 nov. 2022.

NOVAES, Jurandir Santos de.; ARAUJO, Helciane de Fátima Abreu. Cartografia social na região ecológica do babaçu: estratégias de quebradeiras de coco e processos sociais atinentes aos babaçuais. **Revista Políticas Públicas**. São Luís, Número Especial, p. 179-188, nov./2016.

PETIT, Sandra Haydée; CRUZ, Norval Batista. ARKHÉ: corpo, simbologia e ancestralidade como canais de ensinamento na educação. **31ª Reunião Anual da Anped**, 2008. Disponível em: https://www.anped.org.br/biblioteca/item/arkhe-corpo-simbologia-e-ancestralidade-como-canais-de-ensinamento-na-educacao. Acesso em: 22 nov. 2022.

REIS, Maria Clareth Gonçalves. Corporeidade e infâncias: reflexões a partir da Lei n.º 10.639/03. *In:* BRANDÃO, Ana Paula Brandão; TRINDADE, Azoilda Loretto da (org.). **Modos de brincar**: caderno de atividades, saberes e fazeres. Rio de Janeiro: Fundação Roberto Marinho, 2010, p. 17-21.

SANTANA, Patrícia Maria de Souza. "Um abraço negro": afeto, cuidado e acolhimento na educação infantil. *In:* BRANDÃO, Ana Paula Brandão; TRINDADE, Azoilda Loretto da (org.). **Modos de brincar**: caderno de atividades, saberes e fazeres. Rio de Janeiro: Fundação Roberto Marinho, 2010, p. 17-21.

SILVA, Givânia Maria da. Mulheres quilombolas: afirmando o território na luta, resistência e insurgência negra feminina. *In:* DEALDINA, Selma dos Santos (org.). **Mulheres quilombolas:** territórios de existências negras femininas. São Paulo: Sueli Carneiro: Jandaíra, 2020.

SILVA, Tercília Mária da Cruz. **Saberes dos Cocais Maranhenses**: dialogicidade com Mulheres Quilombolas Quebradeiras de Coco Babaçu. 2023. 150 f. Dissertação (Mestrado em Educação) – Programa de Pós-Graduação em Educação, Universidade Federal do Maranhão, São Luís, 2023.

MULHERES AFRODESCENDENTES E MODOS DE INSUBMISSÃO NO MOVIMENTO NEGRO – EM TUDO, SE FAZ EDUCAÇÃO

Raimunda Nonata da Silva Machado
Andresa Barros Santos
Danielle Cristina dos Santos Pereira

As nossas insubmissas lágrimas "entre o vivido e o escrito aprofunda mais o fosso. [...] ao registrar estas histórias, continuo no premeditado ato de traçar escrevivências"
(Evaristo, 2020, s/p).

Em lágrimas insubmissas, "no quase gozo da escuta, seco os olhos. Não os meus, mas de quem conta. E, quando de mim uma lágrima se faz mais rápida do que o gesto de minha mão a correr sobre meu próprio rosto, deixo o choro viver" (Evaristo, 2020, s/p). Esse choro vivente é água que ensina e insere, aquele que chora, em seu próprio caminho. Temos, então, uma prática de ensinagem insubmissa porque mostra que o sujeito (aquele que sente o choro, a dor, vontade de ser) é o gestor de seu próprio percurso, fazendo da ensinagem, lágrimas insubmissas, como força necessária de sua localização na vida, nas experiências vivas.

As mulheres afrodescendentes são professoras/mestras nessas ensinagens insubmissas, em diferentes lugares, no movimento negro e seus coletivos de atuação na saúde, nas mídias, na política, na religião, na educação e tantas outras áreas. Este grupo ensina/aprende/ensina sobre saberes e experiências de luta e resistências; constroem lugares epistêmicos (de produção de diferentes formas de conhecimentos locais, tradicionais e acadêmicos) e revelam práticas cotidianas insubmissas em busca da liberdade, no Brasil e em tantas outras diásporas africanas e ameríndias.

Ao falar do Brasil, comumente associam-se imagens de suas reservas naturais, de seu extenso território e de sua fauna diversificada. Além dessas belezas naturais, ao pensar em um país, é necessário refletir criticamente sobre as condições de vida do seu povo; as maneiras como se relaciona com o Estado em que vive e considerar o estabelecimento de processos que regulamentam e normatizam a vida das pessoas. Nesse caso, destacamos as ideologias de (re)produção do racismo historicamente utilizado como tecnologia sociocultural de manutenção do sistema colonial/patriarcal/racista/moderno e, com isso, ser capaz de:

> [...] permitir o exercício do biopoder, "aquele velho direito soberano de morte". Na economia do biopoder, a função do racismo é regular a distribuição de morte e tornar possível as funções assassinas do Estado. Segundo Foucault, essa é "a condição para a aceitabilidade do fazer morrer". Foucault afirma claramente que o direito soberano de matar (droit de glaive) e os mecanismos de biopoder estão inscritos na forma em que funcionam todos os Estados modernos; de fato, eles podem ser vistos como elementos constitutivos do poder do Estado na modernidade (Mbembe, 2017, p. 128).

O Estado moderno recorreu ao conceito de soberania, não para assegurar autonomia a população, mas como estratégia de "instrumentalização generalizada da existência humana e a destruição material de corpos humanos e populações" (Mbembe, 2017, p.125), e, assim, estabelecer mecanismos disciplinares que alicerçaram relações de inimizade e, produziram a ideia de que o estado possui um inimigo ficcional como base normativa do direito de matar.

Com este projeto Necropolítico, nutriu-se o imaginário coletivo de que determinados grupos são uma ameaça mortal e um perigo absoluto para o estado, e que sua morte significa fortalecimento grupal. Entendidas como pertencentes ao grupo dos "inimigos ficcionais" do estado brasileiro, as mulheres afrodescendentes historicamente foram associadas à subalternidade e servilismo. Esses estereótipos colonialistas de desumanização são herança do Brasil colonial, onde:

> Coube às mulheres pretas e pardas as práticas de cuidados e curas. Intensa foi a participação delas como parteiras, amas de leite, negras domésticas, babás, mães pretas, isto é, mulheres que cuidavam de enfermos, velhos e crianças, mesmo que para tanto devessem abandonar os seus próprios filhos (Almeida, 2020, p. 4).

Os estereótipos, produzidos em diferentes tecnologias sociais, (discursos científicos, institucionais, midiáticos, religiosos) são utilizados historicamente na manutenção do racismo, perpetuando a imagem negativada de pessoas afrodescendentes, inclusive, descaracterizando e degradando atitudes de resistência e práticas cotidianas de insubmissão, por exemplo, referindo-se às mulheres com rótulos de "negra raivosa" ou "negra problematizadora", cujos atributos são formas de desobediência às regras estabelecidas pelas forças opressoras.

As mulheres afrodescendentes chamadas de raivosas e problematizadoras manifestam sua dor, não como sofrimento, mas, principalmente como reclamação, denúncia, proposições e análises críticas sobre a sua própria existência. Estereotipar a raiva/dor das mulheres negras é uma construção branca colonizadora dessa raiva (Tate, 2019).

Besen (2000) remonta que o próprio uso do termo "negro", como se expressasse uma categoria única, é uma violência racial herdeira do período colonial que desumaniza, universaliza, destitui as identidades das pessoas africanas e afrodiaspóricas, e, sobretudo, desconsidera as potencialidades cognitivas e culturais das populações afrodescendentes oriundas de diferentes matrizes étnicas, um dos motivos pelos quais utilizamos o termo afrodescendente para nos referir às mulheres negras.

A colonização de atributos femininos (neste estudo refletimos, especificamente, os afrodescendentes) contribui para que o estado moderno mantenha não só a regulação da vida, mas também a gestão sobre a morte, decidindo quem, como e em que condições se deve morrer. Invertendo a lógica foucaultiana sobre a decisão de quem deve viver (biopoder), o filósofo camaronês Achille Mbembe (2017), para quem a África é insubmissa, chamou essa gestão da morte de necropoder, uma vez que a soberania pode violar proibições, regulações, como a morte, desestabilizando os limites colocando, entre nós, o risco da morte.

Então, refletir sobre quem são esses sujeitos em potencial vulnerabilidade ao risco da morte e como se protegem, em seus modos de insubmissão, significa garimpar vestígios de práticas que incomodam, provocam tensões, conflitos em busca da liberdade, tendo em vista que o princípio da insubmissão é a desobediência às regras estabelecidas, criando anomia social e invenção de outras maneiras de existir opondo-se aos sistemas de poder opressor, uma pedagogia radical de resistência entendida como "forças ou ações que se opõem ao exercício do poder na sociedade, ou à opressão social" (Wolff, 2019).

Tanto a destituição da humanidade das pessoas até a morte de fato, quanto toda produção de condições mortíferas de vida é necropolítica. Desde a escravização, liberdade restringida ou retirada e morte andam atreladas à vida das populações afrodescendentes. O encarceramento, em massa da população afrodescendente, propicia a visualização detalhada desse sistema, que além da privação de liberdade e do uso do poder punitivo, confere aos afrodescendentes o status de "viver na dor" (Borges, 2018).

Tendo em consideração, o capitalismo e as relações modernas, as discussões sobre a mulher afrodescendente, nesse período de pandemia ocasionada pela doença respiratória Covid-19[19], se tornaram ainda mais emergentes. Posto que os indicadores sociais denotam que este grupo populacional tem sido o mais impactado com prejuízos em curto, médio e longo prazo decorrentes dessa nova realidade que evidenciou as desigualdades sociais e econômicas. Afinal, estas mulheres integram a maior parte da força de trabalho em situação de risco à doença, tais como: empregadas domésticas, faxineiras, diaristas, sendo, portanto, as mais empobrecidas, sem plano de saúde e o mínimo de condições de manutenção do protocolo de higienização necessária.

Sendo assim, o presente trabalho discute os modos de insubmissão construídos por mulheres afrodescendentes, por meio de estudo documental, bibliográfico e entrevista. Realiza, desse modo, um breve histórico acerca das lutas e resistências dos movimentos sociais no Brasil, e, especificamente, destaca o protagonismo dessas mulheres no movimento negro. Nesse percurso, evidenciamos a participação de mulheres afrodescendentes em atividades de entidades dos movimentos negros, tais como: resistências por aquilombamentos, produção de estratégias de combates, de artigos publicados em periódicos, além da constituição de comunidades de Axé como lugar epistêmico de ensino e aprendizagem das tradições e saberes ancestrais.

Mulheres insubmissas no "Movimento Negro Educador"[20]

Nesta seção, refletiremos sobre as organizações sociais, no Brasil, na forma dos movimentos sociais, destacando a proeminência da mulher negra e suas estratégias de enfrentamento ao colonialismo dentro e fora desses movimentos, em busca por representatividade, acolhimento e justiça social. São atitudes educativas que levam ao fortalecimento e a estruturação de

---

[19] A Covid-19 provocou, em 2020, uma pandemia de proporção gravíssima, com aproximadamente 700 mil óbitos (https://covid.saude.gov.br/), que resultou em adoção de protocolo sanitário com medidas de isolamento e distanciamento social. Trata-se de "uma infecção respiratória aguda causada pelo coronavírus SARS-CoV-2, potencialmente grave, de elevada transmissibilidade e de distribuição global. O SARS-CoV-2 é um betacoronavírus descoberto em amostras de lavado broncoalveolar obtidas de pacientes com pneumonia de causa desconhecida na cidade de Wuhan, província de Hubei, China, em dezembro de 2019. Pertence ao subgênero Sarbecovírus da família Coronaviridae e é o sétimo coronavírus conhecido a infectar seres humanos." Disponível em: https://www.gov.br/saude/pt-br/coronavirus/o-que-e-o-coronavirus. Acesso em: 13 mar. 2023.

[20] Inspiração no livro: O movimento negro educador. Saberes construídos na luta por emancipação, de autoria da pesquisadora afro-brasileira, titular emérita da FAE/UFMG, Nilma Lino Gomes. Foi, também, Ministra da Secretaria de Políticas de Promoção da Igualdade Racial - SEPPIR (2015) e do Ministério das Mulheres, da Igualdade Racial, da Juventude e dos Direitos Humanos (2015-2016).

movimentos sociais liderados por elas e centrados nas suas necessidades. Por último, evidenciamos a realidade atual desses movimentos e suas articulações, mediante o uso de novas ferramentas de comunicação. Nesse sentido, é importante ressaltar que Movimentos Sociais, conforme Gohn (2004), são:

> [...] ações sociais coletivas de caráter sociopolítico e cultural que viabilizam distintas formas da população se organizar e expressar suas demandas. Na ação concreta, essas formas adotam diferentes estratégias, que variam da simples denúncia, passando pela pressão direta (mobilizações, marchas, concentrações, passeatas, distúrbios à ordem constituída, atos de desobediência civil, negociações etc.), até as pressões indiretas (Gohn, 2004, p. 141).

Na produção dessas ações educativas e coletivas concretas, estão os modos de re(existência) da população negra que, muitas vezes, é manifestada de forma clandestina, durante e após o regime escravagista no Brasil. Por isso, ainda temos que falar sobre como desmistificar as ideologias racistas que atribuem, às pessoas negras, uma certa leniência com a situação e efeitos da escravidão.

Apesar disso, objetivamos ressaltar ações/estratégias insubmissas sobre como a população africana e afrodescendente historicamente vem reagindo às opressões e atrocidades, elaborando as suas próprias estratégias de resistência e enfrentamento, como modos de insubmissão.

Além de aprenderem a arquitetar fugas e assassinatos dos proprietários de escravos, segundo Queiroz (2017), havia estratégias de libertação e de manter-se vivo (existência) praticadas, especialmente, por mulheres negras escravizadas que provocavam pequenos prejuízos aos "seus senhores", como o aborto e táticas de desvalorização de seu próprio preço, "Valia até pedir proteção a famílias inimigas dos senhores a quem serviam para conseguir a alforria" (Queiroz, 2017, p. 88).

O destino das fugas, na maioria das vezes, eram os Quilombos, comunidades organizadas longe dos centros urbanos, por africanos e afrodescendentes e que serviam de refúgio e acolhimento aos que conseguiam escapar. Esses locais representam o (re)estabelecimento da liberdade, funcionando como importantes centros educativos de preservação das tradições e da cultura africana, via instrumentalização da oralidade para transmitir e disseminar saberes ancestrais. Assim, possuem múltiplos significados, desde a "reação contra a estrutura escravocrata, formas de protestos e ocupação de terra" (Schumaher; Brazil, 2007, p. 81).

As mulheres eram figuras importantes nas atividades dos quilombos e as suas contribuições não estavam restritas às tarefas domésticas. Participavam ativamente da organização política, econômica, socioeducacional e cultural desses territórios. O Quilombo de Palmares, sob a liderança de Dandara dos Palmares (1654-1694) e de seu companheiro Zumbi dos Palmares (1655-1695), se tornou símbolo da insubmissão e resistência (Santos, 2020).

Porém, na historiografia tradicional, "quase nada existe de testemunho dos próprios quilombolas [...] há um enorme silêncio sobre as mulheres mocambeiras", não há indicações das lideranças femininas como Acotirene (séc. 17), Aqualtune (séc. 17) Madalena Angola (séc. XVII) que, além de Dandara, também exerceram influência na comunidade palmarina, situada na Capitania de Pernambuco, atualmente, Estado de Alagoas (Schumaher; Brazil, 2007, p. 82).

Figura 1 – Insubmissas do séc. 17 – Pernambuco: Acotirene, Aqualtune e Madalena Angola

Fonte: Marcelo D'Salete, São Paulo, 2020. *In:* Gomes; Lauriano; Schwarcz, 2021

À época tinha o Mocambo de Acotirene, também grafado "Arotirene" e o Mocambo de Aqualtune. Madalena Angola é mencionada, por ocasião das lutas na conquista de Palmares, em 1678. Sobre Dandara, não há indícios de suas ações na documentação histórica. No geral, há registro de que as mulheres negras combatiam, exerciam funções logísticas, organizavam e ensinavam estratégias de combate, transportavam alimentos, pólvoras, armamentos, cuidavam de feridos, dentre outros (Gomes; Lauriano; Schwarcz, 2021).

No Quilombo de Quariterê[21], a rainha Tereza de Benguela (séc. 18)[22] liderou a fuga de um grupo de negros e índios, por duas décadas (1750 e 1770), instalando-se em Cuiabá. Esse Quilombo chegou a abrigar mais de cem pessoas entre índios, africanos e afrodescendentes. As atividades praticadas pela comunidade giravam em torno da agricultura, da metalurgia e do artesanato, além de possuir teares com os quais fabricavam seus tecidos (Schumaher; Brazil, 2007; Prates, 2011), que exigiam conhecimentos de diferentes áreas. O governo funcionava como uma espécie de parlamento e possuía estrutura econômica e administrativa.

Nos mocambos palmarinos e fora deles, havia formas de insurreição, protestos e confrontos diretos como práticas de insubmissão efetivadas por mulheres (escravizadas africanas e nascidas no Brasil). De acordo com Gomes; Lauriano; Schwarcz (2021, p. 419):

> O protesto das mulheres se manifestou, acima de tudo, na vida cotidiana da comunidade escravizada. É possível observar uma face do poder feminino nos embates ao redor da manutenção da família escrava. Podiam ser decisivas, também, na hora de planejar fugas, obtendo informação sobre vendas e transferências indesejáveis ou providenciando suprimentos. Costumavam, ainda, prestar auxílio aos cativos em fuga e/ou interessados em escapar. Demorou, mas vai aparecendo nas pesquisas o protagonismo das escravizadas nas histórias ainda mal contadas da escravidão.

Em 1822, tem-se a independência política do Brasil, às custas do encarceramento de vidas africanas e afrodiaspóricas e da miséria do povo, afinal, as elites escravocratas, temerosas com a onda de ideais democráticos advindos do contexto da Revolução Francesa (Liberdade, Igualdade e Fraternidade), acirraram a exploração da mão de obra escrava nas plantações monocultoras. Desse modo, prevalece a manutenção das relações de poder do período colonial, regime escravocrata, ampliação de privilégios da nobreza e da burguesia, além do endividamento em virtude da indenização de reconhecimento da soberania brasileira.

---

[21] Também conhecido como Quilombo do Piolho, pois ficava localizado entre o rio Guaporé (ou rio do Piolho) e a região onde atualmente fica a cidade de Cuiabá em Mato Grosso.

[22] Rainha Tereza do Quariterê, é mais uma heroína afro vítima do processo de invisibilização histórica e que tem ganhado notoriedade graças ao empenho e esforço do movimento de mulheres afrodescendentes. Em 2014, a Lei n.º 12.987/2014 instituiu oficialmente, no Brasil, o **Dia Nacional de Tereza Benguela**, em 25 de julho, também alusivo ao Dia Internacional da Mulher Negra Latino-Americana e Caribenha e ao Julho das Pretas. Disponível em: http://www.planalto.gov.br/ccivil_03/_ato2011-2014/2014/lei/l12987.htm. Acesso em: 13 mar. 2023.

Nesse contexto, as pessoas escravizadas, também, aumentaram seus protestos, rebeliões e continuaram insubmissas. A Revolta de Manoel Congo (1838), por exemplo, marcou a história do município de Vassouras, no Rio de Janeiro. Na ocasião, Marianna Crioula (séc. 19), escravizada nascida no Brasil, era conhecida como uma das comandantes, uma líder que se intitulava rainha, se juntou com cerca de 300 pessoas escravizadas e destruíram duas fazendas, libertaram os escravizados e mataram seus feitores (Gomes; Lauriano; Schwarcz, 2021).

De certo que houve dura repreensão a esta rebelião, por parte do Estado, Marianna Crioula foi presa e seu companheiro, Manoel Congo, foi enforcado. Nos autos do processo de captura e prisão das/os insubmissas/os, constam as palavras de bravura e resistência ditas por Marianna "morrer sim, se entregar não" (Gomes; Lauriano; Schwarcz, 2021).

Ainda merece destaque, as insubmissões do Período Regencial brasileiro (1831-1840) presentes na Conjuração Baiana (1789), Revolta dos Malês (1835) e a Sabinada (1837). Destacamos a atuação de Luiza Mahin (séc. 19), no levante dos Malês, reconhecida como heroína pela Lei n.º 13.813/2019, tendo o seu nome incluído no Livro dos Heróis e Heroínas da Pátria, lugar de memória com o registro de personagens históricos homenageados, depositado no Panteão da Pátria e da Liberdade Tancredo Neves, em Brasília (Gomes; Lauriano; Schwarcz, 2021). Luiz Mahin esteve em praticamente todos os levantes de pessoas escravizadas, ocorridos na província da Bahia, no século 19, ressaltando-se a sua participação na Revolta dos Malês (1835) e na Sabinada (1837-1838), Província da Bahia.

No Maranhão, no Segundo Reinado (1840-1889), houve a Balaiada (1838-1841). Uma rebelião de massa e ampla participação de sertanejos, pobres, indígenas, mulheres e pessoas aquilombadas, com destaque: à figura de Cosme Bento das Chagas (1802-1842) líder do Quilombo Lagoa Amarela, no município de Chapadinha, no Maranhão; às representações estereotipadas e ao esquecimento do exército invisível, que era formado por mulheres balaias e/ou bem-te-vis (negras, mestiças, indígenas, caboclas, livres ou escravizadas), apesar de haver registros nas fontes de vestígios de sua presença ativa nas rebeliões da época (Abrantes, 2022, p. 76).

> No caso da Balaiada no Maranhão, uma revolta popular, camponesa, em que homens e mulheres do sertão resistiam com armas aos desmandos do governo cabano e às injustiças sociais, o "exército" rebelde tinha características moldadas pela experiência vivida dos caboclos maranhenses, acostu-

> mados com as matas, os deslocamentos com certa frequência em busca de melhores condições de vida, terra para cultivo dos alimentos, habitações simples feitas com material retirado da natureza, casas de barro cobertas de palha. Nos acampamentos, as barracas tinham esse formato. E, assim como acontecia no cotidiano dessas mulheres pobres, cujas tarefas domésticas e de criação dos filhos ficavam sob a sua responsabilidade, nos acampamentos rebeldes não era diferente. Cuidavam dos alimentos, das crianças e de seus companheiros, mas também participavam como espias e correios, levando as mensagens e estabelecendo contatos com os diferentes grupos rebeldes (Abrantes, 2022, p. 99).

Ainda no Maranhão, do século 19, a professora e escritora Maria Firmina dos Reis (1822-1917), mulher negra e antiescravista maranhense, primeira romancista negra latino-americana. Usou a literatura como ferramenta de luta pela abolição e denúncia da escravidão a partir do ponto vista dos escravizados. Lançou o romance abolicionista *Úrsula*, em 1859, aos 37 anos e, dentre outros, publicou "O jardim das maranhenses", em fascículos, em 1861, com temas indianistas. Em 1880, criou uma escola mista e gratuita, em Guimarães (Gomes; Lauriano; Schwarcz, 2021).

No pós-abolição surgem novos desafios de enfrentamento, considerando o descaso político quanto a reparação dos crimes e prejuízos cometidos, por meio do projeto colonizador, contra africanos/as e afrodescendentes, agora, intitulados de ex-escravizados/as. Afinal, como afirma Cintra (2011):

> A República não surgiu para solucionar os efeitos da escravidão, ela veio para atender a uma população branca e elitista. A primeira constituição republicana não tinha sequer uma linha sobre direito social ou racial, fazendo com que os negros ficassem à margem da sociedade.

Em continuidade ao projeto colonizador com a manutenção dos/as africanos/as e afrodescendentes em situação de subalternidade, o Estado intensificou a sua política de branqueamento da população e incentivou a imigração europeia. Em situação de abandono, pelo Estado, a população negra se reorganiza e fortalece as suas estratégias de insubmissão às políticas coloniais.

Nesse período, surgem várias agremiações e clubes, inicialmente, de cunho mais recreativos (associações de lazer e prestações de serviços beneficentes); posteriormente, passaram a produzir periódicos como ferramenta de denúncia do racismo e do abandono das pessoas negras. Esse movimento foi mais marcante na cidade de São Paulo, entre os anos de 1903 a 1963 e ficou conhecido como "Imprensa Negra Paulista" (1915-1937).

Embora em número reduzido, considerando a reprodução de valores patriarcais na sociedade brasileira, há vestígios da presença feminina nesses periódicos. Amorim (2022) aponta a presença das mulheres negras com contribuições intelectuais e na distribuição desses periódicos nas agremiações recreativas. É possível encontrar publicações assinadas por Leopoldina Dias, Ignez do Amaral, Idalina Santos e Maria de Lourdes Santos na primeira edição d'O Menelik (1915-1917).

Nessa ocasião, é criada a Frente Negra Brasileira (FNB), na cidade de São Paulo, que funcionou no período de 1931-1937. A FNB teve pioneirismo no ativismo negro pós-abolição e reuniu muitos integrantes, pelo país, com filiais por todos os estados da região sudeste. Suas publicações criticavam severamente o papel do Estado sobre a situação da população negra e, como partido político, incentivou a candidatura de pessoas negras, contraditoriamente, também deu apoio aos políticos de extrema direita, à época (Machado, 2020). Situação que ainda persiste nas tensões políticas atuais.

Vale ressaltar a participação de Laudelina de Campos Mello (1904-1991) na FNB, integrando sua diretoria. A ativista, também filiada ao Partido Comunista Brasileiro (PCB), fundou a primeira Associação das Empregadas Domésticas do Brasil, em 1936, na cidade de Santos, em São Paulo, ficando conhecida como o "terror das patroas". Conforme Pinto (1993, p. 210), o auge da militância de D.ª Laudelina no movimento negro, entre 1933 a 1963, foi um período expressivo "pela continuidade de suas ações, ligadas ao Movimento Negro e também porque no início dos anos de 1.930, Dª Laudelina dá um caráter político, reivindicatório à sua luta".

Ainda temos poucos registros acerca da expressividade de mulheres negras na Imprensa Negra. Em "A Voz da Raça"[23], por exemplo, destaca-se a voz encorajadora de Celina Veiga (séc. 20), provocando reflexões:

> A mulher negra precisa hoje em dia enfrentar a mulher branca; para isso, temos as armas necessárias de combate, são as seguintes: tenhamos moralidade, amor aos nossos negrinhos; fazendo-lhes ver os deveres para com a Pátria;

---

[23] Faz parte da coleção de jornais da imprensa negra, também disponíveis no portal da USP - Imprensa Negra Paulista (http://biton.uspnet.usp.br/imprensanegra/index.php/periodicos/), cujos periódicos foram coletados por Miriam Nicolau Ferrara, por ocasião de sua dissertação de mestrado: "A Imprensa Negra Paulista (1915-1963)", motivada pela leitura da reportagem "Os jornais dos netos de escravos", no extinto Jornal da Tarde.

> ilustrando a inteligência e o aperfeiçoamento das artes e ofícios, para as quais sentimos vocação, e, principalmente, concorrendo em tudo e por tudo com a mulher branca, pondo a nossa inteligência, o nosso preparo, a nossa atividade e o nosso patriotismo. Então venceremos. Na luta pela vida, todos somos iguais, dependendo apenas de cada um, o esforço em lutar contra o meio egoísta em que vivemos, porque a mulher branca perante Deus é igual a mulher negra. Minhas boas irmãs! Sejamos sempre unidas, a fim de que a Frente Negra Brasileira, seja, como até hoje tem sido: um núcleo modelar de moralidade em benefício da raça negra, para que um dia sejamos uma potência contra os estranhos de longas terras, que pretendem fazer desaparecer as tradições do passado da generosa terra brasileira (Jornal A Voz da Raça, n.º 45, 11/05/1935).

Celina Veiga já incentivava as mulheres na luta contra as opressões de raça e gênero, anunciando discussões e tensões em torno do feminismo negro, da sororidade e do viés interseccional que se sobressaem, principalmente, nos debates acadêmicos dos anos de 1980. Outro importante espaço, que vale a pena destacar ações insubmissas de mulheres negras, é o Teatro Experimental do Negro (TEN), criado em 1944 pelo escritor, poeta e dramaturgo Abdias Nascimento (1914-2011), visando promover a instrução sociopolítica da população negra e a valorização sociocultural de seus saberes e experiências (IPEAFRO, 2021).

Em 1950, o TEN realizou o I Congresso do Negro Brasileiro, cujo evento enfatizamos a presença da advogada e professora Guiomar Ferreira de Mattos, que apresentou sua tese de regulamentação da profissão de empregada doméstica, e da educadora e assistente social Maria de Lurdes Vale Nascimento (1924-1995), que coordenou o departamento feminino do TEN e fundou, em 18 de maio de 1950, o Conselho Nacional de Mulheres Negras, no Rio de Janeiro, outro marco do movimento feminismo negro brasileiro (Santos, 2020).

Maria de Lourdes Vale Nascimento (1924-1995) é mais uma importante presença feminina insubmissa no TEN. Na ocasião, ela tanto "fez parte do grupo fundador do TEN, como organizou as mulheres negras dirigindo o Departamento Feminino do TEN e ajudando na criação do Conselho Nacional de Mulheres Negras". Além disso, foi diretora-secretária do Jornal do TEN, "O Quilombo", coordenando a coluna "Fala Mulher!", desde a edição de seu primeiro número, em dezembro de 1948 (Gomes; Lauriano; Schwarcz, 2021, p. 415).

No final dos anos de 1970 e início dos anos de 1980, Lélia Gonzalez (1935-1994) era uma feminista negra da Améfrica Ladina e uma das fundadoras do Movimento Negro Unificado, institucionalizado, em 1978, na cidade de São Paulo "contra a discriminação racial, contra a opressão policial, contra o desemprego, o subemprego e a marginalização" (Gonzalez; Hasenbalg, 1982, p. 49). Além disso, juntamente com outras ativistas negras, criou o coletivo de mulheres negras Nzinga[24], na década de 1980, visando criar espaços de aprendizagem, discussão e enfrentamento do racismo.

Nesse mesmo sentido, a filósofa e ativista antirracismo Sueli Carneiro fundou, em 30 de abril de 1988, o Instituto da Mulher Negra (Geledés), em São Paulo. Uma organização da sociedade civil, sem fins lucrativos, para criar estratégias de incentivo à população afrodescendente, principalmente a mulher, na conscientização de seu papel social e na luta pela melhoria de suas condições de vida (Prado, 2020).

Na atualidade, as formas de atuação, resistência e práticas de insubmissão das mulheres negras podem ser analisadas por diversas perspectivas: amplia-se a criação de coletivos; espaços de formação; publicação de boletins com ênfase na conscientização política e racial; mobilizações e protestos nas redes sociais; reivindicações de políticas de cotas, com a ocupação de vagas em cursos superiores de graduação e de pós-graduação; formação de grupos e núcleos de pesquisas voltadas para questões raciais e de gênero em universidades, atuação em associações de representações de trabalhadores/as, dentre outras.

Essas diferentes instâncias de luta não significam a fragmentação do movimento, ao contrário, são modos de insubmissão ao projeto colonizador, demarcando múltiplos territórios possíveis de existência das mulheres negras contra o aprisionamento de sua pluralidade em perspectivas universalistas e opressoras.

As manifestações interseccionais e a construção de um feminismo negro já vigoravam nas pautas de discussão das lutas e resistências femininas, produzindo agendas propícias para o surgimento dos Movimentos de Mulheres Negras (MMN) no Brasil. As suas fundadoras, em sua maioria, já atuavam em organizações de enfrentamento ao racismo e/ou seximos, cujas experiências e formação conquistadas lhes possibilitaram organizarem-se em torno da interseccionalidade das relações raciais, de gênero, sexualidade, classe social, dentre outras.

---

[24] Nzinga A Mbandi (1582-1663) foi rainha do Ndongo e do Matamba, em Angola, e lutou contra o colonialismo português (UNESCO, 2014).

Então, entre as inúmeras conquistas do Movimento Negro, encontra-se, ainda, a potência de muitas mulheres que não mencionamos anteriormente, tais como: Hilária Batista de Almeida - tia Ciata (1854-1924/RJ), Antonieta de Barros (1901-1952/SC), Andresa Maria de Sousa Ramos – Mãe Andresa (1854-1954/MA), Lélia Gonzalez (1935-1994/MG), Ruth Souza (1921-2019/RJ), Silvia Cantanhede (1958-2018/MA) e tantas outras anôminas.

Portanto, citar essas mulheres e conhecer um pouco sobre sua (nossa) história é resultado das lutas, de várias entidades do movimento negro, pela valorização da história e cultura dos/as africanos/as e afrodescendentes, mediante o resgate da ancestralidade e das tradições e memórias preservadas em comunidades quilombolas e de religiões de matriz africana. Sobre este último aspecto, que modos de insubmissão transitam nas experiências com o sagrado? É o que discutiremos a seguir.

VOZES AFRODESCENDENTES INSUBMISSAS E O TERREIRO: "tudo é educação"

É indissociável a relação entre os movimentos sociais (especificamente, neste estudo, o movimento negro, incluindo vertentes do feminismo negro) e as epistemologias decoloniais antirracistas de terreiro. Essa perspectiva alicerça as ações deste movimento, incentivando projetos de rupturas estruturais com a hegemonia do conhecimento tradicional, uma vez que incorporam em suas narrativas políticas as necessidades das comunidades religiosas de matriz africana como fundamento de emancipação negro--africana no Brasil (Sales, 2014).

Os terreiros são lugares epistêmicos de produção de resistência e insubmissão histórica. No Documentário Axé: canto do povo de um lugar, dirigido por kertész (2017)[25], por exemplo, o pesquisador e presidente do OLODUM, João Jorge, relata que: *"Na estética negra em Salvador não era possível você ter cabelos longos, não era possível você ser/ter barbas, bigodes e barbicha. Não era possível você ter nenhum indicativo de que você era descendente de africano"*. Em seguida, o cantor Marcionílio Prado complementa: *"Era*

---

[25] O filme, lançado em 2017, no catálogo da Netflix desde 2020, se propõe a contar a história do Axé Music, o ritmo que revolucionou a indústria musical na Bahia e no Brasil em meados dos anos 80. Grandes nomes como Carlinhos Brown, Caetano Veloso, Daniela Mercury, Ivete Sangalo, Gerônimo e produtores da indústria rememoram acontecimentos desde o surgimento do ritmo até os dias atuais. Disponível em: https://mundonegro.inf.br/axe-qual-e-a-cor-do-carnaval-da-bahia/. Acesso em: 13 mar. 2023.

proibido, gente. E a polícia prendia qualquer um que tivesse o cabelo assim, nas ruas da Bahia ou em qualquer lugar, simplesmente pra raspar o cabelo e dá porrada", e, retornando a João Jorge:

> *Então imagina que limites eram esses, pra depois chegar o Ilê dizemos... 'Não! Você pode ter roupas africanas, anéis de prata grosso, você pode ter pulseiras, você pode andar com as contas de candomblé[26], **foi uma liberação da condição à qual estávamos todos nós submetidos** (grifo nosso).*

Este documentário demonstra a força e a potência das comunidades de Axé, a partir do bloco Afro Ilê Aiyê, precursor dos blocos afros no Brasil, criado em 1974 nos fundos do terreiro da Íyalorisá[27] Hilda Jitolú, Hilda Dias dos Santos (1923-2009), na Bahia. É um coletivo de Axé considerado um dos maiores símbolos do movimento negro no Brasil, atuando no enfrentamento ao racismo e na produção de saúde de crianças e jovens afrodescendentes (Araújo, 1996).

As comunidades religiosas de matriz africana enfrentam a concepção, definição e as representações que a sociedade concebe às suas práticas religiosas vinculadas às visões de mundo puramente ocidental e construída com base em elementos coloniais racistas.

Essa concepção colonizadora dissemina que africanas/os e afrodescendentes são indivíduos possuídos por uma forma de "maldição", logo, é necessário eliminar toda a sua estrutura de vida e incluir seus sistemas religiosos num projeto de "satanização" a fim de legitimar a escravização, restando-lhes, desse modo, uma readaptação forçada e violenta com produção de estratégias de insubmissão ao processo de diáspora (Nascimento, 2016).

Como o "histórico racista em nosso país continua, mesmo com o fim da escravidão, tudo o que seja marcado racialmente continua sendo perseguido" (Nascimento, 2016, p. 15). Então, na concepção criada, importada e imposta socialmente as/aos brasileiras/os, as religiões de matrizes africanas possuem ritual religioso maligno, nomeado de "macumba"[28], cujo significado tem uso pejorativo e errôneo.

---

[26] Candomblé é uma religião onde se cultua os Orixás quando da Nação de Ketu/Nagô, Inquisse na Nação de Angola e Vodum na Nação Jeje.

[27] Termo em iorubá que significa sacerdotisa de um Orisá (Orixá).

[28] De origem Banto, a expressão macumba "é o nome dado a uma árvore da família das lecitidáceas, própria do solo africano. Com a sua madeira produziam um tipo de instrumento musical que passou a ser chamado pelo mesmo nome de sua matéria prima". Assim, refere-se, também, ao instrumento musical, originário do continente africano e que foi deslocado no processo de diáspora. Era usado pelos afrodescendentes em suas práticas culturais e sagradas, cujo ritual passou a ser denominado no Rio de Janeiro do século 19 e início do século 20 de macumba pelas elites, associando-o a cultos demoníacos, época em que as manifestações culturais negras eram criminalizadas. Disponível em: http://www.revistadumela.com.br/2018/04/23/voce-sabe-o-que-e-macumba/. Acesso em: 28 mar. 2023.

Ainda assim, todo o investimento racista, não conseguiu desarticular os sistemas religiosos, que permaneceram durante a escravização sendo o ponto de insubmissão e reconexão ancestral da população afrodescendente. Os terreiros trazem, consigo, uma construção identitária, que possibilitou aos afrodescendentes, a produção de lugares epistêmicos de preservação, resistência e continuidade de suas trajetórias (Sodré, 1988).

As comunidades de terreiro são espaços singulares de organização comunitária e civilizatória própria. Funcionam para além das atividades religiosas, pois, mais que um ambiente físico, limite geográfico ou um grupo de pessoas, que coexistem no mesmo espaço, são espaços "vivos", que se pode "ocupar, usar, controlar e se identificar" com os territórios e com as pessoas, que estabelecem vínculos familiares e afetivos independente das relações consanguíneas (Little, 2004, p. 53).

Nesse sentido, temos um sistema comunitário que mantém e preserva a constituição identitária da população, afrodescendente, além de serem historicamente territórios de resistência (Sodré, 1988). São "a materialização simbólica e concreta do complexo cultural negro-africano, que se mantém vivo e incorporado à sociedade brasileira, por meio de organizadores civilizatórios invariantes" (Alves, 2012, p.176).

A história dos terreiros e das mulheres de Axé no Brasil, é indissociável da história de construção do próprio país que foi construído e alicerçado, mediante a violação dos direitos e da humanidade de diferentes grupos étnicos, produzindo várias formas de abusos, explorações, aculturamento, aviltamento e escravização como mecanismos de manutenção do sistema colonialista, tendo o racismo como elemento estruturante das relações sociais (Alves, 2012).

Então, pensar sobre a participação da mulher afrodescendente, nesse contexto brasileiro, significa analisar percursos de insubmissão e resistência à um projeto de modernidade que não foi pensado para ela, portanto, lhe destinou às margens da sociedade. Isto porque, conforme Ribeiro (2019) sinaliza, a categoria mulher foi entendida em uma ótica de universalidade, em que muito se discutia, se falava sobre as mulheres, porém, sem a participação delas e, sobretudo, sem o reconhecimento da pluralidade de mulheres existentes.

Esse projeto cultural moderno incivilizatório resultou na produção de narrativas excludentes, nas quais as mulheres brancas europeias são interpretadas como universais, logo, as categorias analíticas são desenvolvidas a partir desse grupo social e utilizadas para responder às demandas de mulheres inscritas nos mais diversos contextos, pois, vivências de subordinação, como "o racismo, o patriarcalismo, a opressão de classe e outros sistemas discriminatórios criam desigualdades básicas que estruturam as posições relativas de mulheres, raças, etnias, classes e outras" (Crenshaw, 2002, p. 177).

Para compreender o lugar de luta política, pedagógica e epistêmica da mulher afrodescendente, na sociedade brasileira, é necessário perceber a complexidade do estado de Maafa[29], e contextualizar a realidade sociocultural em que a população afrodescendente está inserida, em constante luta contra o projeto de genocídio físico, social e mental que desumaniza e produz condições mortíferas da vida, afetando todos os campos da vida da mulher afrodescendente (Njeri, 2019) e, por conseguinte, da vida humana, afinal estamos falando de processos de sujeição e abjeção da fonte geradora de vida que transcende o sentido estrito biológico e não corresponde a família nuclear ocidental/moderna, afinal,

> [...] nas sociedades matripotentes e matrigestoras, a mulher é vista como fonte de inteligência, vida e liderança [...] Toda a descendência/linhagem está baseada na família da mãe que não diz respeito, unicamente, a anatomia feminina, mas a Ìyá, uma instituição física, espiritual e econômica. [...] Essas estruturas, em solo brasileiro, são principalmente percebidas em terreiros de Candomblé, liderados por "mães de santo", onde melhor se evidencia a presença do princípio relacional de matrifocalidade. São baseadas na força e centralidade dessas sacerdotisas e matriarcas que são Ìyás de todo o grupo, guiadas pelas divindades que definem cargos e constituição de hierarquias e que não tem o gênero como principal ordenador das relações sociais (Brito; Machado, 2022, p. 42).

Nesse sentido, qual a força/contribuição das Iyas[30], mediante estratégias educativas que mantém o legado ancestral da insubmissão ao projeto de

---

[29] "Maafa é, desta maneira, o processo de sequestro e cárcere físico e mental da população negra africana, além do surgimento forçado da afrodiáspora. Este termo foi cunhado por Marimba Ani (1994), e corresponde, em Swahili, à "grande tragédia", à ocorrência terrível, ao infortúnio de morte, que identifica os 500 anos de sofrimento de pessoas de herança africana através da escravidão, imperialismo, colonialismo, apartheid, estupro, opressão, invasões e exploração. É o genocídio histórico e contemporâneo global contra a saúde física e mental dos povos africanos, afetando-os em todas as áreas de suas vidas: espiritualidade, herança, tradição, cultura, agência, autodeterminação, casamento, identidade, ritos de passagem, economia, política, educação, arte, moral e ética. Desta forma, os africanos sofrem o trauma histórico da sua desumanização e reproduzem as violências, contribuindo - e muitas das vezes facilitando o trabalho - para o genocídio" (Njeri, 2019, p. 7).

[30] Tradução genérica de mãe no ocidente. "Em iorubá possui vários sentidos, inclusive o classificatório dos sistemas familiares. Iya é a mãe biológica, mas também qualquer parente feminino da geração dos pais – as irmãs da mãe ou do pai e suas primas, para empregar os termos de uso de parentesco no Brasil" (Santos, 2013).

violência colonial? Tradicionalmente, nas religiões de matrizes africanas, as Iyas se constituíram como referência de educação, proteção e acolhimento das pessoas. No terreiro, criam condições de vínculo, identificação e preservação étnica, possibilitando, na Abya Yala latinizada, a disseminação/manutenção de saberes afrodiaspóricos e a resistência à lógica colonial/moderna de apagamento das nossas tradições.

Vejamos, um pouco, sobre como as Mulheres de Axé produzem formas de insubmissão à hegemonia colonizadora. Vale ressaltar que, estamos nos referindo, neste estudo, às Mulheres de Axé dos Candomblés, transmissoras do legado de insubmissão e que trazem, consigo, "algo que não é possível enxergar por meio da visão, enquanto um dos sentidos, mas que é possível de se sentir por meio de outros olhares, outras sensibilidades" (Correia, 2013).

Em contraste com estudos de História das Mulheres, que priorizam experiências de mulheres brancas e ricas que são registradas, reconhecidas e homenageadas santas, princesas, rainhas, dentre outras titulações, as Mulheres de Axé são relegadas e renegadas da memória social (Silva, 2013). Entretanto, toda esta omissão injusta, paradoxalmente, nutre outras formas de se relacionar com as lutas feministas, uma vez que os terreiros afrodiaspóricos não estão isentos das influências das relações de gênero ocidentais.

No que diz respeito à vida privada, por exemplo, esta tem sentido de aprisionamento da mulher na seara do feminismo liberal. Porém, no Candomblé, é o "lugar do exercício do afeto e da cidadania" e da criação de "singulares estratégias de enfrentamento do machismo, do racismo e da intolerância religiosa, além das trocas de energias, da celebração da vida e do amor pelas entidades protetoras e pelos irmãos e irmãs de fé" (Silva, 2013) com a liderança das Iyas. Vejamos algumas experiências:

- Andresa Maria de Sousa Ramos (1854-1954), **Mãe Andresa**, foi liderança da Casa das Minas, na Província do Maranhão, no período de 1914-1954. Natural de Caxias/MA, foi considerada a última princesa fon e ficou conhecida como uma das principais sacerdotisa da tradição de Voduns (uma Nochês). Era guardiã da memória, descendente direta de Nã Agotimé (Maria Jesuína), rainha africana de Daomé e fundadora da Casa das Minas (Gomes; Lauriano; Schwarcz, 2021).

- Vitorina Tobias Santos (1866-1988), **Mãe Dudu** da Casa de Nagô, foi iniciada, por ocasião dos rituais de obrigação, em 1912, aprendeu várias palavras em língua africana, além do ofício de parteira.

Nochê Dudu de Abê muito contribuiu para o tombamento da casa de Tambor de Mina, Nagon Abioton, dedicada ao vodum Badé (Gbadé) da família de Heviossô, vodum do trovão, cujo correspondente é Sangô (Iorubá).

- Maria Stella de Azevedo Santos (1925-2018), **Mãe Stella de Oxóssi**, iniciada em 1939 por Mãe Senhora, recebeu o nome de Odé Kaiodê. Entre suas ações de dedicação ao Candombé, destacamos sua participação em um encontro de Religiões de Matrizes Africanas, cujo evento decidiu realizar uma ação revolucionária no que diz respeito a dar um basta no sincretismo. Para Mãe Stella: "até isso o escravo sofreu, tinha que ter a religião do branco [...] eu achava isto um absurdo". Com este posicionamento, Mãe Stella escreveu um artigo contra o sincretismo que teve repercussão mundial, causando, na época, indignação do Arcebispo de Salvador, Dom Avelar Brandão Vilela. Na ocasião, explodiam textos em periódicos, de um lado, Mãe Stella e do outro Arcebispo. "Mãe Stella é Doutora Honoris Causa pela Universidade do Estado da Bahia e membro da Academia de Letras da Bahia, onde ocupa a cadeira de número 33, cujo patrono é o poeta Castro Alves" (Correia, 2013, p. 112). "Em 1999, recebeu medalha da Ordem do Mérito Cultural do Ministério da Cultura, por sua liderança na defesa da cultura e identidades negras no Brasil.

- Vicélia de Jesus Freitas é **Iyalorisá Vicélia de Iansã**, do Ilê Axé Oyá Kedemi, localizado em Plataforma/Salvador, possui aproximadamente 40 anos de iniciada. É liderança religiosa no bairro onde reside (Plataforma/salvador), "luta em sua comunidade para manter o diálogo e o respeito inter-religioso, e vê um avanço muito grande entre o período que entrou no Candomblé aos dias atuais" (Correia, 2013, p. 303).

- Mariá Ferreira é **Iyalaxé Mariá Kesy de Oxum** do terreiro Raiz de Ayrá, localizado em São Felix, no recôncavo baiano. Com aproximadamente 54 anos de confirmada, 79 anos de idade (na ocasião da pesquisa, em 2013), é professora. Para ela, sua força vem dos Orixás, sente-se disposta para levar sua missão no Candomblé e acredita que a educação é fundamental (Correia, 2013, p. 303).

São tantas outras e muitas experiências a serem lembradas, registradas e (re)conhecidas. No geral, as Iyas possuem práticas cotidianas espirituais, políticas, pedagógicas e epistêmicas de trabalho para preservação, transmissão ou disseminação de valores, crenças, conhecimentos e saberes ancestrais. Sua liderança nas Casas de Santo/Terreiros é pautada nas recomendações estabelecidas pelas divindades, tendo por base a oralidade como princípio fundamental do processo de ensino e aprendizagem nos terreiros.

As Iyas coordenam e orientam sobre ações coletivas de cuidados, trocas de saberes intergeracionais, afetividades, dentre outras. Seus modos de insubmissão são organizar estratégias de aprender/ensinar/aprender sobre forças que nutrem a dignidade humana, a vida em comunidade. Assim, produzem territórios físico/espiritual de luta contra todas as formas de opressão, racismos, epistemicídio, intolerância religiosa causadores de morte social e física. O terreiro é, nesse sentido, uma escola do bem-viver, lugar de muitas aprendizagens tecidas pela oralidade. A citação, a seguir, é longa e cheia de Àse, é enriquecedor os ensinamentos da Abiã[31] de Osun, Margareth, do Ilê Àse Iji Atí Oyá (Salvador/BA):

> As Iyas são mestras das estratégias educativas de manutenção da resistência ao colonialismo que está dentro e fora dos terreiros, pois são muitos os enfrentamentos diários. Por meio da tradição oral, de sua postura, ação e doação, mantém vivo o legado, a tradição do Candomblé, da Umbanda, de todas as Religiões de Matriz Africana, logo, essa prática, em si, já é um ato de insubmissão. Entre as muitas estratégias educativas constam aquilo que o mais velho passa para o mais novo, os Òrìṣàs (Orixás) e as Mães guiando toda a casa, e, quando se ver, já aprendemos tantos preceitos que não sabíamos antes. Em cada jogo, em cada conversa, com nossa Iya, somos alimentadas/os por muitas estratégias de resistência, sobre escolhas, decisões, caminhos. Nessas estratégias, temos a ação de Esu que nos movimenta, que nos intui, que intui as Iyas e dá a elas a direção e elas direcionam o Àse, a Casa como um todo, então, a continuidade do Candomblé e do nosso legado ancestral já se configura como estratégias educativas e ato de insubmissão. Afinal, existir como negras/os e como religião (no Candomblé), num mundo de hoje do consumismo e do individualismo, viver coletivamente, dividir e somar energia com outras pessoas, que também vive a sua ancestralidade, é uma forma de viver insubmissa, movida pelos Òrìṣàs e muito movimentada por Esu. As Iyas possuem uma missão árdua, cheia de muitos desafios e de muita doação: guiar comunidades inteiras de Àse, cultivando as boas práticas e o bem-viver, me lembra Mãe Wanda, filha de Oyá, forte como um touro, leve

---

[31] Aquela pessoa que está em processo iniciático no Candomblé, já recebeu seu fio de contas e fez o Bori, ritual de equilíbrio e fortalecimento da cabeça e comprometimento com o seu Òrìṣà.

e bela com a borboleta, que traçou sua trajetória, deixando uma marca inesquecível na vida de seus filhos/as. Quem conviveu com Mãe Wanda, não tem como não ter essa recordação tão boa de sua integridade, coragem, força e, ao mesmo tempo, acolhimento, amor, olhar carinhoso. Essas mulheres, do Ilê Àse Iji Atí Oyá, no seu dia a dia, vivenciam a doação de um amor imenso aos seus ancestrais, aos seus filhos e filhas, a sua comunidade, a quem cada Iya se doa. Uma mãe de Santo pode ser colo, como Mãe Obá, uma fortaleza e voz firme que corrige, que exige o melhor, que seu filho/a faça o melhor, seja melhor e, ao mesmo tempo, ser dócil, juntar, congregar, ajeitar um filho aqui, outro ali, para que a comunidade toda caminhe no mesmo passo. A retidão de Mãe Obá lembra a retidão de Sangô, a justiça de Sangô e como ela (Mãe Obá) é Sangô, abdica de sua própria vida em nome de sua missão: de ser a mãe de muitos filhos como Iyemanjá. São muitas mulheres numa mesma Iya na coordenação de um terreiro. Além da atribuição espiritual com saberes que somente ela administra, conhece, tem a sabedoria ancestral, tem o acesso aos Òrìṣàs e que pode nos trazer a luz, as estratégias, as setas. Portanto, nas suas práticas cotidianas, as Iyas são fortaleza, bibliotecas, fonte de sabedoria, de carinho, retidão, pontos de referência, inspiração, um universo de muitas coisas, são médicas, são botânicas, são nutrólogas, são mestras na cozinha dos ancestrais, guardiãs de conhecimentos que são absorvidos na prática, na convivência, na oralidade e no aprendizado com a própria espiritualidade (Machado, 2023).

A Abiã de Nanã, Maria Iris, do Ilê Àse Iji Atí Oyá (Salvador/BA):

Estudando sobre os primeiros africanos que foram arrancados de suas aldeias, deixando a vida com suas famílias e seus vínculos afetivos para trás, sem direito de dizer não, venho refletindo sobre a trajetória das/os remanescentes africanas/os que ficaram com a responsabilidade de manter, acesa, a chama de sua Fé, que tem o propósito de referendar os elementos da natureza, cuidando e reverenciando os Encantados que habitam os espaços geográficos da terra, o AIÊ e povoam o ORI de cada ser humano e, dentre esses, muitos precisam de cuidados no campo da ancestralidade. Numa casa de Candomblé estamos unidos, somos irmãos pelas correntes que trouxeram nossos ancestrais lá da Costa Africana e me pergunto: O que mudou entre a forma como Eles, que atravessaram os mares e trouxeram a riqueza de toda sua cultura para nos servir de berço, compondo a nossa etnia, eles que foram tratados aqui da pior forma? Pois sabemos que os mais resistentes de seus representantes foram destemidos, preservaram seus costumes e se tornaram Yalorixás, Babalourixás, Babalaôs... A nossa ancestra-

> *lidade é zelada faça chuva.... faça sol... esteja a Mãe com saúde ou*
> *doente... não deixa um filho ou filha sem seu cuidado... Candomblé*
> *é filosofia de Vida! Candomblé é respeito ao diferente! Canbomblé*
> *é sinônimo da aceitação! Candomblé é AMOR!* (Santos, 2023).

Revisitar alguns dos modos de insubmissão e resistência dos terreiros, é também compreender como esses espaços mantiveram-se atuando na garantia e segurança educacional e nutricional das comunidades em que estão inseridos. Possuem formas de viver que se mantêm viva porque seus identificadores são armazenados em bibliotecas vivas, que são as matriarcas/Iyalorisas que aprendem/ensinam/aprendem por meio da oralidade, da gestão participativa e afetuosa.

Existe a assimilação da própria experiência como caminho necessário ao processo educativo. As comunidades baseiam-se na circularidade e no cooperativismo sendo que, os mais velhos são os pontos de conexão com a sabedoria ancestral e acesso às informações e conhecimentos (Hudson--Weems, 2020). Assim, o apreço por nossas Iyas e o seu apreço por nós é a essência da continuidade da cultura africana, um gesto libertador de que, se aprende a amar, sem tomar posse do outro e aprisioná-lo.

Desse modo, para além do compromisso religioso, as sacerdotisas possuem missão libertadora de enfrentamento a essa via de ação necropolítica que sucumbe vidas, agindo de modo espiritual, político, pedagógico e epistêmico contra o projeto colonial europeu de aniquilação e apagamento da existência africana e afrodescendente, com desprezo de suas capacidades cognitivas.

Ainda assim, nos levantamos... E, para não concluir... continuamos ampliando as conquistas ancestrais...

Mulheres afrodescendentes em África e nas diásporas, aquelas que se levantam, como a fênix, uma ave de Kemet que representa a imortalidade, que ressurge das cinzas, a alma de Rá, o deus do Sol. Então, podemos ver:

> [...] a mulher destituída, vivendo o limite do ser-que-não--pode-ser, inferiorizada, apequenada, violentada. Pode-se ver também aquela que nada, buscando formas de surfar na correnteza. A que inventa jeitos de sobrevivência, para si, para a família, para a comunidade. Pode se ver a que é derrotada, expurgada. Mas, se prestar um pouco mais atenção, vai ver outra. Vai ver Caliban (o escravo de Sheakespeare em *A Tempestade*) atualizado, vivo, puh[jante. Aquele que aprende a língua do senhor e constrói a liberdade de *maldizer!* [...]

> Caliban – a mulher negra – abre caminho para a liberdade. Radicaliza o jogo. Expõe as regras do jogo que joga: conta o segredo. Descortina o mistério (Evaristo, 2016, p. 13-14).

Essas mulheres aprendem e ensinam a descortinar o biopoder e o necropoder que se impõem, cada vez mais na nossa sociedade, ameaçando nossa existência. Delas, recebemos o legado revolucionário das formas de resistência em existir e aprendemos a conhecer as forças ancestrais que nos apontam modos insubmissos de responder ao projeto de dominação colonialista que aniquila vidas. E, tal como escreve, em seu poema, Maya Angelou (1928-2014), pseudônimo de Marquerite Ann Johnson: "Ainda assim eu me levanto"

Você pode me riscar da História
Com mentiras lançadas ao ar.
Pode me jogar contra o chão de terra,
Mas ainda assim, como a poeira, eu vou me levantar.
Minha presença o incomoda?
Por que meu brilho o intimida?
Porque eu caminho como quem possui
Riquezas dignas do grego Midas.
Como a lua e como o sol no céu,
Com a certeza da onda no mar,
Como a esperança emergindo na desgraça,
Assim eu vou me levantar.
Você não queria me ver quebrada?
Cabeça curvada e olhos para o chão?
Ombros caídos como as lágrimas,
Minh'alma enfraquecida pela solidão?
Meu orgulho o ofende?
Tenho certeza que sim
Porque eu rio como quem possui
Ouros escondidos em mim.
Pode me atirar palavras afiadas,
Dilacerar-me com seu olhar,

Você pode me matar em nome do ódio,
Mas ainda assim, como o ar, eu vou me levantar.
Minha sensualidade incomoda?
Será que você se pergunta
Porquê eu danço como se tivesse
Um diamante onde as coxas se juntam?
Da favela, da humilhação imposta pela cor
Eu me levanto
De um passado enraizado na dor
Eu me levanto
Sou um oceano negro, profundo na fé,
Crescendo e expandindo-se como a maré.
Deixando para trás noites de terror e atrocidade
Eu me levanto
Em direção a um novo dia de intensa claridade
Eu me levanto
Trazendo comigo o dom de meus antepassados,
Eu carrego o sonho e a esperança do homem escravizado.
E assim, eu me levanto
Eu me levanto
Eu me levanto.

Fonte: Angelou, *In:* Geledés, 2021

O projeto político e pedagógico de organização de um mundo mono-cultural, construído a partir de parâmetros eurocêntricos do que pode, ou não pode ser considerado relevante para a ciência, tecnologia, cultura, economia, política de uma determinada sociedade, resultou na exclusão e silenciamento de diversos saberes, experiências, histórias, personalidades, heróis de modo etnocêntrico.

Neste estudo, revisitamos alguns acontecimentos históricos centrados na figura da mulher afrodescendente e sua participação política, pedagógica e epistêmica em diferentes frentes de atuação sociocultural, a partir da criação e articulação dos coletivos negros brasileiro, incluindo o campo religioso constituído pela tradição das raízes de terreiro. Assim sendo, apresentamos e analisamos algumas estratégias de re(existência), como modos de insub-missão dessas mulheres, em uma sociedade que historicamente buscou de todas as formas subalternizá-la e desumanizá-la.

Na contramão desse tipo de narrativa aviltante, mostramos os lugares epistêmicos que são fontes de produção de conhecimentos (competências e habilidades) tradicionais, locais, periféricos, religiosos, acadêmicos, cien-tíficos e, por isso, dão centralidade às práticas cotidianas insubmissas das mulheres afrodescendentes, apresentando-nos figuras femininas africanas e afrodiaspóricas criadoras e responsáveis por organizações socioeduca-cionais e políticas complexas e endereçada à manutenção das identidades oriundas dos saberes ancestrais afro-ameríndio ou de uma Améfrica Ladina[32] desobediente, e, por conseguinte, insubmissa.

Descolando-se da imagem da mulher negra como servil, temos a mulher gestora, produzindo relações socioeducacionais matripotentes, por onde caminham. Essas matrigestoras carregam não somente útero físico, pois, seu útero é mítico (Hudson-Weems, 2020) e tem ato político e pedagógico de iluminar, mostrar o melhor caminho, como fizeram, em batalhas contra-coloniais, as insubmissas do séc. 17/ Pernambuco: Acotirene, Aqualtune e Madalena Angola. Os modos insubmissos dessas mulheres potencializaram e continuam potencializando vidas, muitas vidas, e, com seu conhecimento abastecem a comunidade, da qual se ocupam, com nutrição ancestral.

Estratégias educativas matrigestoras, vimos também nas experiên-cias dos terreiros de Candomblé, principal símbolo de resistência do povo afrodescendente que mantém a tradição viva, por meio da pedagogia da oralidade que, na liderança das Iyas, valoriza e reconhece a tradição africana

---

[32] Uma nova leitura dos processos de formação brasileira que inclui o protagonismo das mulheres afrodescendentes na produção e valorização das matrizes socioculturais amefricanas (Gonzalez, 2020).

sulsaariana em diferentes matrizes étnicas (Nagô/Ketu de origem iorubá, Jeje de origem fon, Angola de origem Bantu, dentre muitas outras), recriando a ancestralidade afro-brasileira ao longo dos séculos.

Portanto, os coletivos negros, dentre eles os terreiros, são lugares de unidade física/espiritual, no qual tudo que é produzido por nossos antepassados é validado e considerado nas aprendizagens de se fazer existir, tendo a educação como ferramenta de resgate e elo com nossa ancestralidade, com a preservação da tradição cultural afro-brasileira, respeito às diferenças e valorização da vida, útero das mulheres afrodescendentes africanas, brasileiras, de todo o mundo.

Em síntese, as mulheres afrodescendentes, historicamente, vêm se constituindo como professoras de práticas insubmissas aos modos de opressão colonialista e, com pensamento próprio, abrem mão, inclusive, das vantagens que os processos de submissão poderiam lhes oferecer.

REFERÊNCIAS

ABRANTES, Elizabeth Sousa. As mulheres na Balaiada: presença e representações femininas no palco da guerra. *In:* ABRANTES, Elizabeth Sousa; PEREIRA, Josenildo de Jesus; MATEUS, Yuri Givago Alhadef Sampaio (org.). **Histórias e memórias da Balaiada**. São Luís, MA: Editora UEMA; Porto Alegre, RS: Editora Fi, 2022.

AFRIKA, Llaila O. **Nutricide:** the nutritional destruction of the Black race. A & B Publishers Group, 2000.

ALMEIDA, Alva Helena. **Mulheres Negras e realidade da enfermagem no Brasil**. NasceCME, 2020. Disponível em: https://portal.coren-sp.gov.br/wp-content/uploads/2020/08/Artigo-Alva-Helena-de-Almeida.pdf. Acesso em: 14 out. 2021.

ALVES, E.M.S. *et al.* **Construção da política estadual das Práticas Integrativas, Populares e Complementares de Sergipe**: início da caminhada. I Forum Nacional de Racionalidades Médicas e práticas Integrativas e Complementares em Saúde. Rio de Janeiro, 2012.

AMORIM, Bianca. **A presença de mulheres negra na Imprensa Negra Paulistana (1907-1929)**. 2022. 94f. Dissertação (Mestrado em Educação) – Universidade de São Paulo, São Paulo, 2022. Disponível em: https://www.teses.usp.br/teses/disponiveis/48/48135/tde-27052022-105713/publico/BIANCA_AMORIM.pdf. Acesso em: 2 mar. 2023

ARAÚJO, Maria do Carmo. **Festa e resistência negra**: o carnaval no contexto dos Blocos Afro Ilê Aiyê e Olodum em Salvador - BA. 1996. Dissertação (Mestrado em Sociologia). Universidade Federal da Paraíba (UFBA), João Pessoa, PB, 1996.

BESEN, José Artulino. **Brasil**: 500 anos de evangelização. São Paulo: Mundo e Missão, 2000.

BRITO, Mariana Fernandes; MACHADO, Raimunda Nonata da Silva. Epistemologias afrocentradas em gênero e sexualidade: novos olhares a partir de corpos ancestrais. *In:* SILVA, Sirlene Mota Pinheiro da; MACHADO, Raimunda Nonata da Silva (org.). **Gêneros, diversidades e inclusão educacional.** Curitiba: CRV, 2022.

BORGES, J. **O que é encarceramento em massa?** Belo Horizonte: Letramento/ Justificando, 2018.

CRENSHAW, Kimberlé. Documento para o encontro de especialistas em aspectos da discriminação racial relativos ao gênero. **Estudos feministas**. Ano 10, p. 171-188, 2002.

CINTRA, Benedito. Proclamação da República foi marco das desigualdades no Brasil. [Entrevista concedida a] Daiane Souza. **Fundação Cultural Palmares**, 24 nov. 2011, Brasília.

CORREIA, Marcos Fábio Rezende. **Mulheres de Axé**. Salvador: Kawo-Kabiyesile, 2013.

EVARISTO, Conceição. **Becos da memória**. Belo Horizonte: Mazza, 2018.

EVARISTO, Conceição. **Insubmissas lágrimas de mulheres**. Rio de Janeiro: Malê, 2020.

GOHN, Maria da Glória. Sociedade civil no Brasil: movimentos sociais e ONGs. **Nómadas,** Bogotá, n. 20, p.140-150, mês, 2004. Disponível em: http://www. redalyc.org/articulo.oa?id=105117734013. Acesso em: 28 fev. 2023.

GOMES, Flávio dos Santos; LAURIANO, Jaime; SCHWARCZ, Lilia Moritz. **Enciclopédia negra**. São Paulo: Companhia das Letras, 2021.

HEMEROTECA DIGITAL BRASILEIRA. A Voz da Raça. São Paulo, n. 45, 11 maio 1935.

GONZALEZ, Lélia; HASENBALG, Carlos. **Lugar de negro**. Rio de Janeiro: Marco Zero, 1982.

GONZALEZ, Lélia. **Por um feminismo afro-latino-americano.** Organização: Flavia Rios e Márcia Lima. Rio de Janeiro: Zahar, 2020.

HUDSON-WEEMS, Clenora. **Mulherismo africana, recuperando a nós mesmas.** Tradução de Wanessa A. S. P. Yano. 1. ed. São Paulo: Editora Ananse, 2020.

IPEAFRO (Instituto de Pesquisas e Estudos Afro-Brasileiros). **Adinkra,** 2021. Disponível em: https://ipeafro.org.br/acoes/pesquisa/adinkra/. Acesso em: 20 out 2021.

KERTÉSZ, Chico. **Axé**: Canto do Povo de um Lugar. Macaco Gordo: Salvador, BA. Brasil: Zahir Company, 2017.

LITTLE, Paul E. Territórios Sociais e Povos Tradicionais no Brasil: por uma antropologia da territorialidade. *In:* **Anuário Antropológico.** 2002/2003. Rio de Janeiro: Tempo Brasileiro. 2004. p. 251-290.

MACHADO, Leandro. Frente Negra: a história do movimento que apoiava o integralismo e foi pioneiro do ativismo negro no país. **BBC News Brasil.** São Paulo, 13 jun. 2020. Disponível em: https://www.bbc.com/portuguese/brasil-53000662. Acesso em: 2 mar. 2023.

MACHADO, Margareth de Souza. **Depoimento sobre estratégias educativas insubmissas das Iyas.** Entrevistadora: Raimunda Nonata da Silva Machado. São Luís, 26 mar. 2023.

MBEMBE, Achille. **Necropolítica**: biopoder, soberania, estado de exceção, política de morte. *In:* MBEMBE, Achille. Políticas da inimizade. Tradução de Marta Lança. Lisboa: Antígona, 2017.

NASCIMENTO, Wanderson Flor. Sobre os candomblés como modo de vida: Imagens filosóficas entre Áfricas e Brasis. **Ensaios Filosóficos**, v. XIII, ago. 2016.

NJERI, Aza. Educação afrocêntrica como via de luta antirracista e sobrevivência na maafa. **Revista Sul-Americana de Filosofia e Educação**, n. 31, maio/out. 2019, p. 4-17.

PINTO, Elisabete Aparecida. **Etnicidade, gênero e educação:** a trajetória de vida de Dª Laudelina de Campos Mello (1904-1991). 1993. v. I. Dissertação (Mestrado em Educação) – Universidade Estadual de Campinas, Faculdade de Educação. São Paulo, 1993.

PRADO, Suelen Girotte do. **Todos os caminhos levam à Geledés: narrativas de autonomia através da organização de mulheres em São Paulo.** 2020.147

f. Dissertação (Mestrado em História) – Pontifícia Universidade Católica de São Paulo, São Paulo, 2020. Disponível em: https://tede.pucsp.br/bitstream/handle/23405/2/Suelen%20Girotte%20do%20Prado.pdf. Acesso em: 11 set. 2021.

PRATES, Elen Luci. A construção da identidade feminina das mulheres de Vila Bela da Santíssima Trindade. **Saberes em rede CEFAPRO,** Cuiabá, ano 1, n. 2, jul./dez. 2011.

QUEIROZ, Christina. Modos de libertação e sobrevivência: Mulheres escravas usavam estratégias para conseguir comprar a alforria e trabalhar como libertas. **Revista de Pesquisa FAPESP**, São Paulo, Edição 253, p. 88-253, mar. 2017. Disponível em: https://revistapesquisa.fapesp.br/modos-de-libertacao-e-sobrevivencia/. Acesso em: 20 out 2021

RIBEIRO, Djamila. **Lugar de fala**. São Paulo: Sueli Carneiro; Pólen, 2019.

RIBEIRO, Edda. Nutricídio, mas também pode chamar de fome. **Revista IHU Online**, 06, nov, 2020. Disponível em: http://www.ihu.unisinos.br/78-noticias/604400-nutricidio-mas-tambem-pode-chamar-de-fome. Acesso em: 18 out. 2021.

SANTOS, Taynara Rafaela dos. Mulheres negras em cena: um estudo sobre as relações de gênero no Teatro Experimental do Negro. **XXV Encontro Estadual de História da Associação Nacional de História da ANPUHN**: história, desigualdades & diferenças, São Paulo, 2020. Disponível em: https://www.encontro2020.sp.anpuh.org/resources/anais/14/anpuh-sp-erh2020/1597798706_ARQUIVO_805f840a67cf7a5b52156347bb7d0f48.pdf. Acesso em: 15 out. 2021.

SANTOS, Maria Irís. **Depoimento sobre estratégias educativas insubmissas das Iyas**. Entrevistadora: Raimunda Nonata da Silva Machado. São Luís, 28 mar. 2023.

SANTOS, Nadja Antonia Coelho dos. O Candomblé na Representação da Iyalorixá. *In:* CORREIA, Marcos Fábio Rezende. **Mulheres de Axé**. Salvador: Kawo-Kabiyesile, 2013.

SILVA, Salete Maria da. Mulheres de Axé: matrizes de afetividade e de empoderamento constantes. *In:* CORREIA, Marcos Fábio Rezende. **Mulheres de Axé**. Salvador: Kawo-Kabiyesile, 2013.

WOLFF, Cristina Scheibe. Resistência. *In:* COLLING, Ana Maria; TEDESCHI, Losandro Antônio (org.). **Dicionário crítico de gênero**. 2. ed. Dourados, MS: Ed. Universidade Federal da Grande Dourados, 2019.

PARTE 3

GÊNEROS, SEXUALIDADES
E INSUBMISSÃO NA EDUCAÇÃO

POLÍTICAS PÚBLICAS PARA A DIVERSIDADE SEXUAL E DE GÊNERO: DESAFIOS E INSUBMISSÃO NA EDUCAÇÃO[33]

Eriveth Silva Teixeira
Adriana da Silva Dias
Sirlene Mota Pinheiro da Silva

O atual cenário educacional e a operacionalização das políticas públicas norteadoras para as discussões sobre a diversidade sexual e de gênero apresentam múltiplas formas de expressão de identidades, e seu processo pedagógico tende a atender as especificidades particulares de estudantes inseridas/os em seu contexto, visto que a elas e eles o direito à educação inclusiva e equitativa é assegurado e instituído por leis que regem o País como a Constituição da República Federativa do Brasil (CRFB) de 1988, e a Educação como a Lei de Diretrizes e Bases da Educação Nacional (LDB) de 1996.

A efetivação desses documentos poderia legitimar as existências plurais no âmbito educacional, se não houvesse o retrocesso de uma parte da esfera socioeducacional conservadora, que valida o discurso opressor, fortalecendo um conjunto de regras normalizadoras, sendo estas variáveis de acordo com a época e a sociedade. Assim, as vertentes tradicionais atuam sem muitos avanços e com a predominância de apagamento das diferenças.

O retrocesso na educação se ampliou por meio de imposição da bancada religiosa, do discurso conservador, do segregacionismo, além da LGBTfobia[34] adquirida de valores pré-construídos socialmente e culturalmente, com comportamentos que invisibiliza, silencia e apaga vidas de Lésbicas, Gays, Bissexuais, Travestis/Transexuais/Transgêneros, Queer, Intersexuais, Assexuais/Agêneros, Pansexuais, Não-binários e mais (LGBTQIAPN+)[35].

---

[33] Texto adaptado do trabalho apresentado no IV EMGES - Encontro Maranhense sobre Gênero, Educação e Sexualidade e IV SICODE - Simpósio Nacional Corpos e Diversidade na Educação que aconteceu dos dias 13 a 16 de junho de 2023 e publicado no Anais do evento.

[34] Representa o ódio ou a aversão a pessoa ou coletivo da população LGBTQIAPN+, tendo como resultado, na maioria das vezes, o homicídio ou os feminicídios.

[35] Utilizamos neste texto a sigla que contempla um maior número de identidades dissidentes, visto que ainda existe grande discussão sobre qual sigla usar, pois há movimentos sociais que não se definem. Assim, pesquisadoras, pesquisadores e instituições usam a forma que melhor se encaixa em seu debate proposto.

Na Câmara das/dos Deputadas/os, durante o governo da Presidenta Dilma Rousseff, houve o veto do programa Escola Sem Homofobia sustentado pelo discurso conservador, alegando ser este o *"kit gay"*, com narrativas distorcidas e afirmativas de que o conteúdo trabalhado teria domínio sobre estudantes heterossexuais. Escola Sem Homofobia integrava o Brasil Sem Homofobia, Programa de Combate à Violência e à Discriminação contra a comunidade LGBT e de Promoção da Cidadania Homossexual, instituído em 2004, na gestão do então Presidente Luiz Inácio Lula da Silva (Brasil, 2004).

O Programa visava combater a homofobia em um país com altos índices de mortes e violências contra essas pessoas. Mas o veto do programa trabalhou para silenciar e modificar os estudos de sexualidade e de gênero nos documentos oficiais do Plano Nacional de Educação (PNE), decênio 2014-2024, atualmente em vigor decênio 2024-2034; Ministério da Educação (MEC), de 1930; Fórum Nacional de Educação (FNE), de 2014; Conferência Nacional de Educação (CONAE), de 2010-2022 e Conselho Nacional de Educação (CNE), de 1995. Visto isso, instituiu-se por meio das políticas educacionais um conjunto de ações com demonstração de preconceito estrutural contra pessoas LGBTQIAPN+.

Diante desse contexto, buscou-se responder a seguinte questão: como ocorre a inclusão e quais as formas de insubmissão das temáticas diversidade sexual e relações de gênero nas políticas públicas em documentos oficiais da educação brasileira? Assim, objetiva-se analisar a inclusão das temáticas diversidade sexual e relações de gênero na educação, especialmente nos documentos que regem a educação nacional.

Como objetivos específicos, pretendeu-se: a) identificar, nos documentos oficiais da educação brasileira, as políticas públicas direcionadas à diversidade sexual e relações de gênero; e b) averiguar a inclusão das temáticas diversidade sexual e relações de gênero na educação brasileira. Esses fins pretendem ser alcançados com a justificativa de que o acesso à educação é direito de todas/os, evidenciando a urgência de combater todo e qualquer tipo de preconceito e de discriminação contra LGBTQIAPN+, bem como a opressão de gênero contra as mulheres.

Na metodologia, utilizou-se da análise documental que de acordo com Gil (2002, p. 46) "considera que os documentos se constituem em fonte rica e estável de dados. Como os documentos subsistem ao longo do tempo, tornam-se a mais importante fonte de dados em qualquer pesquisa de natureza histórica". Assim, nas seções seguintes serão discutidas questões voltadas às políticas públicas educacionais para a diversidade sexual e para as relações de gênero.

DIVERSIDADE SEXUAL E DE GÊNERO NAS POLÍTICAS PÚBLICAS

Considerando o que vem sendo apresentado nos documentos oficiais, quando o assunto é diversidade sexual e de gênero, é perceptível uma fragmentação nas tratativas das políticas instituídas nesses documentos, visto que exclui e marginaliza nas esferas política, social e educacional, uma parcela da população que reivindica seus direitos, na "maioria das vezes", por meio da sociedade civil organizada, como os movimentos feministas e os movimentos da população LGBTQIAPN+, entre outras organizações que lutaram e lutam por garantia de direitos, cidadania, política e inclusão social.

Nesse sentido, houve a necessidade de mudanças nas políticas públicas educacionais, referentes às questões de sexualidade e de gênero, as quais sofreram apagamentos nos documentos oficiais, à medida que ocorreu a retirada daquilo que era destinado às temáticas, em decorrência do discurso de "ideologia de gênero" propagado por representantes do conservadorismo da bancada evangélica[36]. De acordo com Cutrim e Silva (2022, p. 21):

> Estes grupos, que demonstram direção contrária às agendas de direitos humanos, têm causado impactos negativos, no que diz respeito ao avanço de uma escola plural e defensora dos direitos individuais. Na verdade, a escola comprova ser instituição que possui dispositivo de intervenção e controle dos sujeitos que a constituem, assim como também detém o dispositivo de reprodução de saber/poder. Ela disciplina, controla e enquadra os seres que nela estão inseridos

O termo ideologia de gênero foi utilizado por quem defende posições tradicionais, reacionárias e até fundamentalistas em relação aos papéis de gênero do homem e da mulher. E, de acordo com Silva (2020, p. 143) "Parlamentares brasileiras/os da bancada do 'boi, da bala e da bíblia'[37], e parte de representantes das igrejas católicas, pentecostais e neopentecostais do

---

[36] [...] 'reação conservadora' a pautas 'progressistas' e 'subversivas' é o mote para que se crie um espaço no qual lideranças ligadas a essa identidade possam se colocar 'à frente' de grupos na defesa de valores tradicionais ordinariamente associados às direitas" (Quadros; Madeira, 2018).

[37] Termos usados para referir-se conjuntamente à bancada armamentista ("da bala"), à bancada ruralista ("do boi") e à bancada evangélica ("da bíblia") no Congresso Nacional do Brasil, também conhecida como "Bancada BBB".

Brasil, e outros países ao redor do mundo usam [a falácia do 'kit gay'], para se referir aos estudos de gênero e sexualidade[...]", nos espaços formais de ensino e agenda dos direitos humanos e cidadania das pessoas LGBTQIAPN+.

Em virtude dos direitos humanos e da garantia de cidadania constitucionalmente atribuída, observa-se o reconhecimento de valores desta população, como visto na base da CRFB de 1988, no Art. 3º, "[...] II - garantir o desenvolvimento nacional; III - erradicar a pobreza e a marginalização e reduzir as desigualdades sociais e regionais; IV - promover o bem de todos, sem preconceitos de origem, raça, sexo, cor, idade e quaisquer outras formas de discriminação" (Brasil, 2016a, p. 11).

Ainda como forma de garantia de direitos, o documento oficial da LDB, Lei de n.º 9.394 de 20 de dezembro de 1996, no Art. 3°, considera que o ensino será ministrado com base, e entre outros princípios, no respeito à liberdade e apreço à tolerância (Brasil, 2016b). São dois documentos importantes nas suas regências de combate à discriminação e à desigualdade social: a Carta Magna, regente do País, e a LDB, que orienta as Diretrizes Nacionais da Educação, como um dos pilares fundamentais para a reconstrução do conhecimento.

Em contrapartida, o que não é ideal, ocorre como a (re)produção da desigualdade social, discriminação ao gênero e à sexualidade, violência e exclusão da diferença no setor educacional. Percebe-se que a sociedade impera sobre a ótica dos ideários neoliberais capitalistas, racistas e conservadores em que diferentes desigualdades se sobrepõem e se reforçam sobre diferentes corpos que não se encaixam nas normas sociais da branquitude e da heterossexualidade[38]. Isto faz sentido, pois quem é considerado como cidadão no sistema capitalista e opressor, é o sujeito político por excelência, homem, branco e heterossexual e, entorno dele, é construído um universo de diferenças desvalorizadas.

Contextualizando o que se passa nos documentos oficiais de cunho educacional, a nível nacional, fica mais evidente a insistência ultraconservadora de invalidar questões de gênero e da sexualidade, bem como as diversidades, como garantia de legitimar o conservadorismo, que sustenta os princípios religiosos da família tradicional como única regra a ser seguida. Entretanto, entende-se que "as diferenças são importantes não para 'separar' estudantes em categorias, mas sim para promover a inclusão. Ainda,

---

[38] "É tida como o padrão em termos sociais, ou seja, corresponde ao comportamento que a maioria da população tem, na maior parte das ocasiões. É também esse padrão que se espera [...] desde o nascimento. Ele é valorizado e veiculado [pelas mães] pelos pais e pelas escolas" (Nodin, 2002, p. 73).

são importantes para promover o convívio, a aprendizagem de uns com [as outras e com] os outros, e não para justificar a segregação [...]" (Chaves, 2018, p. 221).

Vale ressaltar, no que diz respeito à sexualidade, Foucault (1988) quando afirma ser um dispositivo histórico e contingente que reúne práticas sociais em torno do corpo, seu uso e seus prazeres. Dispositivo esse, que por muitas vezes é usado como estratégia de poder e saber. E de acordo com Ferreira e Silva (2022, p. 161), "[...] compreender as sexualidades, em sua complexidade, prevê enxergá-las também como um produto das densas relações de poder: entre homens e mulheres, pais e filhos, educadores/as e educandas/os [...]".

O conceito de gênero, nasce nos anos 1960, a partir de estudos e debates entre feministas e pesquisadoras das universidades e tem sua primeira caracterização como construção social no que se relaciona ao sexo. As críticas assentam esta significação como incompleta, pois naturaliza o sexo e expõe o gênero como seu equivalente cultural. A partir da década de 1960, surge o interesse pelas construções teóricas propriamente ditas para além das questões sociais e políticas.

Somente na década de 1980, o conceito de gênero se fortalece ao enfatizar as relações culturais e sociais que influenciam de forma contundente o ser feminino e o ser masculino. Joan Scott (1995), rejeita o determinismo biológico implícito no uso dos termos como sexo e diferença sexual e caracteriza o gênero como categoria histórica de análise nas relações de poder. Assim, segundo Cutrim e Silva (2022), a escola é referenciada como uma das instituições fundamentais na promoção de uma educação voltada para os direitos humanos e para o reconhecimento da diversidade.

Considerando a pesquisa de Amaro (2016), que analisou o documento final da Conferência Nacional de Educação (CONAE), em 2010, o autor aborda as relações de gênero, identidade de gênero e orientação sexual, contempladas no Eixo VI – "Justiça Social, Educação e Trabalho: inclusão, diversidade e igualdade". O documento, que foi articulado no governo do Presidente Lula, proporcionou espaço democrático aberto pelo poder público para que todas/os pudessem participar do desenvolvimento da Educação Nacional (Chaves, 2018).

Nesse sentido, Amaro (2016, p. 12) assegura que: "no documento há uma clara defesa dos direitos de [diversas sujeitas e] diversos sujeitos e segmentos, pensada dentro de uma perspectiva de combate às desigualdades".

Assim, "o gênero, a raça, a etnia, a geração, a orientação sexual, as Pessoas com Deficiência (PcD), transtornos globais do desenvolvimento e altas habilidades/superdotação, são tomadas como eixos de [sujeitas orientadoras e] sujeitos orientadores de políticas afirmativas" (Brasil, 2010, p. 126).

No entanto, em 2011, o setor educacional, no auge do debate sobre a sexualidade e a identidade de gênero, regride em uma proporção significativa, a partir do momento em que a presidenta Dilma Rousseff foi pressionada pela bancada evangélica a vetar o Programa "Escola sem homofobia". A partir daí, deu-se início a disseminação de um pânico moral/social, utilizado por esses setores ultraconservadores em suas articulações, que demandaram a não aprovação dos materiais desenvolvidos para o Programa (Silva, 2020).

Sabemos que a escola pública deve se configurar como espaço laico, da mesma forma, docentes se assumem como servidoras/es da rede pública de ensino, e não como sacerdotes (Pasini, 2007). Enquanto se comemorava a aprovação da Base Nacional Comum Curricular (BNCC), documento de caráter normativo, que define o conjunto orgânico e progressivo de aprendizagens da Educação Básica, em dezembro de 2017, o governo Temer, a pedido de parlamentares ultraconservadores, retirava as questões de sexualidade e de gênero do Conselho Nacional de Educação (CNE).

O CNE, órgão colegiado criado pela Lei n.º 9.131, de 24 de novembro de 1995, com atuação na formulação e avaliação da política nacional de educação orientada pelo órgão do Governo Federal do Brasil, o Ministério da Educação e Cultura (MEC), fundado pelo Decreto n.º 19. 402, em 14 de novembro de 1930, inclui o Ensino Religioso como componente curricular obrigatório para o ensino fundamental. Assim, conteúdos sobre gênero e sexualidade deveriam ser trabalhados de forma interdisciplinar, enquanto o Ensino Religioso era disciplina.

Este retrocesso silencia o currículo escolar em relação ao tema sobre gênero e sexualidade, suspendendo seus conteúdos dos documentos oficiais de educação. Ademais, a Base Curricular inclui temas de gênero e de sexualidade em área de ensino religioso (Cafardo, 2017), pois a religião saberá conduzir este diálogo de forma esperada por aquelas/es que sustentam a narrativa conservadora dessa "ideologia". A "ideologia de gênero" invisibiliza e segrega a existência da população LGBTQIAPN+, reforçando a violência de gênero, sexualidade e a exclusão desses corpos silenciados no âmbito escolar e nas políticas educacionais.

O documento do Fórum Nacional de Educação (FNE) torna-se órgão de Estado com a promulgação da Lei n.º 13.005, de 25 de julho de 2014, e foi palco de intensos conflitos sobre as menções a gênero, sexualidade e diversidade nos documentos oficiais. Em referência à Conferência Nacional de Educação (CONAE), 2022, aponta o Plano Nacional de Educação (PNE), mediante a promulgação da Lei n.º 10.172, de 9 de janeiro de 2001, que aprovou o decênio 2001-2010, e a promulgação da Lei n.º 13.005, de 25 de julho de 2014, que aprovou o PNE decênio 2014-2024, atualmente em vigor decênio 2024-2034 (Brasil, 2021). Além disso, contribuíram para o apagamento das questões relacionadas à diversidade sexual nas práticas educativas.

A CONAE é o resultado colaborativo da sociedade educacional, civil, autoridades, organizações e pessoas com interesse na promoção de uma educação inclusiva, com qualidade e equidade para todas/os. Já a IV CONAE 2022, com o título: "Inclusão, Equidade e Qualidade: compromisso com o futuro da educação brasileira", constituiu-se de um conjunto de ações que contempla a avaliação das 10 diretrizes e as 20 metas do PNE, biênio 2014-2024.

Visto isso, essas foram as relações da atual demanda: desigualdades e inclusão, diagnóstico, discussão dos eixos temáticos, proposições, votação para a escolha de delegadas/os que representarão os Municípios nas Conferências Intermunicipais, Estaduais e na Conferência Nacional de Educação (Brasil, 2021).

O subeixo IV estabelece como tema específico o PNE, biênio 2024-2034, e a Inclusão. Nele deverão ser tratados os problemas ligados à acessibilidade, direitos humanos e ambientais, justiça social, políticas de cotas, Educação Especial para PcD, com vistas a sua real solução (Brasil, 2021). Já no subeixo VIII, as tratativas são referentes à redução da desigualdade educacional e social da população negra e de campo e, também, à diversidade mencionada, a qual caracteriza as condições dos grupos etários (Brasil, 2014). Dessa forma, mais uma vez, ocorre o apagamento para as questões de sexualidade e de gênero não mencionadas nos subeixos apresentados no PNE, assim como não são tratadas nos principais documentos oficiais da educação.

DESDOBRAMENTO DAS POLÍTICAS EDUCACIONAIS SOBRE DIVERSIDADE SEXUAL E DE GÊNERO

As políticas públicas educacionais para a diversidade sexual e de gênero, que foram contextualizadas até aqui, evidenciaram o retrocesso, uma vez que discussões sobre diversidade sexual e gênero foram retiradas dos principais documentos oficiais de educação. "A bancada conservadora conseguiu a supressão dos termos 'igualdade racial, regional, de gênero e orientação sexual', substituídos por 'promoção da cidadania e erradicação de todas as formas de discriminação'" (Silva, 2020, p. 141).

O Projeto de Lei (PL) de n.º 1.859/2015, do Deputado Izalci Lucas Ferreira (PSDB-DF), com proposições para acrescentar na LDB um "artigo que proíba a aplicação da 'ideologia de gênero' ou orientação sexual na educação" (Silva, 2020, p. 141). Em complemento, o texto diz que: "a educação não desenvolverá políticas de ensino, nem adotará no currículo escolar disciplinas obrigatórias, ou mesmo de forma complementar ou facultativa, que tendam aplicar a "ideologia de gênero", o termo 'gênero' ou 'orientação sexual'". Segundo o autor do projeto e aquelas/es que o apoiavam, a proposição se baseava no Art. 226, da CRFB, que garante especial proteção do Estado à família.

O conteúdo apresentado pelo deputado Izalci encaminha corpos LGBTQIAPN+ para exclusões, apagamentos, silenciamentos e corrobora para invisibilidade. Por causa do discurso ideológico político, observa-se um percentual crescente de LGBTfobia no Brasil, estando ele no *ranking* mundial de mortes de pessoas dessa população, garantindo o título de País que mais mata pessoas LGBTQIAPN+ no mundo (Grupo Gay da Bahia, 2021).

Ainda mais, pesquisa realizada por Junqueira (2009) aponta que 59,7% de docentes, participantes daquela entrevista, relataram não admitir as relações homossexuais e 21,2% admitiam não querer ter vizinhas/os homossexuais. Nesse sentido, uma parte de docentes continua (re)produzindo preconceitos que incitam à violência, tanto no âmbito escolar quanto fora dele. Destaca-se, inclusive, que "[muitas preconceituosas e] muitos preconceitos com relação à homossexualidade estão [ancoradas e] ancorados em visões religiosas" (Pasini, 2007, p. 29), situação exemplificada pelo Deputado Izalci na tomada de decisões da bancada religiosa.

Com isso, para o desdobramento das políticas educacionais de diversidade sexual e gênero dos documentos oficiais mencionados, as proposições devem contemplar espaço acolhedor para as múltiplas diferenças. Pois, como defende Boaventura de Sousa Santos (2003, p. 56) "temos o direito de ser iguais quando a nossa diferença nos inferioriza; e temos o direito de ser diferentes quando a nossa igualdade nos descaracteriza". Assim, reconhecemos a necessidade de uma igualdade que reconheça as diferenças e de uma diferença que não produza ou reproduza as desigualdades.

Ademais, as especificidades particulares de cada conjunto de indivíduos devem ser atendidas, bem como respeitadas, visto que hospitais, escolas, fábricas, prisões, entre outras instituições começam a desempenhar papel fundamental na sociedade capitalista como verdadeira peneira social, que separa as/os incluídas/os, as/os excluídas/os, as/os de dentro e de fora, os corpos úteis e descartáveis. Pode-se dizer então que:

> Onde existe identidade e diferença – há a presença do poder. Há, entretanto, outras tantas marcas da presença do poder: incluir/excluir ("estes pertencem, aqueles não"); demarcar fronteiras ("nós" e "eles"); classificar ("bons e maus"; "puros e impuros"; "desenvolvidos e primitivos"; "racionais e irracionais"); normalizar ("nós somos normais; eles são anormais") (Piccolo, 2012 *apud* Chaves, 2018, p. 215).

A peneira social apresentada pelo autor como forma de classificar e desclassificar as diferenças pertencentes aos marcadores de desigualdades sociais, promove uma política excludente em decorrência da marcação situacional de poder referenciar às prerrogativas dos ideários neoliberais. Sendo assim, a ausência de respeito à identidade e a diversidade acarreta violência e, nas escolas, formas ocultas de LGBTfobia são produzidas pelos currículos oficiais, ao se omitirem dos debates sobre diversidade sexual e gênero (Junqueira, 2012).

Assim, humilhações, xingamentos, preconceitos, insultos por parte de outras/os estudantes que parecem ser toleradas/os e, até mesmo, reforçadas/os à medida que não sofrem nenhuma intervenção educativa por parte de educadora/es, vão se disseminando na cultura escolar (Amaro, 2016).

O resultado se configura ocasionando diversas violências como apresentado nos dados da Fundação Oswaldo Cruz (FIOCRUZ), ao revelar que a cada hora uma pessoa LGBTQIAPN+ é agredida no Brasil por conta da orientação sexual e da identidade de gênero (Fundação Oswaldo Cruz, 2021), mas que é necessário políticas educacionais de combate à LGBTfobia que assegure a proteção, o respeito e a inclusão social dessa população no âmbito escolar quanto fora dele.

CONSIDERAÇÕES FINAIS

A criação de políticas públicas, voltadas à diversidade sexual e relações de gênero na escola, fomenta a discussão e a insubmissão acadêmica, corroborando com a aplicação prática das políticas e dos documentos oficiais da educação, visto que há uma espécie de abismo entre o que propõe as políticas educacionais de efetividade e como são implementadas e operacionalizadas. Além disso, existe um constante retrocesso que tais temáticas recebem, tanto pelo contexto social e, principalmente, educacional com a interferência política da bancada conservadora e de pessoas religiosas.

Constatamos que os principais argumentos de defesa se pautaram, principalmente, nos princípios democráticos da CRFB, que coloca a educação como direito de todas/os, sendo imprescindível na convivência humana, o dever do Estado, da família e da sociedade a sua garantia. Dessa maneira, esses foram fundamentados nos princípios de liberdade e igualdade, operando no desenvolvimento integral das diferenças para o exercício da cidadania.

Evidenciamos na CRFB e na LDB o destaque que todas as pessoas devem ter à igualdade de acesso, permanência e sucesso escolar em um ensino pautado em padrões mínimos de qualidade, pluralismo de ideias e concepções pedagógicas, estando a escola em um espaço democrático e de insubmissão, promovendo o desenvolvimento das potencialidades e habilidades de estudantes independente de sexo, religião, raça, etnia e classe social.

Portanto, percebe-se que o sistema educacional pode promover atitudes que acolham as diferenças e combater o discurso conservador para não legitimar suas ideologias políticas, mais que isso, entende-se que é preciso resistir e persistir numa mudança de práticas sociais, e a escola, ainda, é uma das principais alternativas para concretizar tais mudanças.

REFERÊNCIAS

AMARO, Ivan. XI Seminário internacional de la red estrado. **Movimentos pedagógicos y trabajo docente en tiempos de estandarización**. México, 2016. Disponível em: https://ppgecpan.ufms.br/es/xi-seminario-internacional-de-la--red-estrado-ciudad-de-mexico-16-al-18-de-noviembre-de-2016/. Acesso em: 7 set. 2022.

BRASIL. **Conferência nacional de educação - CONAE 2022**. Fórum Nacional de Educação. Brasília: DF, 2021. Disponível em: https://fne.mec.gov.br/28-historico/175-conae-2022. Acesso em: 22 set. 2022.

BRASIL. **Constituição da República Federativa do Brasil**. Brasília, Revisada em, 2016a. Disponível em: https://www.planalto.gov.br/ccivil_03/constituicao/constituicao.htm. Acesso em: 22 set. 2022.

BRASIL. Ministério de Educação e Cultura. **Lei n.º 9.394, de 20 de dezembro de 1996.** Estabelece as Diretrizes e Bases da Educação Nacional – LDB. Diário oficial da união, Brasília, 2016b. Disponível em: https://www.geledes.org.br/ldb/?amp=1&gclid=CjwKCAjwge2iBhBBEiwAfXDBRycj0Yl6FIA7amgTSeb6L3c4VO-6FEeXRqHmYtK0D-9lhBVrV_wpO1BoCbDUQAvD_BwE. Acesso em: 23 set. 2022.

BRASIL. Ministério de Educação e Cultura. Planejamento para a próxima década. **Conhecendo as 20 metas do Plano Nacional de Educação.** Ministério da Educação/Secretaria de Articulação com os Sistemas de Ensino (MEC/SASE), 2014. Disponível em: https://pne.mec.gov.br/. Acesso em: 1 out. 2022.

BRASIL. **Conferência Nacional de Educação - CONAE 2010.** Construindo o Sistema Nacional Articulado de Educação: o Plano Nacional de Educação, Diretrizes e Estratégias de Ação. MEC, 2010. Disponível em: http://pne.mec.gov.br/images/pdf/CONAE2010_doc_final.pdf. Acesso em: 12 out. 2022.

BRASIL. Ministério da Saúde. **Brasil sem homofobia**: Programa de Combate à Violência e à Discriminação contra GLTB e Promoção da Cidadania Homossexual. Comissão Provisória de Trabalho do Conselho Nacional de Combate à Discriminação da Secretaria Especial de Direitos Humanos. – Brasília: Ministério da Saúde, 2004.

CAFARDO, Renata. **Base Curricular inclui temas como gênero e sexualidade em área de ensino religioso.** 2017. Disponível em: https://educacao.estadao.com.br/noticias/geral,base-curricular-inclui-temas-como-genero-e-sexualidade-em--area-de-ensino-religioso,70002110265. Acesso em: 13 ago. 2022.

CHAVES, Fátima Garcia. Políticas públicas de inclusão educacional - igualdade e diferença: valores indissociáveis? **Rev. Triang**, Uberaba - MG v.11 n.1 p. 212-224 jan./abr. 2018. Disponível em: https://seer.uftm.edu.br/revistaeletronica/index.php/revistatriangulo/article/view/2740. Acesso em: 23 out. 2022.

CUTRIM, Rosyene Conceição Soares; SILVA, Mota Pinheiro da Silva. Gênero e sexualidade nas políticas educacionais e em práticas pedagógicas: tecendo breves considerações. *In:* SILVA, Sirlene Mota Pinheiro da; MACHADO, Raimunda Nonata da Silva (org.). **Gêneros, diversidades e inclusão educacional.** Curitiba: CRV, 2022, p. 17-34.

FOUCAULT, Michel. **História da sexualidade I**: a vontade de saber. 7. ed. Tradução de Maria Thereza da Costa Albuquerque. Rio de Janeiro: Graal, 1988.

FUNDAÇÃO OSWALDO CRUZ. **Violência e saúde na vida de pessoas LGBTI.** Marcella Vieira/Editora Fiocruz, 2021. Disponível em: https://portal.fiocruz.br/noticia/lancamento-da-editora-fiocruz-analisa-os-efeitos-da-violencia-na-saude-de-pessoas-lgbti. Acesso em: 23 nov. 2022.

GIL, Antônio Carlos. **Como elaborar projetos de pesquisa.** 4. ed. São Paulo: Atlas, 2002.

GRUPO GAY DA BAHIA. **Observatório de mortes violentas LGBTI+ no Brasil 2020**: relatório da acontece arte e política LGBTI+ e Grupo Gay da Bahia Alexandre Bogas Fraga Gastaldi; Luiz Mott; José Marcelo Domingos de Oliveira; Carla Simara Luciana da Silva Ayres; Wilians Ventura Ferreira Souza; Kayque Virgens Cordeiro da Silva (org.). 1. ed. 2021. Disponível em: https://grupogaydabahia.files.wordpress.com/2021/05/observatorio-de-mortes-violentas-de-lgbti-no-brasil--relatorio-2020.-acontece-lgbti-e-ggb.pdf. Acesso em: 23 nov. 2022.

JUNQUEIRA, Rogério Diniz. Homofobia: limites e possibilidades de um conceito em meio a disputas. Bagoas. **Estudos gays**: gêneros e sexualidades, v. 1, n. 1, 2012. Disponível em: https://www.semanticscholar.org/paper/Homofobia%3A-limites--e-possibilidades-de-um-conceitoJunqueira/303718437cddb79fa4e39d904ad-3804c32a32303. Acesso em: 23 nov. 2022.

JUNQUEIRA, Rogério Diniz (org.). **Diversidade sexual na educação**: problematizações sobre a homofobia nas escolas. Brasília: Ministério da Educação, Secretaria de Educação Continuada, Alfabetização e Diversidade, Unesco, 2009. Disponível em: http://pronacampo.mec.gov.br/images/pdf/bib_volume32_diversidade_sexual_na_educacao_problematizacoes_sobre_a_homofobia_nas_escolas.pdf. Acesso em: 22 nov. 2022.

MOURA, Jónata Ferreira; SILVA, Sirlene Mota Pinheiro da. Gêneros e sexualidades no currículo do curso de pedagogia da universidade federal do maranhão: discussões preliminares. *In:* MOURA, Jónata Ferreira de; SILVA, Sirlene Mota Pinheiro da (org.). **Gêneros e sexualidades**: desafios na educação. 1. ed. Jundiaí: Paco, 2022, p. 161-182.

NODIN, Nuno. **Dicionário de sexualidade comentado.** São Paulo: Expressão & Arte, 2001. (Aprendendo a sexualidade).

PASINI, Elisiane. (org.). **Educando para a diversidade.** Porto Alegre: Nuances, 2007.

SCOTT, Joan W. Gênero: uma categoria útil de análise histórica. **Educação & Realidade**, Porto Alegre, n. 2, p. 71-100, jul./dez., 1995. Disponível em: https://seer.ufrgs.br/index.php/educacaoerealidade/article/view/71721. Acesso em: 22 nov. 2022.

SANTOS, Boaventura de Sousa. **Reconhecer para libertar**: os caminhos do cosmopolitanismo multicultural. Rio de Janeiro: Civilização Brasileira, 2003. p. 56.

SILVA, Elder Luan dos Santos. Pânico moral e as questões de gênero e sexualidade na BNCC. **História, histórias**, v. 8, n. 16, p. 143-169 jul./dez. 2020. Disponível em: https://periodicos.unb.br/index.php/hh/article/view/31928. Acesso em: 7 set. 2022.

QUADROS, Marcos Paulo dos Reis; MADEIRA, Rafael Machado. Fim da direita envergonhada? Atuação da bancada evangélica e da bancada da bala e os caminhos da representação do conservadorismo no Brasil. **Opinião Pública**, Campinas, v. 24, n. 3, set. dez., 2018. Disponível em: https://www.scielo.br/j/op/a/fb7t4Kkp-VsJfvHwgLnf3wxS/?format=pdf. Acesso: 22 maio 2023.

GÊNERO, SEXUALIDADE E DEFICIÊNCIA: IMPLICAÇÕES NA EDUCAÇÃO E NAS POLÍTICAS PÚBLICAS DE MULHERES COM DEFICIÊNCIA

Claudiane Santos Araújo
Iran de Maria Leitão Nunes

INTRODUÇÃO

Discutir sobre sexualidade ainda é uma temática com paradigmas a serem desconstruídos, que estão enraizados no imaginário social, se naturalizam na sociedade e também na escola. A intersecção entre deficiência, gênero e sexualidade é complexa e existem poucas pesquisas científicas nos âmbitos nacional e internacional com este foco, por isso a necessidade de investigação e de pesquisas.

No que tange à educação inclusiva, há uma reprodução de conceitos pré-estabelecidos, e que se reforçam com a falta de formação dos professores que têm uma concepção segregacionista de educação. Na contramão disso a inclusão, garante que as pessoas com deficiência tenham direitos próprios justamente para que as igualem perante a sociedade e as deixem no mesmo nível de convívio. Por isso, precisamos abordar as questões de gênero nos componentes curriculares e de forma acessível para ser o direito do aluno/a especial.

Partindo do pressuposto que a educação e, principalmente, a educação inclusiva é transformadora, há a necessidade de se discutir sobre as temáticas que abordam a diversidade, e sobretudo, as temáticas relacionadas à sexualidade e relações de gênero com os alunos especiais.

Muitos alunos/as com deficiência(as) desconhecem a importância dessa discussão, pois não tiveram acesso às informações sobre os temas transversais: do respeito, equidade e tolerância, que inclusive estão dispostos na Constituição Federal.

Não por acaso essa discussão é silenciada até mesmo no campo de pesquisa científica. Existem leis específicas para a acessibilidade (inclusive na escola) e por vezes são descumpridas. Analisar, portanto, temáticas relacionadas ao gênero e sexualidade, numa perspectiva interdisciplinar e acessível, seria como ultrapassar uma barreira quase intransponível.

Com o desenvolvimento dos estudos relacionados à interseccionalidade, se observa a ressignificação de práticas educativas que contemplem o acesso das pessoas com deficiência à essas problematizações. Quando pensamos no verdadeiro sentido da educação, o de conduzir o sujeito ao descobrimento de si e do mundo, percebemos que a Educação Inclusiva não é tão complexa, e muito menos se discutir sobre gênero e sexualidade.

GÊNERO, SEXUALIDADE E DEFICIÊNCIA: uma ciranda de conceitos

O conceito de gênero compreende diferenças construídas entre homens e mulheres, os papéis assumidos na sociedade e as relações hierárquicas, de opressão, submissão, subordinação, além das relações de poder estabelecidas entre eles. Assim, a discussão sobre o conceito de gênero não é um conceito fixo, tampouco unânime, está em constante mutação de acordo com as regras de convívio social de cada cultura.

Sobre o conceito de deficiência se construiu a partir da dicotomia, plenitude e falta, normalidade e anormalidade, que perpassam sobretudo sobre o ideal de corpo sem imperfeições, que remontam inclusive concepções renascentistas da noção de *belo*. Historicamente, a questão da sexualidade e deficiência passaram a compor no imaginário social a noção, ora antagônica, ora atípica para quaisquer relações seja afetiva, homoafetiva ou sexual.

Dessa forma, pensar na discussão da sexualidade na educação básica no âmbito da deficiência, a partir dos conceitos expostos, é como desconstruir paradigmas enraizados desde tempos mais antigos, pois "o julgamento das diferenças está relacionado à grupos ideologicamente representativos e socialmente dominantes e que a diferença está próxima da minoria social" (Maia, 2002).

Sexualidade e educação, sobretudo a inclusiva, demandam atenção, pois, a partir da ótica dos Direitos Humanos Universais (1948), são direitos básicos de todos os seres humanos, independente de sexo, racionalidade, idioma ou qualquer outra condição.

O arcabouço teórico disponível indica que a sexualidade se configura como um assunto que causa resistência, e quando é discutido acaba sendo de forma "rasa", pelos pais, e professores (as) como demonstra (Silva; Santos; Licciardi; Paiva, 2008). Observa-se então, um ciclo em que há uma fuga da família na abordagem de tais temáticas e o silenciamento da escola no aprofundamento dessas discussões.

Não por acaso esta lacuna ganha proporções cada vez maiores, pois para que se discuta sobre sexualidade é necessário que se tenha acessibilidade, como por exemplo no caso dos surdos\as. Como o professor\a discutirá sexualidade com seus alunos\as sem que haja minimamente compreensão do que está sendo dito? O que se percebe, portanto, é que no caso das Pessoas com Deficiência (PCD's) há uma série de desafios a serem superados, que perpassam por direitos básicos, a saber, o direito do acesso às informações e para que esse acesso ocorra é necessária uma ressignificação didático-metodológica, como, por exemplo, no caso dos alunos\as surdos\as a exploração de recursos que acontecem no campo visual.

Tais abordagens reforçam a concepção simplista sobre a pessoa com deficiência que traz como consequência vê-la como um ser que requer cuidados permanentes mesmo quando adulto, em que pensar em educação sexual significa trazer "máculas" para a vida dessas pessoas, conforme Pinheiro (2004); Dantas, Silva e Carvalho (2014).

Ademais, o tratamento de "eterna criança" pode desencadear diversas alterações no comportamento, como o isolamento social, autoestima baixa, sensação de incapacidade e, em casos mais graves, evoluir para a depressão. A sexualidade é tabu para pessoas com e sem deficiências, no entanto, estas têm outras possibilidades, inclusive culturais, de se expressarem e experimentarem suas sexualidades. É papel da escola reconhecer a sexualidade, o desenvolvimento amplo dos educandos na perspectiva inclusiva, a formação humana, a tolerância, a equidade e o respeito.

Os dispositivos legais legitimam a escola como um ambiente promotor de igualdade, desenvolvimento de identidades, de protagonismos, de empoderamento e de posicionamentos críticos, a partir dessa conscientização torna-se mais fácil discutir sobre sexualidade. Refletir sobre sexualidade, permite o reconhecimento de si, e este reconhecimento por sua vez requer pensar na identidade. Sobre a identidade da pessoa com deficiência é possível destacar que:

> A formação da identidade do portador de deficiência está ligada com sua noção de sociedade, cidadania entre outros. Essa formação passa necessariamente pela identificação que lhe é atribuída pelo meio social. Uma vez construída essa identidade, ela passa à reflexão e a ação. Para exercer sua cidadania, precisa superar as limitações impostas pelo físico, pela família, que carregam os preconceitos sociais e os seus próprios preconceitos adquiridos no convívio social.

> Ainda assim, precisa de uma larga dose de compreensão dos seus mecanismos de identificação para formar sua identidade e participar plenamente da sociedade (Nascimento, 2001, s/p).

Sendo assim, exercer a cidadania é ter direito ao acesso de informações que fazem parte dos pilares da formação humana e, que assim possibilitam o conhecimento de si. A escola é um campo fértil para essas análises, e o professor (a) e a comunidade escolar tem um lugar estratégico nesse processo.

ASPECTOS LEGAIS QUE LEGITIMAM A IMPORTÂNCIA DA EDUCAÇÃO SEXUAL PARA PESSOAS COM DEFICIÊNCIA

Além da conscientização de direitos das pessoas com deficiência discutidos até aqui, existem documentos normativos que orientam essas práticas educacionais com uma abordagem inclusiva, flexível e adaptativa.

A Política Nacional de Educação Especial na Perspectiva da Educação Inclusiva (Brasil, 2008), por exemplo, apregoa que a Educação Inclusiva é definida como "um paradigma educacional fundamentado na concepção de Direitos Humanos, que conjuga igualdade e diferença como valores indissociáveis, e que avança em relação à ideia de equidade formal ao contextualizar as circunstâncias históricas da produção da exclusão dentro e fora da escola". Nessa perspectiva, a indissociabilidade de igualdade e diferença devem ser marcadores de equidade nas diversas instituições sociais, e principalmente na escola. A Unesco (1994, p. 5) preconiza que:

> Todas as crianças devem aprender juntas, sempre que possível, independentemente de quaisquer dificuldades ou diferenças que elas possam ter. Escolas inclusivas devem reconhecer e responder às necessidades diversas de seus alunos, acomodando ambos os estilos e ritmos de aprendizagem e assegurando uma educação de qualidade à todos através de um currículo apropriado, arranjos organizacionais, estratégias de ensino, uso de recurso e parceria com as comunidades.

Sendo considerada uma necessidade, o ensino da educação sexual deste aluno\a, então passa a ser um direito que precisa ser atendido. O capacitismo que é uma forma de limitar a capacidade das pessoas com deficiência, reproduz o preconceito na tentativa de perpetuar e naturalizar as várias formas de discriminação. Na contramão disso, as políticas públicas e a legislação direcionam para transformação social e para o rompimento de paradigmas.

Sabe-se que a negligência na efetivação do direito a esta dimensão educativa está ligada à falta de informações dos professores\as e da família que, como já foi mencionado aqui, silencia ou delega seu papel para a escola, para instituições religiosas ou até mesmo para a mídia enquanto aparelho ideológico.

Nessa guerrilha, a construção do conhecimento na educação sexual persiste no senso comum o qual tem favorecido a naturalização de mitos, tais como, o de que pessoas com deficiência são assexuadas (Maia; Camossa, 2003), sendo tais cidadãos (ãs) comparados (as) a anjos ou feras (Giami, 2004). Para Gesser e Nuernberg (2014, p. 2), também está presente o mito de que pessoas com deficiência são estéreis, geram filhos com deficiência ou não têm condições de cuidar deles; outro é o de que pessoas com deficiência são pouco atraentes, indesejáveis e incapazes de manter um relacionamento amoroso e sexual.

A Convenção sobre os Direitos das Pessoas com Deficiência, diz que "a deficiência resulta da interação entre pessoas com deficiência e as barreiras devidas às atitudes e ao ambiente que impedem a plena e efetiva participação dessas pessoas na sociedade". Assim, as atitudes ou a ausência delas na escola, podem definir uma trajetória de dor, intimidação e isolamento.

Outro viés importante é que se discutir sobre sexualidade e educação sexual na escola é fundamental, pois conforme veremos a seguir a violência de gênero acontece significativamente de forma cruel quando a vítima é uma mulher deficiente.

VIOLÊNCIA DE GÊNERO E A IMPORTÂNCIA DAS POLÍTICAS EDUCACIONAIS COMO INSTRUMENTO EMANCIPATÓRIO

A escola como um espaço acolhedor, afetivo e democrático se torna um local de segurança, por vezes inclusive, como abrigo. Pode causar estranheza discorrer sobre isto, mas quando a vítima de violência doméstica, sobretudo a mulher deficiente encontra na escola o único local de partilha de angústias, se torna mais compreensível esta assertiva. Como nos lembra Paulo Freire, "não existe educação sem amor", e o\a professor\a inclusiva precisa ter o olhar sensível quando tem uma aluna deficiente. No caso da mulher surda, que precisa de uma mediação para se comunicar, isto se torna um pouco mais complexo, pois em nossa realidade o\a intérprete não está em todos os espaços que a mulher surda está. Isto implica afirmar que em casos de violência, uma "simples" queixa pode ser um impeditivo para que se resguarde a segurança dessa mulher.

Muitas mulheres deficientes sobretudo as surdas não conhecem seus direitos, outras não conhecem a Libras, e quando estão na escola, principalmente na modalidade Educação de Jovens e Adultos (EJA), utilizam mímicas para se comunicarem. Essas mulheres não conhecem de forma profunda políticas públicas para mulheres, a Lei Maria da Penha e quando estão no contexto escolar temáticas como "sexualidade", "educação sexual", "políticas públicas para mulheres", "violência de gênero" são sempre exceção e nunca uma regra.

A ausência da Educação Sexual para jovens com deficiência desencadeia riscos para essas pessoas que se tornam vulneráveis ao abuso sexual. Tal violência, frequentemente, é perpetrada por pessoas próximas das vítimas, os quais têm a sua confiança e de seus familiares/responsáveis, inclusive pessoas que prestam "assistência" a pessoas com deficiência, intimidando uma possível denúncia, também obstaculizada pela dificuldade para identificar o crime, em virtude da falta de conhecimento sobre o incidente (Dantas; Silva; Carvalho, 2014).

A importância do papel da escola para o esclarecimento de dúvidas de mulheres e homens com deficiência é destacada para as autoras, em virtude de que: Quando pessoas com deficiência assumem sua vida sexual, geralmente as pessoas reagem com surpresa ou medo, uma vez que, principalmente mulheres com deficiência, são vistas como pessoas fragilizadas. Sobre a violência contra mulheres temos os seguintes dados dos anos de 2018 a 2021:

Segundo o Atlas da Violência 2018, desenvolvido pelo Instituto de Pesquisa Econômica Aplicada (IPEA), dos 22.918 casos de estupro apurados em 2016:

- 10,3% das vítimas tinham alguma deficiência.

- 31,1% tinham deficiência intelectual.

- 29,6% possuíam transtorno mental.

- O estupro tende a aumentar quando a vítima é uma pessoa com deficiência.

- Para se ter ideia, a Lei Maria da Penha foi sancionada em 2006, mas as mulheres com deficiência só foram incluídas depois de 13 anos de sua existência, com a criação da Lei n.º 13.836, de junho de 2019.

- Março de 2021: no período pandêmico, os casos de lesões corporais contra a mulher com deficiência aumentaram 68% e os boletins de ocorrência caíram 33%.

Dessa forma, envolver a sociedade e as políticas públicas nas questões de gênero e sexualidade das pessoas com deficiência significa quebrar estereótipos e mitos quanto à identidade de homens e mulheres com deficiência e sua vida sexual, assim como esclarecer para a sociedade e para as próprias pessoas com deficiência os sinais de abuso sexual, para a prevenção, identificação, denúncia e busca por punição dos/as acusados/as (Dantas; Silva; Carvalho, 2014, p. 7).

A educação sexual, portanto, neste estudo, parte de um conjunto de programas, projetos, ações e ressignificações que possibilitam o acesso às informações sobre sexualidade (Menezes; Santos, 2001).

A Educação Sexual abrange toda a complexidade de manifestações da sexualidade, tanto no que diz respeito às relações do sujeito com o prazer, o cuidado e a proteção de seu próprio corpo, como a dimensão ética e estética de seus encontros e negociações com os corpos dos outros, considerando-se todos os desdobramentos históricos, psicológicos, culturais, antropológicos, políticos, econômicos, jurídicos, biológicos, entre outros saberes, aspectos e categorias que dão sentido a essas experiências. Sendo assim, a sexualidade tem sido compreendida como um conceito amplo que abrange práticas sexuais, afetos e subjetivações, os quais dialogam com processos históricos e sociais (Maia, 2010).

A sexualidade humana refere-se aos sentimentos, atitudes e percepções relacionadas à vida sexual e afetiva das pessoas; implica expressões de valores, gênero, afetos e práticas sexuais, as quais têm centralidade tanto histórica como cultural (Maia; Ribeiro, 2010).

Nesse cenário, a sexualidade em Foucault (1988) contempla uma reflexão sobre a forma pela qual a sexualidade veio a ser compreendida e de como os sujeitos se subjetivam em sua dimensão sexual. Pois "o importante nessa história é, primeiro, que tenha sido construído em torno do sexo e a propósito dele, um imenso aparelho para produzir a verdade, mesmo que para mascará-la no último momento" (Foucault, 1988, p. 12).

Na sociedade, a sexualidade constitui-se, de um lado, pela atuação de instituições, sejam escolares, familiares ou religiosas, e de outro, pelos lugares de veiculação acadêmica e produtiva, todos sendo corresponsáveis pela produção dos saberes e práticas vivenciados historicamente (Louro, 2013). Sendo assim, o papel das políticas públicas é o de discutir, informar, refletir, ressignificar práticas inclusivas e emancipatórias, responsáveis por estimular a socialização dos indivíduos e democratizar o acesso ao conhecimento, cujo ensino perpassa pela discussão da sexualidade. A escola é parte integrante do seu processo de desenvolvimento, principalmente, quando se trata de uma pessoa com deficiência. A ampla formação, a formação humana.

Os caminhos da inclusão perpassam pelos pilares da transformação do futuro cidadão com a utilização de atividades e de linguagem apropriadas para a compreensão da sexualidade. Para o sucesso do processo de ensino e aprendizagem é fundamental o envolvimento dos professores e de toda comunidade escolar.

CONSIDERAÇÕES FINAIS

As reflexões aqui desenvolvidas direcionam para a conscientização da importância das problematizações e discussões sobre sexualidade e educação sexual para o ensino das pessoas com deficiência. Deficiência é uma categoria que está entrelaçada às relações de gênero, no entanto o silenciamento e a escassez de pesquisas marcam a necessidade de mais estudos sobre temática. Tal lacuna causa o desconhecimento de modo contínuo dos/as PcD's pois não há na escola enquanto espaço de transformação, discussão, problematizações e questionamentos, "vez" e nem voz para que esses indivíduos compartilhem das suas experiências, sentimentos, angústias e conflitos.

Os familiares possuem papel fundamental na construção da sexualidade dos seus membros. O diálogo entre professor (a) e aluno(a) com acessibilidade e como pilares temáticas que emancipem e libertem seus(as) alunos(as) é o que se espera com o fomento dessas discussões. Como vimos no decorrer do texto, muitas pessoas com deficiências se sentem aprisionadas (os) por não conhecerem seus direitos e quando conhecem não sabem como exigi-lo.

Nessa direção, pouco efeito tem uma Educação Sexual emancipadora e integradora na escola, quando em casa vive-se em contexto de silêncio e opressão. Isto se demonstra mais acentuado quando se trata da sexualidade de pessoas com deficiência, que como foi visto, é, frequentemente, percebida com preconceitos e cerceamentos da liberdade destes sujeitos. A discussão dos temas transversais e o incentivo dessas reflexões desde o início da educação básica são de grande importância para que se construa uma sociedade mais igualitária e acessível.

O investimento nas políticas públicas e na formação inicial e continuada dos (as) professores (as), como também, particularmente, de uma educação que dialogue fortemente com essas famílias e dê condições de possibilidade para que famílias e comunidades tenham acesso a tais saberes. Em virtude disso, se demonstra urgente que os (as) profissionais da educação tomem consciência de sua responsabilidade como educadores(as) sexuais. Para tanto, cabe o fomento às políticas públicas que garantam que este tema seja abordado em cursos de formação e capacitação de professores (as) e que reflexões acerca da sexualidade comprometidas com os Direitos Humanos se façam presentes no ambiente escolar.

REFERÊNCIAS

CRUZ, M. H. S. **Mapeando diferenças de gênero no ensino superior da Universidade Federal de Sergipe**. São Cristóvão: Editora UFS, 2012.

DANTAS, Taísa Caldas; SILVA, Jackeline Susann Souza; CARVALHO, Maria Eulina Pessoa de. Entrelace entre gênero, sexualidade e deficiência: uma História feminina de rupturas e empoderamento. **Revista Brasileira de Educação Especial**, dez. 2014, v. 20, n. 4, p. 555-568. ISSN 1413-6538.

DECLARAÇÃO UNIVERSAL DOS DIREITOS HUMANOS. "**Nações Unidas**", 217 (III) A, 1948, Paris, art. 1, Disponível em: http://www.un.org/en/universal--declaration-human-rights/. Acesso em: 10 jul. 2023.

FOUCAULT, Michel. **A História da sexualidade I**: a vontade de saber. 13. ed. Tradução de Maria Thereza da Costa Albuquerque e J. A. Guilhon Albuquerque. Rio de Janeiro: Graal, 1988.

GESSER, Marivete; NUERNBERG, Adriano Henrique. **Psicologia, Sexualidade e Deficiência**: Novas Perspectivas em Direitos Humanos. Psicologia. ciência profissão., Brasília, v. 34, n. 4, p. 850-863, dez. 2014.

LOURO, Guacira Lopes. **O corpo educado**: pedagogias da sexualidade. 3. ed. Belo Horizonte: Autêntica, 2013.

NASCIMENTO, Rui Bianchi. **A visão parcial da deficiência na revista Veja** (1989-1999). 2001. 119f., Dissertação (Mestrado em Jornalismo e Editoração) – Escola de Comunicações e Artes da Universidade de São Paulo. São Paulo, 2001

MAIA, Ana Cláudia Bortolozzi; ARANHA, Maria Salete Fábio. Relatos de professores sobre manifestações sexuais de alunos com deficiência no contexto escola. **Interação em Psicologia**, v. 9, n. 1, p. 103-116, 2002.

MAIA, Ana Cláudia Bortolozzi. Desfazendo mitos para minimizar o preconceito sobre a sexualidade de pessoas com deficiências. **Revista Brasileira de Educação Especial**, 2010. Disponível em: https://www.scielo.br/j/rbee/a/kYLkXPZsQVx-Z85S95S3fQMz/abstract/?lang=pt. Acesso em: 12 jul. 2023.

MAIA, Ana Cláudia Bortolozzi; RIBEIRO, Paulo Rennes Marçal. Desfazendo mitos para minimizar o preconceito sobre a sexualidade de pessoas com deficiências. **Rev. bras. educ. espec.**, Marília, v. 16, n. 2, p. 159-176, ago. 2010. Disponível em: https://www.scielo.br/j/rbee/a/kYLkXPZsQVxZ85S95S3fQMz/abstract/?lang=pt. Acesso em: 10 jul. 2023.

Ministério da Educação. Secretaria de Educação Especial (SEESP). **Política Nacional de Educação Especial na Perspectiva da Educação Inclusiva**. Brasília: MEC/SEESP, 2008.

MENEZES, Ebenezer Takuno de; SANTOS, Thais Helena dos. **Verbete Educação Sexual**. Dicionário Interativo da Educação Brasileira - Educabrasil. São Paulo: Midiamix, 2001.

PINHEIRO, Silvia Nara Siqueira. **Sexualidade e deficiência mental**: revisando pesquisas. Psicol. Esc. Educ. (Impr.), dez. 2004, v. 8, n. 2, p. 199-206. ISSN 1413-8557. Disponível em: http://pepsic.bvsalud.org/scielo.php?pid=S1413-85572004000200008&script=sci_abstract. Acesso em: 10 jul. 2023.

SILVA, Cristiane Gonçalves da; SANTOS, Alessandro Oliveira; LICCIARDI, Daniele Carli; PAIVA, Vera. **Religiosidade, juventude e sexualidade**: entre a autonomia e a rigidez. Psicologia em estudo. v. 13, n. 4, 2008. ISSN 1413-7372. Disponível em: https://www.scielo.br/j/pe/a/qLHLpmHbpmGzkKVX5Xjv8BL/abstract/?lang=pt. Acesso em: 10 jul. 2023.

UNESCO. **Declaração de Salamanca:** sobre princípios, políticas e práticas na área das necessidades educativas especiais. Salamanca, 1994.

A GESTÃO ESCOLAR E SUA INSUBMISSÃO PARA A EFETIVAÇÃO DA EDUCAÇÃO PARA A SEXUALIDADE

Rayssa Maria Bezerra Vieira de Sousa

PARA INÍCIO DE CONVERSA ...

A educação tem como principais objetivos o desenvolvimento do/a educando/a para a cidadania e sua qualificação para o trabalho, além disso é dever do Estado e da família dar suporte, possibilidade para o acesso e permanência deste na rede de ensino[39]. Dessa forma, é possível perceber a importância da educação para toda a sociedade, e sua possível evolução.

Assim a educação vem sendo reformulada, repensada e protegida pelos mais diversos setores da sociedade, em especial aqueles que trabalham diariamente e proficuamente para seu aperfeiçoamento, desfazendo as lacunas e déficits existentes na realidade educacional brasileira.

Desse modo, nós nos colocamos como profissionais da educação e estudiosas da área, para pensar possibilidades pedagógicas e coletivas para propiciar mudanças diárias no fazer ensinar. Para tanto, acreditamos num ensino holístico que tenha como objetivo criar possibilidades para uma educação crítica, emancipatória e política, a fim de garantir para a sociedade educandos/as formados cientificamente e humanamente, que resulte em novas gerações de pensadores/as e construtores/as de uma sociedade menos discriminatória e mais inclusiva.

Dessa forma, a educação para a sexualidade se coloca como uma área de conhecimento e aprendizado que se caracteriza pela ampliação das noções de corpo, desejos, sentimentos e alteridade. Pensar na educação para a sexualidade é promover um debate dentro do âmbito educacional sobre relações e relacionamentos, consigo e com a outra pessoa.

Nessa lógica, a educação para a sexualidade deve se fazer de forma objetiva, organizada e democrática, envolvendo todo o corpo escolar, desde a gestão até a comunidade em geral. De todo modo, o compromisso da

---

[39] Título II- Dos princípios e Fins da Educação Nacional, art. 2º prevê que a educação tem "[...] por finalidade o pleno desenvolvimento do educando, seu preparo para o exercício da cidadania e sua qualificação para o trabalho [...]" (Brasil, 1996).

gestão em propor e organizar a inserção da educação para a sexualidade é crucial para o seu desenvolvimento, a partir da organização de como se dará essa inserção, quais procedimentos e pedagogias, cursos de formação e a informação serão necessários para toda a comunidade escolar.

A gestão educacional é a forma como se administra a escola, considerando desde as responsabilidades burocráticas, financeiras, até a organização pedagógica, ou seja, é a gestão que define a estrutura escolar. Para tanto, essa gestão envolve cooperação, pois ultimamente ela é entendida como gestão democrática, de acordo com a Lei de Diretrizes e Bases da Educação Nacional (LDBEN) Lei n.º 9394/96), uma vez que divide responsabilidades, direitos e deveres de toda comunidade escolar, direção, educadores e responsáveis.

Logo, o estudo aqui desenvolvido pretende apresentar os conceitos de sexualidade, orientação sexual, gênero, generificação, alteridade e corpo; alicerçada nos objetivos da gestão democrática pontuando: gestão, democracia, organização e objetivos da área. Assim, pretendemos unir a gestão democrática e educação para a sexualidade.

Contudo, para que tal propósito aconteça, existe uma questão problema que diz respeito a: qual a relação possível entre gestão e educação para a sexualidade? É evidente que não se trata de uma resposta simplista, pois ela demanda saberes, e temos de buscar referências nos teóricos estudiosos da questão a fim de responder tal pergunta sobre o que é sexualidade, gestão e suas possibilidades, logo, a pesquisa se dará na forma de pesquisa bibliográfica, trazendo os principais autores e conceitos, com fins descritivos e explicativos.

Assim, estruturamos o texto que vai perpassar por um breve histórico da educação sexual, os objetivos da gestão, em especial a gestão democrática requerida pela LDB, Lei 9394/96[40], e finalizamos com algumas propostas para a inserção da educação para a sexualidade no ensino básico.

Acreditamos que o avanço das pesquisas na área da educação, gestão e educação sexual possam garantir o progresso de nossa educação e da sociedade como um todo, uma vez que a sexualidade está inserida em todos os espaços e faz parte de cada um de nós, de forma individual e coletiva. Pretendemos, dessa forma, somar com os demais pesquisadores e militantes para uma educação que garanta a educação para a sexualidade.

---

[40] A gestão democrática, oferece ampla autonomia às unidades federadas para definirem em sintonia com suas especificidades formas de operacionalização da gestão, com a participação dos profissionais da educação envolvidos e toda a comunidade escolar (Vieira, 2005).

EDUCAÇÃO PARA A SEXUALIDADE NO BRASIL: breve histórico

O início da educação formal brasileira se caracteriza pela seletividade e religiosidade, nesse primeiro momento a educação é feita essencialmente pelos jesuítas, com objetivos nítidos de aculturação, colonização e catequização.

Com bases socioeconômicas assentadas na escravização percebe-se, mais uma vez, a seletividade e objetivos embasados na manutenção do *status quo* presente na sociedade. Nesse momento, somente os homens de famílias ricas estudam para manter o poderio destas, e ampliar o controle nos municípios.

Além disso, as práticas escolares se constituem com base no cientificismo, em especial na ênfase do caráter de memorização, ordenamento e hierarquização. Sendo assim, o positivismo é a grande base científica dos currículos e práticas pedagógicas, uma vez que se observa a multiplicação das enciclopédias, atlas, biografias de líderes políticos e supervalorização da cultura europeia, lê-se o Brasil é, portanto, o "filho caçula" e ilegítimo da Coroa Portuguesa.

É, também, a partir desse momento histórico que se nota o destaque para os cursos de direito e medicina, até hoje vistos com distinção, começa nesse momento a desigualdade de status sociais dentro das academias. E apenas os filhos de pais abastados formavam e detinham as profissões que "davam rumo" ao Brasil: burocratas, políticos, governadores e doutores

Com o advento da República Brasileira (1889), se sucedeu uma ampliação das vagas e das escolas públicas, porém marginalizando a população negra e pobre. Percebe-se uma exclusão dessas duas classes dos movimentos de poder, das profissões mais valorizadas e lugares de poder como um todo. O projeto estatal, iniciado com a colonização, tem continuidade na manutenção da falta de direitos para essa população, vemos então as favelas surgirem, o analfabetismo se mantendo e um alargamento das desigualdades sociais.

No entanto, houve incontáveis reformas, a saber: Carlos Maxiliano (1915), Rocha Vaz (1925), Francisco Campos (1931), Capanema (1942) etc., com diversas características e contextos históricos específicos, tendo como principais objetivos: manter a elitização do ensino, a seletividade, a organização do currículo.

Identificar esses movimentos históricos e como eles construíram e constroem a nossa educação é fundamental para lançarmos luz às mais diversas questões e resoluções para nossa educação e, por conseguinte, nossa sociedade. Assim, deve-se entender a escola atual como lugar social com objetivos claros de autonomia, cidadania e formação da força de trabalho. Espera-se que a escola apresente, durante os anos de escolaridade, um conjunto de técnicas, conteúdos e práticas que desenvolva o discente em todos os seus aspectos.

Nesse sentido, a educação se coloca como ferramenta para entendermos a sociedade e proporrmos mudanças. Nos últimos anos é possível perceber o avanço do capitalismo que se apresenta também na educação, transformando escolas em empresas, alunos/as em produtos, visando principalmente os/as educandos/as como ferramenta de trabalho e, assim, perde-se o caráter crítico e revolucionário.

É possível identificar, mesmo nesse contexto de capitalismo, que dentro do ensino há uma notável supervalorização pela formação de mão de obra, em um campo de luta constante para a educação ir além de uma profissionalização, entendendo o/a educando/a como um sujeito pensante e em desenvolvimento, sendo necessário uma educação holística que se proponha a dar meios para que possa atingir o bem-viver e ampliar as noções de direitos e deveres individuais e coletivos

Justamente nesse campo de luta de poder que encontramos a educação para sexualidade, com intuito de revelar-se uma área de ensino-aprendizagem que percebe a sexualidade intrínseca ao cotidiano escolar, pois: "[...] a sexualidade faz parte dos sujeitos, ela não é algo que pode ser desligado ou algo do qual alguém possa se despir" (Louro, 1997, p. 81).

Quando falamos em sexualidade partimos do pressuposto que ela revela a cultura, a individualidade, os desejos e intenções humanas. Todas essas características individuais perpassam por construções sociais, normas culturais que nos ensinam diariamente o que fazer, o que evitar e os caminhos a serem trilhados.

Entender-se homem, mulher, heterossexual, homossexual, assexuado, andrógino ou algo dentro de toda essa infinidade de possibilidades é crucial para compreendermos quem somos e como nos relacionamos. Todos esses entendimentos, questionamentos e certezas se intercruzam e são também sexualidade, sendo o corpo o representante físico de todas essas percepções e existência.

A história da sexualidade torna-se assim ferramenta para entendermos as construções sociais e estruturas vivenciadas hoje, podendo ser também libertador para novas possibilidades de vivências. Por ser uma construção social, a sexualidade demanda normas e padrões, questionar-se de que forma convencionou tais moldes revelam quais grupos foram excluídos, e quais foram e são hegemônicos, entender as relações de poder dentro da nossa estrutura social resulta em propor transformações que se caracterizem pela equidade e respeito pela diversidade.

Dito isto, torna-se salutar perceber esses paradigmas dentro do contexto escolar, uma vez que o ensino constrói (também) a sociedade e é construída por ela. Historicamente, a educação sexual é reclamada desde a década de 1920 no Brasil. Percebida como intrínseca ao ser humano, a sexualidade começou a ser um ponto estratégico de conhecimento e, na educação, se apresentou como uma ferramenta para diminuir os casos de sífilis e infecções sexualmente transmissíveis (IST's). Assim, a escola passou a ser um espaço de intervenção higiênica. Algumas experiências foram percebidas durante alguns anos, porém fragmentadas e não como um projeto nacional para a educação para sexualidade.

Percebemos, assim, que desde a sua concepção a educação sexual reduziu-se à biologização e higienização, voltada para os aspectos físicos e com objetivos claros de evitar gravidez na adolescência e proliferação das IST's, nega-se nesse ponto os desejos, a construção sociocultural da sexualidade e o aprofundamento do que é a sexualidade humana.

Durante as décadas de 1970 e 1980, percebeu-se a recuada da educação sexual. Todavia, é preciso pontuar aqui que vivíamos um período de exceção, a partir da Ditadura Civil Militar de 1964. Logo, discursos sobre moral e civilidade tomaram a cena expressando também na nossa educação, volta-se à ideia de que a educação sexual é de obrigatoriedade e responsabilidade das famílias. Retira-se o aspecto social e cultural do ensino, reduzindo a um ambiente alheio às realidades sociais que o cerca e constrói.

Nos últimos 30 anos, período de redemocratização com debates concisos sobre democracia, autonomia e liberdades, vêm criando possibilidades para o avanço da educação sexual, principalmente depois da constituição da Lei de Diretrizes e Bases da Educação Nacional (Lei 9394/96) o percurso de conceber um currículo nacional, a partir de diretrizes nacionais que objetivou numa equidade dos ensinos e aprendizagens têm criado possibilidades para a sexualidade se fazer presente nos quadros escolares.

Ainda assim, sabemos que precisamos tratar com clareza o ensino da educação para a sexualidade, percebendo-a além da questão biológica ou médica. As últimas pesquisas sobre a realidade da educação para sexualidade nas escolas brasileiras têm demonstrado que essa área de conhecimento se encontra defasada, e inteiramente ligada às políticas que buscam moralizar e evitar IST's e gravidez na adolescência. Repetindo as mesmas práticas desde 1930.

Contudo, a educação para a sexualidade vem sendo reclamada e exigida por movimentos sociais, em especial feministas e LGBTQIA+[41], reivindicando a necessidade de uma educação que inclua as diferenças, os desejos e prazeres corporais. Entendendo que esses aspectos estão presentes dentro e fora dos muros escolares e, muitas vezes, por não serem debatidos e discutidos acabam tornando-se problemas sociais como homofobia e LGBTfobia que massacra corpos e mentes diariamente, violências essas que muitas vezes se iniciam ainda na educação primária. Uma vez que a educação para a sexualidade se propõe a:

> [...] desestabilizar as "verdades únicas", os restritos modelos hegemônicos da sexualidade normal mostrando o jogo de poder e interesse envolvidos na intencionalidade de sua construção; e, depois, apresentar as várias possibilidades sexuais presentes no social, na cultura e na política da vida humana, problematizando o modo como são significadas e como produzem efeito sobre a existência das pessoas [...] (Furlani, 2008, p. 69).

Faz-se cada vez mais necessário entendermos as estruturas e construções acerca da sexualidade e de todo capital cultural ocidental construído ao longo dos anos, que criou e cria uma sociedade hierarquizada e desigual, tendo como base a hegemonia masculina, branca e cisgênera, criando assim grupos sociais marginalizados em especial mulheres, negros, LGBTQIA+ e pobres.

A escola como um lugar social e diverso, que constrói e é construído a partir da sociedade, demarca um lugar de possibilidade de mudanças e reformulações dessas estruturas, uma vez que é na escola que aprendemos e perpetuamos a cultura adquirida ao longo dos anos. Ou seja, a escola constrói o mundo que conhecemos, como pontuado por Louro (1997, p.58)

> A escola delimita espaços. Servindo-se de símbolos e códigos, ela afirma o que cada um pode (ou não pode) fazer, ela separa e institui. Informa o "lugar" dos pequenos e dos grandes, dos

---

[41] A sigla LGBTQIAPN+ refere-se às comunidades lésbica, gay, bissexual, transexual, transgêneros e travestis, queer, intersexo, assexual, pansexual, não binárias e as demais orientações sexuais. Assim, a sigla tenta abranger as diversidades que é a orientação sexual. Na década de 1980, a sigla que identificava o movimento era GLS (gays, lésbicas e simpatizantes), já na década de 1990 passou a ser GLBT, incluindo bissexuais, houve em seguida a mudança do L primeiro, a fim de dar maior visibilidade às lésbicas. Fonte: Manual da Comunicação LGBTI+. 2. ed.. Curitiba: Aliança Nacional LGBTI/GayLatino, 2018. Disponível em: https://www.trt4.jus.br/portais/trt4/modulos/noticias/465934. Acesso em: nov. 2022.

> meninos e das meninas. Através de seus quadros, crucifixos, santos ou esculturas, aponta aqueles/as que deverão ser modelos e permite, também, que os sujeitos se reconheçam (ou não) nesses modelos. O prédio escolar informa a todos/ as sua razão de existir. Suas marcas, seus símbolos e arranjos arquitetônicos "fazem sentido", instituem múltiplos sentidos, constituem distintos sujeitos [...].

Logo, uma educação que revele essas construções e busque, a partir de pesquisas e atitudes, propostas para a mudança dessa realidade é emergencial. Estudar, analisar e problematizar a educação sexual presente nas escolas nos remete a outras áreas político/sociais presentes na nossa vida. É procurar entender as diferenças, as invenções culturais, a nossa história e relacionar as desigualdades e poder. Ou seja, entendê-las, e quem sabe recriar as realidades.

Acreditando que a educação para a sexualidade pode e deve ser uma realidade nas escolas, é necessário pensarmos: de que forma a educação para a sexualidade se faz presente nas escolas? Qual o papel do/a gestor/a para inserção da Educação para a sexualidade? A partir das atribuições da gestão, a educação para a sexualidade é possível? Assim, ao perceber as formas como questões da sexualidade estão inseridas no ambiente escolar, interessamo-nos em entender a gestão como ferramenta possível para a inserção da educação para a sexualidade na realidade educacional brasileira.

A INSUBMISSÃO DA GESTÃO NA INSERÇÃO DA EDUCAÇÃO PARA A SEXUALIDADE NA ESCOLA

A gestão educacional é a forma de organização escolar que tem como objetivos regulamentar, gerir, orientar os professores, regular o Plano Político Pedagógico, analisar resultados, elaborar projetos, garantir espaços de participação etc. Vemos dessa forma que a gestão educacional é responsável por organizar e manter a escola funcionando, desde a organização dos horários de aula, até a efetivação de organização política e participativa da escola.

Segundo Lück (2009) uma gestão democrática é aquela que estimula todos os seus participantes a se envolverem nos desenvolvimentos dos projetos escolares, com o objetivo de estimular o processo de aprendizagem e formação dos alunos. O autor destaca ainda que: "[...] gestores são os profissionais responsáveis pela organização e orientação administrativa e pedagógica da escola, da qual resulta a formação da cultura e ambiente escolar" (Lück, 2009, p. 22). Assim, o/a gestor/a deve mobilizar e estimular o desenvolvimento, a construção do conhecimento e da aprendizagem orientada para a cidadania competente. A gestão educacional trabalha com pais, mães, professores/as, alunos/as, secretarias de educação, tendo seu trabalho dividido por duas atribuições específicas: pedagógica e administrativa. Como defendida por Maia e Costa, (2011, p. 77)

> [...] a administração escolar pensada e organizada com foco no processo pedagógico e administrativo constrói uma identidade educacional integrada. A prática pedagógica e a administrativa, quando voltadas para o processo de ensino-aprendizagem supera a fragmentação da formação do ser humano.

É com a associação direta entre administração e pedagogia que o trabalho da gestão se constrói, diante disso para uma organização mais eficaz é necessário distribuir os trabalhos. Para tanto, a gestão educacional se ramifica em quatro agentes: direção, vice-direção, coordenação pedagógica e orientador/a.

Sabendo que o/a diretor/a não é e não deve ser a figura da gestão, é necessário esse compartilhamento, não só a fim de distribuir os afazeres, mas para garantir uma gestão universal, diversa e que reflita de fato as necessidades e características das escolas e da educação como um todo, sendo verdadeiramente democrática, como pontuado por Bordignon e Gracindo (2000, p. 36) a gestão democrática "[...] trabalha com atores sociais e suas relações com o ambiente, como sujeitos da construção da história humana, gerando participação, corresponsabilidade e compromisso".

Ainda que a gestão formal foque nos quatro principais gestores, para uma qualidade dessa administração, a escola deve estar inteirada e participando ativamente da gestão, ou seja, ser democratizada, sendo assim, diretores, vice-diretores, coordenadores pedagógicos, orientadores/ mentores, pais, professores, servidores (limpeza, segurança, lanchonete etc.) e comunidade devem estar juntos de mãos dadas, e vozes ecoando para melhorar a educação brasileira.

Atualmente, muitos grupos aspiram por uma educação para a sexualidade, vide a violência que grupos de minorias sexuais sofrem, pelo número de *bullying* nas escolas que essas minorias sofrem, assim como o avanço nos direitos para a comunidade LGBTQIA+, ou seja, socialmente, nos últimos anos, tem ocorrido uma ampliação no debate, ações e direitos para essa minoria.

Se, por um lado, sabemos que a gestão escolar não pode se abster de abordar assuntos socioeducacionais como a educação para a sexualidade; por outro, não pode a gestão da escola, ao agir administrativamente, perder de vista elementos próprios da gestão, da escola pública como um lugar de democracia, inclusão e participação das minorias. Nessa perspectiva, o papel da gestão é abrir espaços para dialogar com os/as professores/as e demais participantes do corpo pedagógico sobre sexualidade e educação para a sexualidade, a fim de prepará-los para as mais diversas manifestações de comportamentos dos alunos/as e seus anseios.

Além disso, a educação tem sido um campo muito estudado e publicizado, permitindo e facilitando o acesso às pesquisas, em especial produções feministas, e informações da área, ampliando o número dos leitores e curiosos, levando a ampliação do entendimento sobre o que é educação, o que é sexualidade, gênero e educação para a sexualidade.

Na contramão, percebe-se o conservadorismo tentando barrar o avanço da educação para a sexualidade, com discursos de que a sexualidade deve ser algo do campo privado, relegado somente aos responsáveis-cuidadores. De todo modo, a escola está inserida dentro do debate de valorizar a educação para a sexualidade ou não, pois segundo Libâneo (2000, p. 54) a "escola não é uma instituição alheia às demais, mas de acordo com sua competência, é a responsável por transformar conceitos, mudar atitudes e construir uma relação de proximidade entre a cultura e a ciência", além de tornar os/as alunos/as cidadãos/ãs.

O conhecimento do/a gestor/a educacional e de todo o corpo escolar sobre o lugar social da escola é uma ferramenta crucial para levantar a questão da inserção de questões da sexualidade, ou não, nas escolas. Ou seja, o debate sobre educação para a sexualidade existe e não deve ser negado pelo/a gestor/a, uma vez que envolve a própria noção do que é educação, do que é sexualidade além disso trata sobre qual educação queremos.

Sendo assim, a partir das atribuições do/a gestor/a, se torna salutar a inclusão do debate e conhecimento da educação para a sexualidade nas reuniões, comitês e formações continuadas para educadores e familiares. Ou seja, espera-se que gestor/a e educadores/as possam colaborar com uma reflexão referente à educação para a sexualidade e possibilitar sua garantia das mais diversas formas com o objetivo de quebrar tabus e preconceitos existentes nessa temática, pois entendemos que "cabe à escola abordar os diversos pontos de vista, valores e crenças existentes na sociedade para auxiliar o aluno a encontrar um ponto de auto referência por meio da reflexão" (Brasil, 1998, p. 121).

Uma vez que a escola é formada por diversos grupos é o/a gestor/a que deve garantir diálogo entre todos e projetar em conjunto de possibilidades de uma educação que garanta os direitos básicos e obrigatórios presentes na LDB e nos demais documentos educacionais e, para além, definir projetos e padrões que a comunidade escolar necessita e a realidade exige.

É importante pontuar que os documentos educacionais garantem pelo menos que a temática da sexualidade esteja presente nas escolas, constando, por exemplo, nos Parâmetros Curriculares Nacionais (PCN's), dentre os temas transversais: Ética, Meio Ambiente, Orientação Sexual, Pluralidade Cultural, Saúde e Trabalho e Consumo. Logo: "o currículo ganha em flexibilidade e abertura, uma vez que os temas podem ser priorizados e contextualizados de acordo com as diferentes realidades locais e regionais" (Brasil, 1998, p. 25).

Dessa forma, os documentos educacionais nacionais encaminham para uma escola diversa e multicultural, reconhecendo a escola como um lugar social, construído e reconstruído a partir da realidade de cada localidade e região. A garantia da diversidade cria possibilidades para pensar e propor os mais diversos trabalhos educacionais que pensem sobre a vivência cotidiana, envolvendo os mais diversos grupos sociais.

É nesse campo de obrigatoriedade, abertura e diálogo que o trabalho do gestor se encontra, e onde a educação sexual se coloca como já presente na escola, pois todos, dentro dos muros escolares, apresentam corpo, desejo, vontade e relações, contudo essa sexualidade também deve estar presente nas pedagogias escolares, com o gestor ampliando as possibilidades de projetos, cursos, apresentações e comunicação com toda a comunidade escolar.

A gestão educacional como atividade organizativa, administrativa e pedagógica se insere em todos os campos do cotidiano educacional, relegando a essa área uma responsabilidade com os procedimentos, avaliações e propostas de relacionamento dentro da escola. De todo modo, acrescente-se que um dos objetivos do gestor é garantir a diversidade cultural e social da/na escola.

Logo, é também função do/a gestor/a garantir os temas transversais, isto é, que eles se façam realidade na escola, no ensino-aprendizagem, ampliando os objetivos da educação. Para tanto, é de suma importância que o/a gestor/a saiba e se interesse pelos mais variados temas escolares e sociais, uma vez que a escola é um lugar social e reflete a realidade social externa à escola.

Sendo assim, a gestão democrática propicia o conhecimento e diálogo sobre educação para a sexualidade, o que é, suas problemáticas e sua necessidade, e assim garantir sua inserção na realidade educacional. O papel do/a gestor/a para que a educação para a sexualidade se torne realidade nas escolas é crucial, garantindo acesso à informação, liberdade sexual e liberdade de expressão. Ou seja, construindo espaços de autonomia e liberdade, garantindo direitos e respeito a todas as pessoas.

(IN)CONCLUSÕES

Considerando o que o estudo mostrou até aqui, é possível notar que a educação para a sexualidade vai além de relação sexual e prevenção de IST's, ela garante o conhecimento de desejos, relação com o corpo e discussões sobre formas e modelos de comportamento, além disso debate sobre questões culturais, sociais, biológicas e de saúde, ou seja, é uma área de conhecimento que abrange questões individuais e coletivas, com objetivos claros de emancipação, conhecimento e respeito.

A Gestão Educacional, em especial a Gestão Democrática, é a forma administrativa que organiza, planeja, propõe e avalia o ensino-aprendizagem, tem caráter pedagógico e burocrático, é com a Gestão Educacional que a escola se estrutura como instituição. A gestão democrática garante direitos e deveres para todo corpo escolar e comunitário, permite uma administração que zele pela educação e participação coletiva, ou seja, todos constroem a escola e, assim, a educação.

Entender a relevância da gestão para a inserção da educação para a sexualidade é crucial para entendermos a necessidade de união entre ambas, para que a sexualidade como ensino seja posta cotidianamente nas escolas.

Sem a gestão e sua insubmissão, a educação para a sexualidade não se fará na escola. Contudo, a sexualidade estará lá, pois está presente em todos nós, mas não será pensada a partir de objetivos educacionais. Desse modo, para que a educação para a sexualidade se faça presente na realidade escolar é necessária uma tomada de ação por aqueles que fazem parte do ensino, e vemos na figura do/a gestor/a a possibilidade de garantir que ela se faça realidade na escola. Para tanto, é preponderante que o/a gestor/demonstre e faça acontecer ações de formação, informação e ampliação do conhecimento sobre o assunto.

Sendo assim, seguem algumas possíveis ações que podem garantir o avanço da Educação para a Sexualidade: o desenvolvimento de cursos de formação sobre gênero, identidade sexual, sexualidade, corpos, são de suma importância para garantir acesso e conhecimento dos profissionais da educação que tratam desses temas em cada componente curricular; também se faz salutar cursos para a comunidade sobre essas temáticas, além de uma relação direta com os Direitos Humanos, a fim de atender as lacunas existentes em nossa sociedade sobre sexualidade e gênero; promover redes de debate, círculos de leitura, acesso à informações sobre comunidades LGBTQIA+, assim como garantir a existência de grupos feministas, contra violências, minorias sexuais etc.; propor projetos que relacionem a realidade vivida por mulheres, comunidade negra, comunidade LGBTQIA+; promover visitas, palestras com a maior diversidade possível; incentivar atitudes menos machistas no ambiente escolar, reprovando com veemência ações que diminuam, violentem ou desrespeitem educadores e educandos; criar um ambiente escolar que a liberdade seja o propósito da escola, dentre outras ações e propostas.

Sabemos que essas propostas não são fáceis de serem aplicadas, mas também não são impossíveis, acreditamos que o diálogo somado à responsabilidade para garantir o acesso à informação, ao ensino de qualidade, que inclua todas as pessoas envolvidas no processo e que garanta o respeito e dignidade humana é crucial para o sucesso em nossa educação.

As lacunas em nossa educação existem e estão distantes de serem sanadas, problemas que se apresentam desde o Ministério da Educação, as Secretarias de educação, os cursos de formação docente, os docentes, gestores e comunidade. Para tanto, apenas uma ação profissional responsável, esperançosa e inclusiva poderá proteger os/as educandos/as de diversas formas de preconceitos, discriminações e violências. A educação para a sexualidade é uma proposta que entende o ensino como formas de desfazermos as lacunas, as dificuldades, os índices de violência e assim possibilitar o bem viver.

REFERÊNCIAS

BORDIGNON, G. e GRACINDO, R. V. Gestão da educação: o município e a escola. *In:* FERREIRA, N. S. C. e AGUIAR, M. A. da S. (org.). **Gestão da educação:** impasses, perspectivas e compromissos. S. Paulo: Cortez, 2000, p. 147-176.

BRASIL. Secretaria de Educação Fundamental. **Parâmetros Curriculares Nacionais**: Temas Transversais, orientação sexual (5ª a 8ª séries). Brasília: MEC/SEF, 1998. Disponível em: http://portal.mec.gov.br/expansao-da-rede-federal/195-secretarias-112877938/seb-educacao-basica-2007048997/12657-parametros-curriculares-nacionais-5o-a-8o-series. Acesso em: 14 dez. 2020.

BRASIL. **Lei de Diretrizes e Bases da Educação Nacional**. Lei n.º 9394/96. Brasília: Presidência da República, 1996. Disponível em: https://www.planalto.gov.br/ccivil_03/leis/l9394.htm#:~:text=L9394&text=Estabelece%20as%20diretrizes%20e%20bases%20da%20educa%C3%A7%C3%A3o%20nacional.&text=Art.%201%C2%BA%20A%20educa%C3%A7%C3%A3o%20abrange,civil%20e%20nas%20manifesta%C3%A7%C3%B5es%20culturais. Acesso em: 14 dez. 2020.

FURLANI, Jimena. Mulheres só fazem amor com homens? A educação sexual e os relacionamentos entre pessoas do mesmo sexo. **Proposições**, v. 19, n. 2, p. 111-131, 2008. Disponível em: http://dx.doi.org/10.1590/S0103-73072008000200009. Acesso em: 14 dez. 2020.

LIBÂNEO, José Carlos. Finalidades educativas escolares em disputa, currículo e didática. *In*: Libâneo, J. C. *et al.* (org.). **Em defesa do direito à educação escolar**: didática, currículo e políticas educacionais em debate. Goiânia: Editora da UFG, 2019.

LOURO, Guacira Lopes. **Gênero, sexualidade e educação**: uma perspectiva pós estruturalista. Petropólis, RJ: Vozes,1997.

LÜCK, Heloísa. **Dimensões de gestão escolar e suas competências**. Curitiba: Editora Positivo, 2009.

MAIA, Benjamin Perez; COSTA, Margarete Terezinha de Andrade. **Projeto político pedagógico:** os desafios e as superações na construção do. Curitiba/PR. Editora: IBPEX, 2011.

VIEIRA, Sofia Lerche. Educação e gestão: extraindo significados da base legal. *In*: CEARÁ. SEDUC. **Novos paradigmas de gestão escolar**. Fortaleza: Edições SEDUC, 2005, p. 7-20.

ENTRE NEGAÇÕES E VIOLÊNCIAS: DA AUSÊNCIA DE POLÍTICAS EDUCACIONAIS NA PERMANÊNCIA DE PESSOAS TRANS NOS ESPAÇOS EDUCATIVOS

Arthur Furtado Bogéa
Lucinete Marques Lima

INTRODUÇÃO

A Pesquisa Nacional sobre o Ambiente Educacional no Brasil, publicada em 2016, traz dados que revelam a situação de pessoas LGBTQIAP+ nos espaços educativos formais brasileiros. Segundo a pesquisa, 60% das pessoas entrevistadas se sentem inseguras na escola por conta de sua identidade e/ou expressão de gênero, 68% já sofreram agressões verbais, 25% foram vítimas de agressões físicas por conta de sua identidade de gênero e 55% afirmaram ter ouvido comentários negativos especificamente a respeito de pessoas trans.

Essa realidade continua se reproduzindo nos espaços de educação formal. Em 2020, o Instituto Brasileiro Trans de Educação (IBTE) realizou um levantamento com 165 professores e professoras de 15 estados brasileiros e conseguiu identificar 2.199 alunas e alunos trans que estão matriculados nas escolas formais. A pesquisa apontou que os principais problemas enfrentados pelos discentes trans são o uso do nome social e o acesso ao banheiro.

Mesmo depois do Decreto Presidencial n.º 8.727, de 28 de abril de 2016, que assegura a travestis e a transexuais a utilização do nome social no âmbito da administração pública federal e vários decretos estaduais que regulam o uso do nome social, ainda há relatos de descumprimento da regra por parte de professores, técnicos e gestão.

Além dos já citados problemas enfrentados por alunas, alunes e alunos trans nos espaços de educação formal, ainda podemos citar as aulas de educação física que mantêm o formato binário e colocam as pessoas trans em situação de violência. A comumente dualidade presente na praticada divisão dos "homens jogam futebol e mulheres jogam vôlei", que desrespeita a individualidade de cada um, torna o ambiente da educação física mais um espaço agressivo para estudantes trans. Assim, "a escola tornou-se [...] um espaço em que rotineiramente circulam preconceitos que colocam em movimento discriminações de diversas ordens" (Junqueira, 2013, p. 4).

Esses são só alguns exemplos que ilustram as dificuldades enfrentadas por pessoas trans nos espaços de educação formal em um país que desde Xica Manicongo[42] vem lutando por mais políticas de educação, proteção, respeito, igualdade e pelo simples direito de viver para a população trans.

Nesse sentido, este trabalho tem como objetivo apontar algumas políticas voltadas, direta e indiretamente para pessoas trans, que foram aprovadas ou não aprovadas pelo Poder Legislativo ou por intermédio da judicialização da política e analisar os impactos da presença/ausência dessas políticas nos processos de educação formal dessas pessoas.

O trabalho traz uma abordagem qualitativa, com seu aporte teórico e conceitual fundamentado no pós-estruturalismo e na teoria *queer*. Metodologicamente caracteriza-se por um trabalho bibliográfico e documental, por fazer uma revisão dos principais teóricos que norteiam as temáticas sobre gênero, educação e pessoas trans e empreender uma análise dos dispositivos documentais das políticas voltadas direta ou indiretamente para a população trans.

As discussões contemporâneas sobre as relações que envolvem os processos educacionais, em um cenário político nacional que historicamente se omite das questões de gênero e sexualidade, mesmo que estes temas e os impactos sociais nas experiências de alguns grupos sociais minoritários, decorrentes deles, estejam sendo discutidos em múltiplos espaços e por diferentes e divergentes pessoas e grupos políticos.

Existe a consciência e responsabilidade de que o que nos propomos a discutir aqui está inserido em um campo de disputa de ideias, no qual existem compreensões sobre o que é gênero, sexualidade, pessoas trans, políticas públicas, a quem devem ser direcionadas às políticas, quais corpos e vidas são viáveis e devem ter garantido o direito à educação. Compreensões que estão o tempo todo sendo problematizadas, (re)pensadas, proposto novos conceitos e ampliação dos já existentes, o que mostra toda a complexidade do tema e que ele não está findado.

---

[42] Xica Manicongo foi a primeira travesti do Brasil. Moradora da Baixa do Sapateiro, em Salvador, Francisco Manicongo, ou melhor, Xica, era uma negra escravizada que se tornou símbolo de resistência em 1591 (Jesus, 2019).

O texto está dividido em três tópicos que se interligam e se completam. O primeiro tópico traz uma discussão sobre gênero como categoria de análise política e identidade social. Trata sobre os processos de construção social dos gêneros e sobre as visões que historicamente atravessam e normalizam corpos, práticas e posicionamento de pessoas na sociedade. O segundo tópico trata sobre as políticas voltadas direta ou indiretamente para a população trans e como essas políticas são negligenciadas pelo legislativo nacional, o que faz com que os poucos avanços sobre essas políticas sejam concretizados pelo fenômeno da judicialização da política. Junto a isso, relaciona a ausência/presença dessas políticas com os impactos no processo de formação na educação formal de pessoas trans, as violências e o posicionamento social dessas pessoas.

APONTAMENTOS SOBRE GÊNERO E PESSOAS TRANS

Para iniciar qualquer discussão sobre como são significadas e posicionadas as pessoas trans nas relações que constituem a sociedade, dentre elas a educação superior, é fundamental ter como prelúdio o conceito de gênero. Segundo Louro (2000), esse conceito pode ser explicado como parte constituinte da pessoa, a partir das concepções e representações sociais estabelecidas historicamente sobre a construção de corpos, sexo e sexualidades, ou seja, é uma ferramenta política que se constitui sobre os corpos sexuados e enfatiza a construção do sexo biológico a partir de concepções sociais e históricas.

Os nossos corpos são moldados de forma a serem inseridos em padrões de gênero e sexualidade, condicionados à ideia de que a única forma possível de se experienciar os gêneros é a masculina ou feminina. Porém, "o que importa, na definição do que é ser homem ou mulher, não são os cromossomos ou a conformação genital, mas a autopercepção e a forma como a pessoa se expressa socialmente" (Jesus 2012, p. 8). Não seria o biológico o definidor do gênero, mas o modo como a pessoa se percebe, se sente, se significa, se identifica e se situa no mundo, que estabelece as identidades de gênero.

Dessa maneira, é por meio das referências construídas a partir de questões sociais e históricas a respeito dos significados dados a características naturais presentes nos corpos que o gênero é outorgado às pessoas. As identidades de gênero são, nesta perspectiva, uma forma de materialização das normas configuradas a respeito do que seria "normal" para as experiências de cada um (Butler, 2003).

Sendo assim, o que existe é uma complexa rede de pressuposições a respeito dos comportamentos, gostos e desejos de cada um, configurada a partir da designação de gênero, como se fosse naturalmente determinada a forma que cada pessoa deveria se apresentar. Porém, como fala Bento (2008, p. 28), "aquilo que evocamos como um dado natural, o corpo-sexuado, é resultado das normas de gênero".

O corpo, nessa perspectiva, se torna objeto de dominação e submissão, funcionando como um mecanismo de poder nas relações humanas (Foucault, 1988), Assim, as marcas constituídas como pertencentes naturalmente aos corpos trazem significações que servem como meio de produção das hierarquias sociais.

Seguindo esse pensamento, Butler (2014) nos ajuda a entender que existe um processo de demarcação dos corpos, que ao terem o gênero designado entram em uma relação heterossexual de subordinação e, a partir disso, devem incorporar gestos, formas e vivências produzidas a partir das relações de poder exercidas sobre eles.

É nesse sentido que os corpos trans, por não seguirem a apresentação heteronormativa[43] rompem com as fronteiras de gênero que regulam os processos de identidade social. Assim, concordando com Benedetti (2005, p. 17), as identidades padrões e não padrões são autoidentificações que acontecem a partir de visões de mundo, de conhecimento e pertencimento, ou seja, "as múltiplas diferenças e particularidades vivenciadas pelas pessoas nesse universo social não podem ser reduzidas a categorias ou classificações unificadoras".

Contudo, é a partir dos significados construídos a respeito dos corpos de pessoas trans que essas pessoas continuam sendo excluídas dos espaços sociais, dentre eles os espaços de educação formal. A exclusão aqui refere-se a "um processo social de não reconhecimento do outro ou de pura rejeição". Trata-se de uma representação que tem dificuldades de reconhecer no outro direitos que lhe são próprios" (Bursztyn, 2003, p. 60).

A constituição social, segundo Meyer e Petry (2011, p. 195), é pensada a partir de uma visão heteronormativa, que "visa regular e normatizar modos de ser e de viver os desejos corporais e a sexualidade", de acordo com o que socialmente se estabelece para as pessoas, a partir de uma perspectiva biológica e determinista.

---

[43] A heteronormatividade é entendida neste artigo como um conjunto de disposições que vão desde discursos, valores e práticas, por meio das quais é instituída e vivenciada a heterossexualidade como única forma natural, possível e legítima de expressão. Essa norma não tenta regular apenas a sexualidade, mas esforça-se para se impor ao gênero ao pretender naturalizar, sancionar, promover e legitimar a ideia de que a pessoa só será "normal/natural" se seguir a sequência sexo, gênero e sexualidade (Junqueira, 2013).

Essa mesma norma tenta determinar como naturais padrões sociais, éticos, morais, científicos, religiosos, políticos e, principalmente, comportamentais. Todavia, o gênero não deveria ser pensado a partir de determinações biológicas, mas em direção a seu caráter social, no qual se constroem as relações entre os sujeitos. Assim,

> [...] na medida em que o conceito afirma o caráter social do feminino e do masculino, obriga aquelas/es que o empregam a levar em consideração as distintas sociedades e os distintos momentos históricos de que estão tratando. Afasta-se (ou se tem a intenção de afastar) proposições essencialistas sobre os gêneros; a ótica está dirigida para um processo, para uma construção, e não para algo que exista a priori. O conceito passa a exigir que se pense de modo plural, acentuando que os projetos e as representações sobre mulheres e homens são diversos. Observa-se que as concepções de gênero diferem não apenas entre as sociedades ou os momentos históricos, mas no interior de uma dada sociedade, ao se considerar os diversos grupos (étnicos, religiosos, raciais, de classe) que a constituem (Louro, 1997, p. 23).

As identidades de gênero são plurais e experienciadas de maneiras diversas, dinâmicas, transitórias e nunca estão completas, fixas e acabadas. Butler (2003), destaca que os gêneros possuem complexidades tantas que não se poderia chegar a uma totalidade ou homogeneidade plena, pois existe uma constante possibilidade de convergência e dissidência dentro de cada polo binário.

Entretanto, muitas vezes legitimado por um discurso científico, "nos contextos mais conservadores a biologia e, fundamentalmente, o sexo anatômico foi (e ainda é) constantemente acionado para explicar e justificar" a diferença entre sujeitos de gênero (Mayer, 2013, p. 16). É a partir desse discurso que são determinadas as configurações daquilo que torna os gêneros inteligíveis. Logo, "[...] as pessoas só se tornam inteligíveis ao adquirir seu gênero em conformidade com padrões reconhecíveis de inteligibilidade de gênero" (Butler, 2003, p. 37), ou seja, uma relação linear entre sexo, gênero e desejo.

Portanto, o gênero pode ser visto como uma norma, "o aparato pelo qual a produção e a normalização do masculino e do feminino se manifestam" (Butler, 2014, p. 253). Aquilo que temos como pertencentes aos gêneros são efeitos desta norma que produz a noção de "essência do sujeito" e que limita a existência a apenas dois corpos. Porém, ao contrário da visão essencialista presente no senso comum e na própria ciência, o gênero é produção cultural internalizada nos corpos a partir da reiteração de atos, gestos, práticas etc.

O corpo generificado é "criado através de processos discursivos" "[...] e de uma repetição corporal contínua, ou *performance*" de gênero e sexualidade" (Gamson, 2006, p. 354). A performatividade mostra que a linguagem não representa apenas o corpo e o sexo da forma como estes se apresentam, mas cria e constrói significações e representações daquilo que nomeia (Louro, 2001).

Cabe ressaltar, como nos mostra Butler (2000), que a pessoa nunca consegue incorporar e materializar os padrões normativos impostos para o gênero que lhe foi designado. Isso acarreta uma não obediência total àquilo que as normas impõem, ou seja, a performatividade de gênero é sempre incompleta e por isso exige-se uma reiteração constante.

> O fato de o corpo gênero ser marcado pelo performativo sugere que ele não tem status ontológico separado dos vários atos que constituem sua realidade. Isso também sugere que, se a realidade é fabricada como uma essência interna, essa própria interioridade é efeito e função de um discurso decididamente social e público [...]. Se a verdade interna do gênero é uma fabricação, e se o gênero verdadeiro é uma fantasia instituída e inscrita sobre a superfície dos corpos, então parece que os gêneros não podem ser nem verdadeiros, nem falsos, mas somente produzidos como efeitos da verdade de um discurso (Butler, 2003, p. 194-195).

Sendo assim, não existe uma predestinação em cumprir a determinação de nossas estruturas corporais, uma vez que todos os seus significados são construídos socialmente. Por essa razão, como fala Bento (2011), o sistema nunca consegue a unidade desejada, pois existem corpos que rompem, borram e fogem aos processos de fabricação dos gêneros inteligíveis.

Esse é o caso dos corpos trans que ao transgredirem as normas, se colocam em risco por não cumprirem aquilo que designaram como pertencente naturalmente a seus corpos. No entanto, ao romperem com a normatividade revelam as múltiplas possibilidades de desconstrução destas. Desse modo, a experiência trans pode ser caracterizada como,

> [...] uma experiência identitária, que está relacionada à capacidade dos sujeitos construírem novos sentidos para os masculinos e femininos. É uma das múltiplas expressões

> identitárias que emergiram como uma resposta inevitável a um sistema que organiza a vida social fundamentada na produção de sujeitos "normais/anormais" e que localiza a verdade das identidades em estruturas corporais (Bento, 2008, p. 19-20).

Para Foucault (1996), o discurso é o mecanismo de acesso e incorporação da ordem normativa que tenta configurar os sujeitos, uma vez que está o tempo todo produzindo e reproduzindo referências para a sociedade. No entanto, existe uma constante tentativa de imposição de verdades como únicas e universais. O "discurso verdade" é reflexo das relações de poder em que está envolvida a sociedade.

Em vista disso, entendemos discurso a partir de Foucault (1996, p. 49) quando diz que "o discurso nada mais é do que a reverberação de uma verdade nascente diante de seus próprios olhos". Concordamos, também, com Silva (2016, p. 51), que existem mecanismos de domínio como forma de manter o controle sobre o poder e para isso "criam-se barreiras para o uso do discurso, o qual deixa de ser de domínio de todos para se tornar domínio de poucos".

No caso das pessoas trans, existem vários discursos que tentam defini-las ou categorizá-las, como discursos biomédicos, jurídicos, religiosos, dentre outros que, muitas vezes, as colocam em lugares da anormalidade, patologia, exclusão, condenação eterna, dentre outros. Entretanto, esses discursos estão carregados da visão de mundo construída a partir das normas de gênero.

Ressalta-se que quando se fala de pessoas trans deve-se ir além daquilo que tradicionalmente se reproduziu a respeito das representações sexuais do corpo, que são a base para a produção de visões binárias excludentes. Logo, o termo transgênero não pode se encerrar em uma única definição que o limite, mas "a humanidade vivida na e pela fronteira transgênero que extrapola o binarismo redutível ao ser mulher ou ao ser homem, há que ser produzida para quiçá ser reconhecida" (Becker, Souza, 2015, p. 649).

Segundo Dias e Cruz (2015), os processos identitários podem ser entendidos como os modos de ação e de discurso que provocam os sentidos sociais e culturais. Existe uma construção por parte da sociedade de papéis, lugares, falas etc., destinados naturalmente a homens e mulheres, que constroem os corpos tidos como masculinos e femininos. Isso faz com que toda e qualquer outra forma de experiência que fuja desse padrão seja deslegitimada.

Preciado (2014, p. 29) nos mostra que tudo isso faz parte de uma "tecnologia sofisticada que fabrica corpos sexuais" e que é por meio dessas tecnologias de internalização de padrões de gênero e sexualidade que se produzem e normalizam as identidades "normais". Isso torna necessário que se discuta e se dê visibilidade a outras experiências identitárias fora da heteronormatividade ou da cisnormatividade.

Nesse mesmo contexto, Miskolci (2014) nos ajuda a perceber que a heteronormatividade ou a cisnormatividade se impõem às pessoas por meio de violências simbólicas e físicas, que na maioria das vezes são direcionadas principalmente àquelas pessoas que rompem com as normas padrões dos gêneros. Isso pode ser visto em instituições como a escola e a universidade, que deveriam ser espaços de igualdade, porém ainda são espaços nos quais impera a cisnormatividade.

A cisnormatividade pode ser entendida e englobada dentro do conceito de heteronormatividade, uma vez que definem as identidades de gênero ininteligíveis, cuja existência é uma provocação à normatividade, como "aquelas em que o gênero não decorre do sexo e aquelas em que as práticas do desejo não 'decorrem' nem do 'sexo' nem do 'gênero'", e a identidade de gênero como "uma relação entre sexo, gênero, prática sexual e desejo" (Vergueiro, 2015, p. 57).

A existência das experiências transitórias de gênero nos faz perceber que não estamos obrigados a cumprir e internalizar os padrões tidos como "naturais/normais" impostos aos nossos corpos. Contudo, a visão que impera na sociedade é a de corpos "normais/naturais" e isso vai se materializar nas experiências violentas pelas quais as pessoas trans passam ao longo da sua vida.

Um desses espaços de violência é a escola, vista como uma instituição que silencia a dor sofrida e, a partir da forma como está constituída, legitima normas e valores hegemônicos da sociedade heteronormativa, além de silenciar e camuflar agressões àqueles que, em algum aspecto, não se enquadram na ordem regulatória de gênero instituída como a "natural" (Silva, 2008).

Além de tudo isso, Silva (2008) explica que dentro da vida escolar de pessoas trans existem muitos espaços que trazem experiências marcantes, como as aulas de educação física, o recreio no pátio da escola e os momentos do uso do banheiro. O espaço da escola acaba se tornando um território de treinamento para as experiências que terão na vida em sociedade, ou seja, a escola acaba produzindo e reproduzindo as mesmas violências presentes na vida social ao refletir e reforçar referências de exclusão que estão colocadas e naturalizadas.

Um exemplo disso é a relação das pessoas trans com o uso dos banheiros, uma vez que a organização física dos espaços de educação formal, tanto básica como superior, são rigidamente pensadas a partir da separação entre masculino e feminino, com base na heteronormatividade. O banheiro desempenha uma função que vai muito além de um local para realização de necessidades fisiológicas, ele é um lugar que demarca e marca corpos como "normais" ou "anormais" (Silva, 2008).

> São múltiplas as violências cometidas contra as pessoas transexuais. A patologização social dessa experiência identitária talvez seja a mais cruel, pois irradia a convicção de que são pessoas inferiores. Cruzar os limites dos gêneros é colocar-se em uma posição de risco. Quando se afirma que existe uma norma de gênero, deve-se pensar em regras, leis, interdições e punições (Bento, 2011, p. 554).

Temos um universo de agressões físicas, verbais ou simbólicas produzidas e reproduzidas nas escolas e universidades, bem como em outros espaços de socialização nos quais as pessoas trans tentam ocupar. Segundo Junqueira (2009, p. 27), a reiteração dessas práticas "pode conduzir a pessoa a se sentir envergonhada, culpada e até merecedora da agressão sofrida".

Entretanto, entendemos que a construção de identidades coerentes, "em conformidade com o eixo disjuntivo feminino/masculino, está fadado ao fracasso" (Butler, 2003, p. 53), visto que a partir do momento em que se consiga dar visibilidade a outras significações, experiências e expressões dos gêneros e das sexualidades, a sociedade poderá entender que a heterossexualidade não é e nem nunca foi a única experiência de se viver e existir na sociedade.

A AUSÊNCIA DE POLÍTICAS E O REFLEXO NA EDUCAÇÃO E VIDA DE PESSOAS TRANS

O discurso do senso comum reproduz a ideia de que entrar e permanecer nos espaços de educação formal é uma prerrogativa do mérito individual, porém essa visão deixa de fora todas as práticas discriminatórias presentes na forma como está constituída a escola. Os atravessamentos, como gênero, raça, classe e sexualidade ocupam lugar central no posicionamento desigual de pessoas nesse espaço.

Quando se fala de educação é perceptível a normalização binária de gênero a partir de uma perspectiva heterocisnormativa, construindo fronteiras que jamais deveriam ser transgredidas. Assim, a inclusão daqueles que são posicionados do lado dos excluídos é perpassada por processos de ocultamento, silenciamento, invisibilidade, estigma e abjeção. Segundo Rios e Resadori (2018), essas violências ferem tanto o físico quanto o não físico.

> A violência física, mais visível e brutal, atinge diretamente a integridade corporal, quando não chega às raias do homicídio. A segunda forma de violência, não-física, mas não por isso menos grave e danosa, consiste no não reconhecimento e na injúria. O não-reconhecimento, ou o reconhecimento de modo inferiorizado, configura uma forma de ostracismo ou subjugação social, que nega ou subestima o valor de modo de ser ou de viver, favorecendo condições para que ocorra o tratamento degradante e insultuoso das pessoas que assim são ou vivem (Rios; Resadori, 2018, p. 632).

Essas violências sofridas e que tornam os espaços de educação excludentes, dentre elas as transfóbicas, muitas vezes são tratadas como casos esporádicos e pontuais, no entanto deveriam ser pensadas como um fenômeno constituído institucionalmente, uma vez que se otimiza as práticas de subjugação social. Ao se omitir desse debate, a escola reforça a dificuldade em se garantir a discussão sobre as questões de gênero e sexualidade na arena pública, ou seja, ela parece se negar a inserir na sua prática os saberes e conhecimentos produzidos por ela própria.

Portanto, falar de pessoas trans é fazer o deslocamento dos significados a respeito de uma determinada pessoa, da referência à sua genitália. É uma dimensão sempre complexa da existência humana. Desse modo, as pessoas trans não podem ser excluídas dos processos educativos por conta de uma estrutura que não consegue reconhecer a multiplicidade de possibilidades de se experienciar os gêneros e as sexualidades. A educação precisa ser vista como um direito fundamental para todos, como está previsto no artigo 205 da Constituição Federal de 1988, pois quando é negado a qualquer pessoa o acesso e os mecanismos de permanência na educação, estamos restringindo direitos básicos, não só o direito à educação, mas todas as oportunidades que decorrem dela.

Ao longo da história vários documentos buscaram construir igualdade para todos e romper com processos discriminatórios. A Declaração Universal de Direitos Humanos de 1948, já traz a defesa do direito a igualdade e a não discriminação enquanto princípios fundamentais dos direitos humanos[44].

---

[44] As questões relacionadas à identidade de gênero não aparecem no documento, pois discussões relacionadas à essas questões ainda não estavam em voga quando da criação da declaração.

Em 2007 foi publicado os Princípios de Yogyakarta, que tratam sobre a aplicação da legislação internacional de direitos humanos relacionadas às áreas de orientação sexual e identidade de gênero. Esse documento não tem força de lei, mas os princípios contidos nele foram incorporados pela comunidade internacional e empregados como orientação aos Estados membros para o desenvolvimento e aplicação de políticas internas, pois segundo o documento, toda pessoa tem direito à educação, sem que seja discriminada por motivo de sua orientação sexual e identidade de gênero.

A ONU em 2013 lançou as recomendações para os Estados sobre quais seriam suas obrigações relacionadas a políticas voltadas para a população de Lésbicas, Gays, Bissexuais, Transgêneros, Queers, Interssexuais, Assexuais e outros grupos e variações de sexualidade e gênero que fogem da heterocisnormatividade - LGBTQIA+, tendo como principal recomendação a proteção contra a violência homofóbica e transfóbica, assim como a proibição de qualquer forma de discriminação fundada na orientação sexual e identidade de gênero (Reis; Eggert, 2017). Esses documentos internacionais vão refletir na legislação nacional e vão gerar políticas importantes para a população LGBTQIA+.

A exemplo disso, tivemos a aprovação em 2012 das Diretrizes Nacionais para a Educação em Direitos Humanos, nas quais se encontram diversas referências a gênero e orientação sexual, além do reconhecimento de que todas as pessoas devem ter oportunidade de usufruírem de uma educação democrática e livre de discriminação, independente de sexo, orientação sexual e identidade de gênero (Brasil, 2012).

Também em 2012, as Diretrizes Curriculares Nacionais para o ensino médio determinaram que a educação em direitos humanos é obrigatória e o projeto político-pedagógico das instituições deveriam considerar a valorização e a "promoção dos direitos humanos mediante temas relativos a gênero, identidade de gênero, raça e etnia, religião, orientação sexual, pessoas com deficiência, entre outros" (Brasil, 2012, p. 4).

Há décadas vem ocorrendo, em âmbito internacional e nacional, processos voltados para a promoção da equidade entre os gêneros e respeito à diversidade sexual (Reis; Eggert, 2017). Nesse cenário, a educação é vista como fundamental para que alcancemos esse objetivo. Contudo, ao mesmo tempo em que temos forças lutando para tornar reais os direitos à população LGBTQIA+, incluindo aí as pessoas trans, temos forças fazendo o caminho contrário e tentando de todas as formas barrar os processos de construção de igualdade e manter essas pessoas às margens da sociedade.

Muitas dessas iniciativas citadas, mesmo aprovadas, não "saem do papel" e outras sequer são aprovadas, uma vez que grupos conservadores ocupam no Brasil, muitos espaços de poder decisório. Esse é o caso de políticas de iniciativa do Governo Federal e do movimento LGBT geradas desde 2004, como o Programa Brasil Sem Homofobia, o Plano Nacional de Promoção da Cidadania e Direitos Humanos de LGBT e o Programa Escola Sem Homofobia.

Além dessas, Azevedo (2021) apresenta uma série de Projetos de Leis que trazem em seu escopo pautas de combate à discriminação contra a população trans, que foram arquivados ou estão em uma eterna tramitação no Congresso Nacional. Como exemplo, temos a PL n.º 6424/2013, que estabelece a notificação compulsória, no território nacional, no caso de violência contra transexuais, travestis, lésbicas, bissexuais e gays que forem atendidos em serviços de saúde públicos ou privados; a PL n.º 622/2015, que dispõe sobre a proibição do uso de recursos públicos para contratação de artistas que, em suas músicas, desvalorizem, incentivem a violência ou exponham as mulheres a situação de constrangimento, ou contenham manifestações de homofobia, discriminação racial ou apologia ao uso de drogas ilícitas; PL n.º 7292/2017, que altera o art. 121 do Decreto-Lei no 2.848, de 7 de dezembro de 1940 - Código Penal, para prever o LGBTcídio como circunstância qualificadora do crime de homicídio, e o art. 1º da Lei no 8.072, de 25 de julho de 1990, para incluir o LGBTcídio no rol dos crimes hediondos; PL n..º 3453/2019, Altera o Decreto-Lei n.º 2.848, de 7 de dezembro de 1940 - Código Penal, para inserir, nos crimes de homicídio e lesão corporal, a causa de aumento de pena quando esses forem motivados pela transexualidade e/ou orientação sexual da vítima.

No entanto, mesmo com essa inércia da legislação, algumas pautas relacionadas à população LGBTQIA+ avançaram. Como exemplo, em 13 de junho de 2019, o Supremo Tribunal Federal (STF) determinou que a discriminação por orientação sexual e identidade de gênero passasse a ser considerada crime. A partir de então, a conduta passa a ser punida pela Lei de Racismo n.º 7716/89. Essa decisão ficará valendo até que o Congresso Nacional edite uma lei própria para a questão, uma vez que suas ações têm sido omissas a respeito da temática.

No que tange às pessoas trans, uma grande vitória pela luta de reconhecimento, igualdade, equidade e respeito foi a decisão do STF em 1° de março de 2018, por intermédio da Ação Direta de Inconstitucionalidade

(ADI) n.º 4275, na qual decidiu ser possível a alteração de prenome e gênero no Registro Civil sem a necessidade de realização de cirurgia de redesignação de sexo.

Em vista disso, percebe-se que os poucos avanços da pauta LGBTQIA+ no Brasil só acontecem por meio do fenômeno conhecido como judicialização da política, no qual o Supremo Tribunal Federal – STF, em decorrência da omissão do Poder Legislativo, assume o papel de legislador. Ainda assim, as decisões não são leis, são jurisprudências, portanto frágeis e podem cair a qualquer momento.

> Judicialização significa que questões relevantes do ponto de vista político, social ou moral estão sendo decididas, em caráter final, pelo Poder Judiciário. Trata-se, como intuitivo, de uma transferência de poder para as instituições judiciais, em detrimento das instâncias políticas tradicionais, que são o Legislativo e o Executivo. [...] Exemplos numerosos e inequívocos de judicialização ilustram a fluidez da fronteira entre política e justiça no mundo contemporâneo, documentando que nem sempre é nítida a linha que divide a criação e a interpretação do direito (Barroso, 2018, p. 44-45).

O Poder Legislativo, segundo Azevedo (2021), composto por pessoas eleitas pelo povo com o compromisso de representá-lo, se mostra conservador e hostil quando se trata de pautas relacionadas à população LGBTQIA+. Muito desse conservadorismo do legislativo se dá por conta do crescimento da chamada bancada evangélica no Congresso Nacional, que legisla arduamente contra qualquer medida que trate de temas que tenham como pauta as minorias sexuais e de gênero.

> A pauta da bancada evangélica é ao mesmo tempo ampla e coesa, na sua oposição fundamentalista. Abrange desde igualdade racial e de gênero até aborto, eutanásia e casamento entre pessoas do mesmo sexo. Com particular atenção aos direitos LGBT, a bancada criou uma barreira intransponível a qualquer projeto de lei nesse sentido. É emblemática sua oposição a projetos de lei para criminalizar a discriminação contra a comunidade LGBT. Sua atuação anti-homossexual extravasa a ação parlamentar. Foi assim no caso da oposição às resoluções do Conselho Federal de Psicologia (CFP), que a partir de 1999 passaram a impedir psicólogos de tratar a homossexualidade como doença. O pretexto alegado foi o direito das pessoas de optarem pela chamada "cura gay", esse também um tema

> caro ao ideário evangélico fundamentalista. Sua atuação empedernida avançou até o ponto de criar projetos para legalizar o impedimento às pautas LGBTs. Isso se deu com o polêmico Estatuto da Família (PL 6583, encaminhado em 2013), que objetivava restringir o conceito de família, sacralizando o casal heterossexual como base do núcleo familiar (Trevisan, 2019, p. 443).

Esse fundamentalismo religioso, associado a outras forças conservadoras, movidas muitas vezes por questões políticas e eleitoreiras, fazem com que o Poder Legislativo seja omisso quando se trata de legislar sobre o reconhecimento de direitos e maior proteção à população LGBTQIA+. Em razão dessa inércia do legislativo, as questões são deslocadas para o Poder Judiciário, notadamente o STF (Azevedo, 2021).

A aceitação, aplicação e legalização de políticas públicas colaboram para a ampliação e, principalmente, o acesso da população trans aos espaços de educação formal. Entretanto, vivenciamos um momento pouco favorável às populações politicamente minoritárias, como é o caso das pessoas trans. Assistimos, nos últimos anos, a poucos avanços relacionados a políticas educacionais e de reconhecimento da população trans e LGBTQIA+, assim como vimos alguns retrocessos se consolidando, como a exclusão/retirada a qualquer menção e discussão sobre questões relacionadas à diversidade e a igualdade de gênero no âmbito escolar e a retirada, pelo Ministério da Educação - MEC, dos termos "gênero" e "orientação sexual" da versão final da Base Nacional Comum Curricular, aprovada em 2017.

Junto a isso, no primeiro dia de governo, o presidente Jair Bolsonaro extinguiu, por meio da Medida Provisória n.º 870/19, sem nenhuma justificativa, as Secretarias que tratavam das políticas públicas de combate à discriminação à população LGBTQIA+. Essa ação, dentre outras, revela a contradição presente nas políticas de um governo que se elegeu reivindicando um discurso de salvaguarda da democracia e na contramão disso extingue os parcos mecanismos que alguns grupos têm para conseguirem ter acesso a essa democracia, ou seja, as políticas públicas.

Nesse contexto, quando falamos de acesso e permanência de pessoas trans à educação formal, queremos revelar o quando a escola e a universidade reproduzem uma lógica social de violência contra essa população, que se materializa na ausência de mecanismos que fazem com que essas pessoas consigam ficar nesses espaços educacionais (Bento, 2011).

Andrade (2016), diz que as pessoas trans sofrem nos espaços educacionais formais uma pedagogia da violência. Essa é uma pedagogia que tenta fazer com que as pessoas tenham comportamentos de acordo com os padrões normativos instituídos socialmente para os gêneros, nem que para isso usem de violência física, psicológica, moral e de muitos outros aspectos que tornam a experiência das pessoas trans nesses espaços, insuportável.

A autora ainda diz que a violência exercida contra pessoas trans nos espaços educativos formais tenta colocá-las no lugar de anormais e de destituídas de direitos. Quando não normatizam seus comportamentos de acordo com o universo masculino ou feminino padrão, são ocultadas, negadas e violentadas. A sua negação nas salas de aula gera confinamento, exclusão e as transforma em desviantes e indesejadas. Quando isso ocorre na escola ou na universidade, a pressão é tão intensa que as obriga a abandonar os estudos.

A escola tenta passar a ideia de que o abandono é uma evasão voluntária, ou seja, foi uma escolha da própria pessoa. No entanto, essa é uma forma de culpabilizar a pessoa e mascarar o fracasso da escola em lidar com a multiplicidade de experiências de gênero e sexualidade. Andrade (2016) chama esse processo de "evasão involuntária", pois o abandono dos estudos por uma pessoa trans é induzido pela própria escola, na qual são simbolicamente, ou não, submetidos a tratamentos constrangedores, ao ponto de não conseguirem mais ficar naquele espaço.

Isso pode ser percebido nos números relacionados à educação das pessoas trans. Segundo a Associação Nacional de Travestis e Transexuais (ANTRA), cerca de 70% das pessoas trans não concluem o ensino médio. Sobre o ensino superior, a ANTRA estima que apenas 0,02% das pessoas trans conseguem chegar à universidade (Benevides; Nogueira, 2020). Esse dado é ainda mais alarmante por revelar o quanto a educação é desigual e não chega a todos.

Sendo assim, as políticas de inserção e permanência de pessoas trans nos espaços de educação formal são meios de garantir a continuidade da educação para essas pessoas que já enfrentam diversas formas de violência e violação dos seus direitos no percurso de toda a sua vida, o que cria impedimentos para acesso ao mundo do trabalho, à saúde pública, à segurança e aos processos educativos, tudo isso pelo simples fato de sua condição, identidade e expressão de gênero.

A exclusão das pessoas trans desses espaços acaba por posicioná-las em lugares tidos como marginalizados. A ANTRA aponta que 90% das pessoas trans recorrem à prostituição ao menos em algum momento da vida. Isso faz com que o próprio direito à vida seja negado a essas pessoas.

Uma pessoa trans no Brasil vive em média 35 anos, segundo a ANTRA (2021), menos da metade da estimativa de vida da população em geral, que é de 77 anos, segundo o estudo Tábuas de Mortalidade publicado pelo Instituto Brasileiro de Geografia e Estatística (IBGE, 2022). Essa vulnerabilidade social, a qual está sujeita a população trans, é reflexo da falta de políticas públicas efetivas de combate à violência e ao preconceito, assim como de enfrentamento das múltiplas formas de exclusão que estão naturalizadas nos espaços educativos, desde a educação infantil até à pós-graduação.

Não podemos naturalizar que o lugar das pessoas trans é o lugar da violência, que essas vidas importam menos. Todavia, ainda vivemos uma realidade brutal de violência, pois o Brasil é o país que mais mata travestis e transexuais no mundo. Segundo Dossiê Assassinatos e Violência contra Travestis e Transexuais Brasileiras em 2020, publicado pela ANTRA, foram 175 assassinatos contra pessoas que expressavam o gênero feminino em contraposição ao gênero designado no nascimento (Benevides; Nogueira, 2021), o que representa um crescimento de mais de 41% em relação ao ano de 2019, que registou 124 assassinatos.

Toda essa violência é fruto de transfobia, ou seja, "o preconceito e/ou discriminação em função da identidade de gênero de pessoas transexuais ou travestis" (Jesus, 2012, p. 29). Apesar de algumas semelhanças, não devemos confundir esse termo como se fosse a mesma coisa que homofobia, um termo mais conhecido e usado quando se fala de violência contra pessoas LGBTQIA+. Homofobia é entendido como rejeição, aversão, medo ou ódio irracional aos homossexuais (Koehler, 2013), ou seja, estamos falando de preconceito, discriminação e violência direcionadas a determinadas pessoas por conta de sua orientação sexual. Quando falamos de transfobia estamos falando também de discriminação, preconceito e violência, mas motivados pela identidade de gênero.

A atual legislação brasileira compreende como crime o tratamento desigual de qualquer cidadão brasileiro por motivos de orientação sexual ou qualquer outro fator, Art. 5º da Constituição de 1988. O nome social e a mudança de prenome já são aceitos pela justiça sem a necessidade de cirurgia de mudança de sexo, provimento nº 73/18. Contudo, a existência da lei não garante o acesso à cidadania pelas pessoas trans, uma vez que está perpassa pelas relações na sociedade civil, lugar em que seria necessária uma maior compreensão da ideia de respeito à pessoa humana e a sua livre manifestação individual.

Portanto, a patologização e o preconceito da transfobia acabam por negar às pessoas trans o pleno exercício da cidadania e reproduzem as violências sofridas por essa população. Nesse sentido, as políticas públicas voltadas para a população trans são fundamentais para que essas pessoas consigam ocupar os espaços de educação formal que também são delas, mas que é negado por uma estrutura social conservadora.

CONSIDERAÇÕES FINAIS

No decorrer do artigo observamos o quanto é importante a concretização de políticas voltadas para pessoas trans, uma vez que podem agir diretamente no acesso e permanência dessa população nos espaços de educação formal. É presente a impossibilidade de conclusão das etapas da educação formal devido ao frequente não reconhecimento de sua identidade de gênero. Esse é apontado como um dos grandes problemas sociais que atinge essa população.

O não reconhecimento das identidades de gênero trans e consequentemente a sua exclusão da educação formal é o resultado da escola ainda está estruturada em uma lógica heterocisnormativa, a qual torna esse espaço um reprodutor das mesmas normatividades de gênero que compõem a estrutura social. Sendo assim, entendemos o quanto essas políticas são importantes, bem como percebemos a necessidade de que elas saiam do papel e sejam ampliadas para que de fato consigamos perceber transformações reais na garantia de direitos à educação a todas, todes e todos.

Podemos perceber que os poucos avanços que a população trans obteve nos últimos anos, como a política do nome social e a possibilidade de retificação de prenome e gênero nos documentos, já trouxeram mudanças significativas no acesso e permanência dessas pessoas nos espaços educacionais formais. Políticas como essas deveriam inspirar o legislativo na construção de novas ações para outros grupos sociais excluídos da educação, assim como para a população trans, principalmente se considerarmos a pedagogia da violência experienciada na educação formal.

Identificamos que de fato existe uma grande omissão por parte do Poder Legislativo em relação a aprovação de políticas que sejam direcionadas às populações que compõem a sigla LGBTQIA+, na qual estão inseridas as pessoas trans. O legislativo, que deveria representar o povo, devido a bancada evangélica, associada a outras bancadas conservadoras e a interesses políticos eleitoreiros, ao longo da história tem deixado de lado ou atuado contra projetos que poderiam diminuir o abismo que existe entre pessoas cis e pessoas trans.

Essa omissão do legislativo faz com que o Poder Judiciário tome decisões que não são atribuições de seu poder. A judicialização da política tem se tornado o meio para que as minorias sociais consigam avançar nos seus direitos, pois no caso da população LGBTQIA+, os avanços mais importantes aconteceram por ações do Supremo Tribunal Federal - STF, como a união estável entre casais do mesmo sexo, o casamento homoafetivo, a mudança de prenome e gênero nos documentos, a homofobia como crime, dentre outros.

Por fim, a partir de todos os elementos apresentados neste artigo, destacamos a necessidade urgente de ampliação desse debate e de investimentos sobre as políticas de educação voltadas para as pessoas trans, pois a educação formal ainda está muito longe de ser para todos e da forma como se apresenta, deixa claro que nem quer alguns desses todos. Como dito, estima-se que mais de 70% das pessoas trans não chegam a concluir o ensino médio e apenas 0,02% conseguem entrar em uma universidade, no país que mais mata travestis e transexuais no mundo.

A inclusão e o debate sobre as temáticas de identidade de gênero precisam ser pauta da educação e dos espaços de decisão. Desenvolver políticas efetivas para o acesso e a permanência das pessoas trans na educação formal são medidas urgentes diante do cenário nacional, pois não é só criar uma política que permita e ajude essas pessoas a entrarem, mas pensar em todas as desigualdades que permeiam a realidade dessas pessoas, desde moradia, saúde, alimentação, segurança etc. A educação precisa de fato chegar a todas, todes e todos.

REFERÊNCIAS

ANDRADE, Luma Nogueira de. **Travestis na escola**: assujeitamento e resistência à ordem normativa. 2012. Tese (Doutorado em Educação) – Universidade Federal do Ceará, Fortaleza, 2012.

ANTRA. **Associação Nacional de Travestis e Transsexuais.** Disponível em: https://antrabrasil.org/. Acesso em: 13 abr. 2021.

AZEVEDO, Igor Nóvoa dos Santos Velasco. **A criminalização da homotransfobia e a judicialização da política no STF como forma de concretizar direitos fundamentais.** Jus.com.br, 2021. Disponível em: https://jus.com.br/artigos/92013/a--criminalizacao-da-homotransfobia-e-a-judicializacao-da-politica-no-stf-como--forma-de-concretizar-direitos-fundamentais. Acesso em: 20 fev. 2021.

BARROSO, Luís Roberto. **A judicialização da vida e o papel do Supremo Tribunal Federal.** Belo Horizonte: Fórum, 2018.

BRASIL. Conselho Nacional de Justiça. **Provimento n. 73, de 28 de junho de 2018.** Dispõe sobre a averbação da alteração do prenome e do gênero nos assentos de nascimento e casamento de pessoa transgênero no Registro Civil das Pessoas Naturais (RCPN). Disponível em: https://www.mpf.mp.br/pfdc/manifestacoes--pfdc/nota-tecnica-pfdc-mpf-1-2023. Acesso em: 8 jun. 2021.

BRASIL. **Diretrizes Nacionais para a Educação em Direitos Humanos.** Brasília, DF: Conselho Nacional de Educação, 2012. Disponível em: https://www.gov.br/mdh/pt-br/navegue-por-temas/educacao-em-direitos-humanos/diretrizes-nacionais-para-a-educacao-em-direitos-humanos. Acesso em: 22 fev. 2021.

BRASIL. Supremo Tribunal Federal. Ação direta de inconstitucionalidade n. 4275/DF. Requerente: Procuradoria Geral da República. Relator: Min. Marco Aurélio. **Diário da Justiça Eletrônico,** 6 mar. 2018. Disponível em: https://redir.stf.jus.br/paginadorpub/paginador.jsp?docTP=TP&docID=749297200. Acesso em: 3 mar. 2021.

BRASIL. **Resolução CNE/CEB nº 2/2012.** Define Diretrizes Curriculares Nacionais para o Ensino Médio. Brasília, 2012. Disponível em: https://abmes.org.br/legislacoes/detalhe/1184/resolucao-cne-ceb-n-2#:~:text=Define%20Diretrizes%20Curriculares%20Nacionais%20para,%C3%A9%20revogada%20por%20nenhuma%20Legisla%C3%A7%C3%A3o. Acesso em: 20 fev. 2021.

BECKER, Simone; SOUZA, Lauriene Seraguza Olegário e. Transgênero. *In:* COLLING, Ana Maria; TEDESCHI, Losandro Antônio (org.). **Dicionário Crítico de Gênero.** Dourados, Mg: Ufgd, 2015. p. 648-650.

BENEDETTI, Marcos. **Toda Feita:** o corpo e o gênero das travestis. Rio de Janeiro: Garamond, 2005.

BENEVIDES, Bruna G.; NOGUEIRA, Sayonara Naider Bonfim. **Dossiê Assassinatos e Violência contra Travestis e Transexuais Brasileiras em 2020.** São Paulo: Expressão Popular, ANTRA, IBTE, 2021.

BENTO, Berenice. Na escola se aprende que a diferença faz a diferença. **Revista de Estudos Feministas**, v. 19, n. 2, p. 548-559, maio/ago 2011. Disponível em: https://periodicos.ufsc.br/index.php/ref/article/view/S0104-026X2011000200016. Acesso em: 20 jan. 2021.

BENTO, Berenice Alves de Melo. **O que é transexualidade**. São Paulo, Brasiliense. 2008.

BRASIL. **Diretrizes Curriculares para o ensino médio.** Disponível em: http://basenacionalcomum.mec.gov.br/wpcontent/uploads/2018/04/BNCC_Ensino-Medio_embaixa_site.pdf. Acesso em: 20 jan. 2021.

BURSZTYN, Marcel (org.). **No meio da rua**: Nômades, excluídos e viradores. Rio de Janeiro: Garamond, 2003.

BUTLER, Judith. Regulações de Gênero. **Cadernos Pagu**, v. 42, p. 249-274, 2014. Disponível em: https://www.scielo.br/j/cpa/a/Tp6y8yyyGcpfdbzYmrc4cZs/. Acesso em: 20 jan. 2021.

BUTLER, J. **Problemas de Gênero**: feminismo e subversão de identidade. Rio de Janeiro: Civilização Brasileira, 2003.

BUTLER, Judith. Corpos que pesam. *In:* LOURO, Guacira. **O corpo educado**: pedagogias da sexualidade. Belo Horizonte: Autêntica, 2000.

DIAS, Alfrâncio Ferreira; CRUZ, Maria Helena Santana. A produção/reprodução do corpo generificado na escola. **Cadernos de Pesquisa**, v. 22, n. 3, p. 25-41, 2015. Disponível em: https://www.sumarios.org/artigo/produ%C3%A7%C3%A3oreprodu%C3%A7%C3%A3o-do-corpo-generificado-na-escola. Acesso em: 9 fev. 2022.

FOUCAULT, Michel. **A ordem do Discurso**. São Paulo: Edições Loyola, 1996.

FOUCAULT, Michel. **História da sexualidade I**: vontade de saber. Tradução de Maria Tereza da Costa Albuquerque e J. A. Guilhon Albuquerque. Rio de Janeiro: Edição Graal, 1988.

GAMSON, Joshua. As sexualidades, a teoria queer e a pesquisa qualitativa. *In:* DENZIN, Norman; LINCOLN, Yvonna S. O **planejamento da pesquisa qualitativa -Teorias e abordagem.** Tradução de Sandra Regina Netz. 2. ed. Porto Alegre: Artemed, 2006.

IBGE. **Tábua Completa de Mortalidade para o Brasil** - 2021. Disponível em: https://www.ibge.gov.br/estatisticas/sociais/populacao/9126-tabuas-completas--de-mortalidade.html. Acesso em: 13 abr. 2022.

JESUS, Jaqueline Gomes. **Orientações sobre identidade de gênero**: conceitos e termos. Guia técnico sobre pessoas intersexuais, travestis e demais transgêneros, para formadores de opinião. 2. ed. Brasília, 2012. Disponível em: http://www. diversidadesexual.com.br/wp-content/uploads/2013/04/G%C3%8ANERO-CON-CEITOS-E-TERMOS.pdf. Acesso em: 9 fev. 2022.

JESUS, Jaqueline Gomes de. XICA MANICONGO: A TRANSGENERIDADE TOMA A PALAVRA. v. 3, n. 1. **ReDoc**. Rio de Janeiro, 2019. Disponível em: file:///C:/Users/USER/Downloads/41817-145153-1-PB.pdf. Acesso em: 15 set. 2019.

JUNQUEIRA, Rogério Diniz. Pedagogia do armário: a normatividade em ação. **Revista Retratos da Escola**. Brasília, DF, v. 7, n. 13, p. 481-498, jul/dez. 2013. Disponível em: https://edisciplinas.usp.br/pluginfile.php/4255854/mod_resource/content/1/PedagogiaDoArmario_RogerioJunqueira.pdf. Acesso em: 29 set. 2019.

JUNQUEIRA, R.D. Homofobia nas escolas: um problema de todos. *In:* **Diversidade Sexual na Educação: problematizações sobre a homofobia nas escolas**. Brasília-DF: MEC/Unesco, 2009.

KOEHLER, Sonia Maria Ferreira. Homofobia, cultura e violências: a desinformação social. **Revista Interacções**, v. 9, n. esp. 26, 2013. p. 129-151.Disponível em: https://revistas.rcaap.pt/interaccoes/article/view/3361. Acesso em: 27 jan. 2021.

LOURO, Guacira Lopes. Teoria Queer: uma política pós-identitária para a educação. **Estudos Feministas**, Florianópolis, v. 9, n. 2, jun./dez. 2001. Disponível em: https://www.scielo.br/j/ref/a/64NPxWpgVkT9BXvLXvTvHMr/?format=pdf&lang=pt. Acesso em: 22 set. 2019.

LOURO, Guacira Lopes. Pedagogias da sexualidade. *In:* LOURO, Guacira Lopes (org.). **O corpo educado**: pedagogias da sexualidade. Belo Horizonte: Autêntica, 2000, p. 7-34.

LOURO, Guacira Lopes. Gênero e Magistério: Identidade, História, Representação. *In:* CATANI, D. *et al.* (org.). **Docência, memória e gênero: estudos sobre formação**. São Paulo: Escrituras Editora, 1997.

MEYER, Dagmar. Gênero e educação: teoria e política. In. LOURO, Guacira Lopes; NECKEL, Jane Felipe; GOELLNER, Silvana Vilodre. **Corpo, gênero e sexualidade**: um debate contemporâneo na educação. Petrópolis: Vozes, 2013. p. 11-29.

MEYER, Dagmar Elisabeth Estermann; PETRY, Analídia Rodolpho. Transexualidade e heteronormatividade: algumas questões para a pesquisa. **Textos & Contextos**: Porto Alegre, v. 10, n. 1, p. 193 - 198, jan./jul. 2011, p. 195. Disponível em: https://revistaseletronicas.pucrs.br/ojs/index.php/fass/article/view/7375. Acesso em: 16 set. 2019.

MISKOLCI, Richard. Estranhando as Ciências Sociais: notas introdutórias sobre Teoria Queer. **Florestan.** São Carlos. n. 2, p. 8, 2014. Disponível em: https://www.revistaflorestan.ufscar.br/index.php/Florestan/article/view/62. Acesso em: 17 set. 2019.

PRECIADO, Paul B. **Manifesto Contrassexual: práticas subversivas de identidade sexual.** São Paulo: N-1 Edições, 2014.

PRINCÍPIOS de Yogyakarta: **princípios sobre a aplicação da legislação internacional de direitos humanos em relação à orientação sexual e identidade de gênero.** Tradução Jones de Freitas. jul. 2007. Disponível em: http://www.dhnet.org.br/direitos/sos/gays/principios_de_yogyakarta.pdf. Acesso em: 26 out. 2017.

REIS, Toni; EGGERT, Edla. Ideologia de gênero: uma falácia construída sobre os planos de educação brasileiros. **Educ. Soc.**, Campinas, v. 38, n. 138, p. 9-26, jan-mar, 2017. Disponível em: https://www.scielo.br/j/es/a/htcmPttvFjg4sb8rYT8CzPD/abstract/?lang=pt. Acesso em: 29 set. 2019.

RIOS, R. R.; RESADORI, A. H. Gênero e seus/suas detratores/as: "ideologia de gênero" e violações de Direitos Humanos. **Psicologia Política**, v. 18, n. 43, 2018. Disponível em: http://pepsic.bvsalud.org/scielo.php?script=sci_arttext&pid=S1519549X2018000300012. Acesso em: 29 set. 2019.

TREVISAN, João Silvério. **Devassos no paraíso**: a homossexualidade no Brasil, da colônia à atualidade. 4. ed. rev., atual. e ampl. Rio de Janeiro: Objetiva, 2019.

SILVA, Paulo Cesar Garré. **Estratificação social, escolar e linguística.** São Luís: EDUFMA, 2016.

SILVA, Joseli Maria. **A cidade dos corpos transgressores da heteronormatividade.** GEO UERJ. Ano 10, v. 1, n. 18, 2008.

VERGUEIRO, Viviane. **Por Inflexões Decoloniais de Corpos e Identidades de Gênero Inconformes:** Uma Análise Autoetnográfica da Cisgeneridade como Normatividade. 2015. Dissertação (Mestrado) – Universidade Federal da Bahia, Salvador, 2015.

CARTOGRAFIAS SUBVERSIVAS: RESISTÊNCIAS E ASSUJEITAMENTO NA EDUCAÇÃO

José Carlos Lima Costa

Este capítulo contém fragmentos de uma viagem, com relatos de alguns sujeitos cuja existência perturba determinadas normas sociais. São subjetivações que confluem para fronteiras da existência. Em tais lugares se aglomeram muitos modos de vida: o proibido e o fora da lei são alguns de seus habitantes. "Os 'infames' vivem aqui: o cruel, o perverso, *the queer*, o problemático, o híbrido, o mulato, o mestiço, o doente; em suma, aqueles que atravessam, passam por cima ou percorrem o limite do normal" (Anzaldúa[45], 1987, p. 3).

Considerando a fronteira como lugar de resistência e existência, me inspiro no método da cartografia para organização do presente capítulo. Trata-se de uma metodologia que não assume um modelo de pesquisa usual apoiada em conhecimentos existentes, mas propõe sua própria fundamentação, "afirmando a diferença em uma tentativa de reencontrar o conhecimento diante da complexidade" (Romagnoli, 2009, p. 169). A cartografia constitui um novo patamar de problematização e articula um conjunto de saberes heterogêneos, não apenas o científico, mas possibilitando a revisão de concepções dicotômicas e hegemônicas; pois como instrumento de investigação, abrange "[...] a complexidade, zona de indeterminação que a acompanha, colocando problemas, investigando o coletivo de forças em cada situação, corroborando para não se curvar aos dogmas reducionistas" (Romagnoli, 2009, p. 169).

Preciado (2008), numa referência à cartografia enquanto campo de estudos identitários, evidencia que, até pouco tempo atrás, grande parte delas referiam-se apenas ao estudo de identidades dominantes; registrando, na maioria das vezes, as práticas heterossexuais e, sobretudo masculinas como se estas pudessem abranger a "geografia do visível". Conforme o autor, a cartografia dominante é hagiográfica, ou seja, possui uma aspiração utópica, a qual se impõe como um grande relato, que acaba borrando, absorvendo ou recodificando o que excede a norma.

---

[45] Em Boderlands/La Frontera, Anzaldúa analisa a situação da mulher latina numa sociedade marcada pela dominação masculina, machista, heterossexual como a norte-americana.

Assim, os riscos de produzir uma cartografia identitária das minorias é abdicar do desvendamento dos dispositivos de controle social para se transfigurar num arquivo de vítimas, enaltecendo a opressão no lugar de realmente criticá-la. Constituir uma cartografia das minorias sem incorrer nessa "armadilha" é um desafio que me proponho a enfrentar nas análises aqui apresentadas.

Diante disso, acredito que cartografar é uma estratégia para pensar as relações sociais no contexto da sociedade contemporânea, a qual apresenta complexidades em suas configurações. Preciado (2008) observa que a cartografia é um método para desenhar o funcionamento do poder espacializado, por meio das instituições e também pelo poder disciplinador, como descrito no trecho a seguir:

> A cartografia, relacionada, simultaneamente, com o mapa e com o diagrama, traça a forma que tomam os mecanismos de poder quando se espacializam [...] mas pode operar também como uma "máquina abstrata que expõe as relações de força que constituem o poder" deixando-as assim às descobertas e abrindo vias de possível resistência e transgressão (Preciado, 2008, p. 9).

Como podemos perceber, a cartografia abre possibilidades para problematizar as relações de poder estabelecidas, nos permitindo desvelar tais relações, deixando-as descobertas, visíveis. A cartografia é rizomática, portanto dinâmica e coletiva, pois pode conectar elementos e sujeitos múltiplos. É uma estratégia para se tomar a vida, a arte ou qualquer objeto de conhecimento em movimento, conectado a vários outros planos de existência. Ela toma as coisas em seus processos, não apenas representando ou descrevendo objetos e sujeitos, mas criando movimentos pautados na experiência. A cartografia tece linhas de fuga, ou seja, produz formas de desestruturar os paradigmas dominantes, esquivando-se das formas de pensamento centradas, fixas, rigorosas. A cartografia propõe um modo de pensar rizomático (Deleuze; Guattari, 2011).

Diante disso, no presente capítulo apresento algumas narrativas que expressam processos de subjetivação relacionados ao contexto da educação, considerando a instituição escolar como espaço disciplinador e coercitivo. Trago algumas de minhas experiências enquanto sujeito pesquisador, cuja identidade sexual subverte as normas da heterossexualidade, impostas a mim desde meu nascimento. Além disso, procuro refletir sobre algumas relações de gênero e o conceito de performatividade que evidencia a maneira como as relações de poder materializam os corpos. Por fim, discuto sobre uma experiência desenvolvida por mim, por meio de um projeto de extensão, com estudantes do ensino médio, da rede estadual maranhense de ensino. Trabalhei com a peça *Leonor de Mendonça* (1847), escrita por Gonçalves Dias[46], sob a perspectiva dos estudos de gênero.

INCURSÕES SINUOSAS POR NARRATIVAS EM DESLOCAMENTO

A análise pautada nos estudos de gênero engendra um posicionamento científico constituído por múltiplas visões e olhares, ou seja, trata-se da produção de conhecimento que não se entrega ao comodismo de negar um posicionamento, alegando objetividade. Donna Haraway (1995) defende um conhecimento científico que permita a contestação, a desconstrução e as conexões rizomáticas, posicionar-se, portanto, seria uma prática importante para este conhecimento. A autora diz:

> Estou argumentando a favor de políticas e epistemologias de alocação, posicionamento e situação nas quais parcialidade e não universalidade é a condição de ser ouvido nas propostas a fazer de conhecimento racional. São propostas a respeito da vida das pessoas; a visão desde um corpo, sempre um corpo complexo, contraditório, estruturante e estruturado, versus a versão de cima, de lugar nenhum, do simplismo (Haraway, 1995, p. 30).

Portanto, não apenas o feminismo, como sugere Haraway (1995), mas os estudos de gênero podem contribuir para a mudança da perspectiva científica que se utiliza da "objetividade" para sustentar um sistema de opressão e poder masculinista, evidenciando posicionamentos de dominação exercidos sobre corpos marcados. A autora me impulsiona a compreender os sujeitos da pesquisa não como objetos, mas como atores. É necessário, portanto, compreender meus interlocutores, não como indivíduos sujeitos à autoridade científica, mas agentes, pois esta é "a única maneira de evitar erros grosseiros e conhecimentos equivocados de vários tipos" (Haraway, 1995, p. 36).

---

[46] Gonçalves Dias nasceu na cidade de Caxias-MA, em 1823. Sua notoriedade reside em suas poesias de caráter indianista, com traços marcadamente brasileiros. Contudo, o poeta maranhense ainda escreveu quatro obras dramáticas que se enquadram na estética romântica, são elas: Beatriz Cenci, Patkull, Leonor de Mendonça e Boabdill. Disponível em: https://www.ebiografia.com/goncalves_dias/. Acesso em: 18 de mar. 2023.

Percurso I - Projeções Cartográficas Subjetivas. Tais concepções me inspiram a pensar as narrativas conectadas a de outras pessoas, e com isto não estou afirmando que nossas trajetórias são iguais, minha experiência é de um homem cisgênero e *gay*. Mas quando pessoas como Richard Miskolci (2015) e Luma de Andrade (2012) descrevem seus percursos na escola sinto-me afetado, pois muitas das situações descritas se aproximam de algumas de minhas experiências. Eu também já fui vítima de preconceitos por ser quem eu sou: *gay*, de família humilde, morador da periferia, professor de teatro, ator, filho da Senhora Yemanjá e integrante de uma casa de Tambor de Mina[47]. Por isso, estas reflexões me atravessam. É um trabalho de múltiplas narrativas, produzindo uma, na qual minha própria posição de pesquisador se dissolve no meio da "balbúrdia" de tantos ruídos e vozes, mas ainda assim se faz necessário um posicionamento.

Estudar gênero foi uma ação que me modificou, transformando meu modo de pensar, falar, olhar o mundo e me relacionar com as pessoas. É preciso dizer que minha relação com a noção de masculinidade e heterossexualidade vigentes foi-se modificando ao longo da vida, mas, no decorrer deste estudo, esse processo se intensificou, pois, à medida que o espectro de conhecimentos de que eu dispunha se ampliava, me tornei mais intolerante com os mecanismos de exclusão estabelecidos pelos modelos normalizadores que regulam a existência dos indivíduos na nossa sociedade. Pesquisar gênero é um agenciamento político, social e acadêmico. É um ato de rebeldia, de enfrentamento ao sistema hegemônico com todos os seus dispositivos de exclusão. Os estudos de gênero me mostraram que o particular também é político.

> Nesse sentido a frase o pessoal é político para Hooks não significa como muitos ainda a interpretam a primazia de uma dimensão sobre a outra, mas a compreensão de que o pessoal pode constituir-se em ponto de partida para a conexão entre politização e transformação da consciência (Bairros, 1995, p. 462).

A autora destaca a não hierarquização das dimensões que a declaração "o pessoal é político" anuncia, portanto, pretendo compreender as narrativas aqui apresentadas, conectando estas duas dimensões: pessoal e

---

[47] O Tambor de Mina é uma religião de matriz africana, popular no estado do Maranhão, mas também cultuada em alguns estados do Norte. No Tambor de Mina são cultuados voduns (são forças da natureza e ancestrais humanos que se tornaram divindades), encantados e gentis (nobres relacionados a orixás ou entidades de origem africanas) (Ferretti, 1996).

política. Como forma de agenciamento político, este texto pleiteia no meio acadêmico que não somente a minha, mas também outras vozes sejam ouvidas, principalmente as daquelas pessoas cuja existência "não importa" em um mundo hegemônico.

Desde muito cedo, experimentei a hostilidade de um mundo excludente. Eu nasci na cidade de São Luís – MA, mas quando criança morava na periferia da cidade de São Paulo, Zona Leste, em São Miguel Paulista; por volta dos anos 2000, quando tinha doze anos, numa tarde em que voltava da escola para casa, acompanhado por algumas meninas[48] (coleguinhas de escola), fui agredido fisicamente por um grupo de rapazes aparentemente mais velhos e que frequentavam a mesma escola.

Eu sempre fui objeto de piadas e agressões verbais na escola, mas tratava-se de um jogo com o qual, desde pequeno, eu aprendera a conviver. No entanto, esse episódio de agressão física e verbal representou para mim uma carga muito grande de humilhação. Por alguns dias, deixei de ir à escola devido aos hematomas no rosto e dores, causados pelo espancamento. Mas outras marcas não inscritas na pele foram deixadas, de modo que, até hoje, não consigo andar sozinho confortavelmente pela rua, principalmente à noite. Foi impossível naquele momento migrar para outra escola mais próxima da minha casa, de modo que a solução foi minha mãe contratar um transporte escolar que me deixava e me buscava quase dentro da escola. Estes acontecimentos me fizeram mudar em 2003 para a cidade onde nasci, São Luís - MA. Transcorridas duas décadas, no entanto, as marcas da humilhação e da reprovação ainda estão latentes na minha consciência, transparecendo nas minhas experiências e nas minhas fobias.

Percurso II - Projeções Cartográficas da Alteridade[49]. Richard Miskolci, em seu livro "Teoria Queer: um aprendizado pelas diferenças", define a escola como um instrumento de normalização, um poderoso veículo de disseminação das políticas estatais de controle. Além disso, o autor relata episódios de autoritarismo protagonizados por sua professora que ostentava uma régua de madeira, cujo pretexto era "colocar na linha os indisciplinados" (Misckolci, 2015, p. 9). A atmosfera de vigilância e repressão constituía o ambiente escolar e demarcava territórios propícios para a consolidação da violência.

---

[48] Ao longo de minha vida escolar (principalmente no ensino fundamental), tinha mais afinidade com as meninas. Entre elas, me sentia mais acolhido.

[49] Uso a palavra alteridade para intitular este tópico, tomando como referência a definição de Silva (2000, p. 16), para o qual trata-se da "condição daquilo que é diferente de mim; a condição de ser outro".

> Medo que se somava a outros, ainda maiores, como o de se tornar a vítima das brincadeiras cruéis dos meninos mais violentos, sempre à espreita para exercitarem sua "valentia" quando não havia nenhum funcionário por perto. Especialmente perigosos eram o banheiro e a saída, espaços liminares daquela ordem disciplinar baseada na ameaça constante de violência (Miskolci, 2015, p. 9).

O autor descreve a escola como um espaço disciplinar, um lugar de fixidez, de segregação social e racial. Além dos vários tipos de agressões psicológicas (a professora ostentando uma grande régua), a violência física por parte dos colegas, sobretudo os meninos, era sempre iminente. Banheiros, saídas e até mesmo os corredores da escola eram espaços perigosos para o autor, do mesmo modo que eram para mim e continuam sendo para outras crianças. A professora Luma de Andrade, primeira professora doutora travesti no Brasil, faz um relato sobre como a violência, inclusive a física, direcionada contra os (as) que fogem aos padrões de gênero, evidenciando que se trata de um elemento muito presente no cotidiano escolar:

> Na escola, fui violentamente castigada física e verbalmente quando buscava qualquer tentativa de cruzamento da linha de fronteira que separa o sexo masculino do feminino. A vigília era constante nas brincadeiras, nos brinquedos utilizados, nos gestos. Revisitando os registros de minha memória e álbuns de família, recordo as brincadeiras de casamento, escondidas na residência de meu vizinho e colega de sala de aula, na qual sempre fiz questão de ser a noiva e ele o noivo. Quando seus pais saíam, ele me chamava para sua casa; íamos para o quintal, onde se encontrava um baú velho, fechado, que abrigava em seu interior as roupas de casamento e sapatos de seus pais. A brincadeira iniciava, comigo vestida de noiva com um longo véu, roupa enorme para o meu pequeno tamanho e sapato de salto alto (Andrade, 2012, p. 19).

A autora evidencia em seu relato que se sentia constantemente objeto de vigilância, mesmo quando não havia ninguém por perto. O que demonstra um estado de condicionamento a que ela fora submetida pelas "brincadeiras" de que era vítima e que demarcavam o terreno por onde poderia transitar. Como vimos, a escola é uma das instituições onde se opera uma pedagogia do corpo, com interdição para tentativas de cruzamento de fronteira entre masculino e feminino, a partir da separação entre o que é "de menino" e "de menina". Como se observa no fragmento a seguir:

> Durante minha infância, o acontecimento que mais marcou minha vida ocorreu quando eu cursava a 2ª série do 1º grau (equivalente ao 3º ano do atual Ensino Fundamental). Durante o recreio, quando brincava com as minhas colegas de "elástico" e "macaquinha", fui agredida fisicamente a socos e pontapés por um colega de sala que enquanto me batia me mandava "ser homem". Mesmo estando bem machucada, consegui me livrar do colega e me dirigi chorando para a sala, fiquei em minha carteira, de cabeça baixa, sendo consolada por algumas de minhas amigas. Ao perceber que a professora se aproximava, uma das garotas lhe delatou o agressor no intuito de reprimir aquele colega. Mas ela não disse nada, não fez nada contra ele, apenas ficou diante de minha carteira, me olhou da cabeça aos pés e disse: "Bem feito! Quem manda você ser assim? " Todos que estavam naquela sala entenderam o recado, e a razão que levou meu colega e minha professora a fazerem uso de uma "pedagogia" extremamente inquisitorial. O que eles fizeram contribuiu imensamente para o nosso aprendizado. Aprendemos juntos, naquele episódio, sobre o que deveríamos fazer diante de situações equivalentes (Andrade, 2012, p. 73).

O relato da professora de Luma, nesse episódio, revela um assentimento em relação à agressão física sofrida pela aluna; e, apesar de chocante, demonstra como no espaço da escola se configura a pretensão de educar, pois a legitimação da violência, nesse caso, tinha um propósito: mostrar-lhe que era errado ser quem era. A autora ainda afirma: "neste caso, a violência física e verbal seria o método educativo mais eficaz, não sendo algo desumano, pelo contrário; a intenção, pelo menos na visão deles, era humanizar e educar para a vida" (Andrade, 2012, p. 73).

A agressão física e verbal para esta "pedagogia inquisitorial" não se pretende desumana, mas quer constituir-se justamente como um processo de humanização, porque procura conduzir as pessoas para o estabelecido como normal. Andrade (2012, p. 73) assinala: "talvez a disseminação desta pedagogia na família; na rua, com os colegas; na igreja, pelos pastores e padres; no trabalho, pelo patrão; nas escolas, pelos gestores e professores, tenha ajudado a provocar um índice tão elevado de homicídios de homossexuais e travestis no Brasil". Esta pedagogia, reproduzida em várias instâncias da sociedade, culmina no paroxismo da violência traduzido pelos índices alarmantes de homicídios de homossexuais e travestis, que não parecem preocupar a sociedade, cujo silêncio ensurdecedor a esse respeito ecoa em nossos ouvidos até então.

Tais apontamentos demonstram que as normas do gênero estabelecem um processo de "assujeitamento", o qual procura separar os modos de vida que "são" e aqueles que "não devem ser" considerados válidos. Estes "mecanismos de assujeitamento" são colocados em funcionamento em uma relação complexa de poderes para manter e produzir a polaridade do gênero, sustentando-a como uma ficção cultural, compelindo os sujeitos a acreditarem em sua naturalidade.

Butler (2012) discute que as estratégias de poder que conformam os corpos não impõem uma repressão sobre os desejos, mas obrigam os corpos a traduzirem a lei como sua substância e necessidade. "A lei não é internalizada literalmente, mas incorporada, com a consequência de que se produzem corpos que expressam essa lei no corpo e por meio dele; a lei se manifesta como essência deles, significado de suas almas, sua consciência" (Butler, 2012, p. 193). A lei aparece como manifesta e latente, nunca como mecanismo de opressão externa ao corpo.

É nesse contexto que são produzidas as performances de gênero, as quais parecem ser elementares para a materialização e exteriorização do gênero no corpo, produzindo não somente um engendramento de elementos exteriores, mas também um conjunto de estratégias de subjetivação e assujeitamento (Butler, 1988). Tornar-se homem ou mulher, desta forma, não é um dado natural, mas histórico, semelhante ao que observa Foucault (2005) acerca da sexualidade. Trata-se de um ato de produção, ou seja, de condicionar o corpo a ser um masculino ou um feminino histórico, obrigando-o a apropriar-se de marcas que o significam socialmente, conformando-se a um modo de vida já delimitado. Para Butler (1988), o gênero, cuja manutenção depende de uma performance marcadamente punitiva, sugere uma situação de coação na qual uma performance de gênero sempre acontece, pois os sujeitos que não concordam com o estabelecido socialmente, enfrentam punições devido a suas materialidades "desviantes".

Vale acrescentar que o conceito de performance desenvolvido por Butler enquadra-se no campo da linguagem. Neste contexto, a performance estaria relacionada ao conceito de performatividade que demonstra o sentido produtivo da linguagem, percepção que vai ao encontro do conceito de poder desenvolvido por Foucault (1998). Para o autor, o poder é imbuído de um aspecto positivo, que é sua potência produtiva. Aqui a linguagem é performance em potencial, pois é entendida não como descrição, mas como ação no mundo, é uma ferramenta para a concretização, materialização e produção dos corpos.

A INSUBMISSÃO DA MULHER PROFESSORA FACE ÀS ATUAIS CATEGORIAS

Faz-se importante salientar não haver um sujeito que produza as normas do gênero, ele é performativo, ou seja, não há um sujeito preexistente. O gênero se constitui em um contexto regulatório muito rígido dentro do qual o sujeito dispõe de *scripts* previamente programados "e o sujeito tem uma quantidade limitada de 'trajes', a partir dos quais pode fazer uma escolha restrita do estilo de gênero que irá adotar" (Salih, 2015, p. 90). Vale acrescentar que o gênero prevê estratégias de subversão, de resistências corporais aos imperativos impostos por suas normas.

Percurso III - Projeções Cartográficas Educacionais. Outros problemas relacionados à questão de gênero me acompanharam. Ainda na infância, minha mãe, vítima de agressão doméstica, saiu da casa onde morávamos, deixando lá todos os seus pertences e também seus filhos. Hoje compreendo que, naquele momento, era essa a única alternativa de que ela dispunha para romper o ciclo de violência em que estava enredada. Isso certamente me motivou a iniciar a pesquisa em gênero ainda na graduação em teatro pela Universidade Federal do Maranhão. Em 2011, escrevi e executei o projeto de extensão "Gonçalves Dias em Cena: gênero, memória e história na cena contemporânea" com estudantes do ensino médio (com idade entre 15 e 17 anos), em uma escola pública, da rede estadual de ensino do Maranhão.

O principal objetivo do projeto era promover uma vivência teatral em escolas públicas da cidade de São Luís, pautada nas discussões de gênero, tendo como viés a situação social da mulher e o enfrentamento à violência. Explorei, portanto, como material criativo, dentro das oficinas de teatro, um dos principais textos teatrais do referido autor maranhense: a peça teatral Leonor de Mendonça (1847). Uma das principais problemáticas que emergem da obra é a situação de opressão e agressão vivenciada por Leonor de Mendonça. A feminilidade da personagem é pautada pelas concepções hegemônicas de fragilidade e submissão. A dramaturgia manifesta algumas preocupações do autor com o contexto social, com destaque para questões relacionadas à violência contra as mulheres, como evidenciado no prólogo de Leonor de Mendonça: "há aí também este pensamento sobre que tanto se tem falado e nada feito, e vem a ser eterna sujeição das mulheres, o eterno domínio do homem" (Dias, 1979, p. 4). Além da promoção de ciclos de debates, o projeto de extensão já mencionado contribuiu para a escrita do meu trabalho de conclusão de curso: "GÊNERO E REPRESENTAÇÃO: uma análise da representação do feminino em Leonor de Mendonça de Gonçalves Dias".

Trabalhar com a obra dramática de Gonçalves Dias, sob a perspectiva das discussões de gênero, levou-me à compreensão de que ele não se resume ao problema das diferenças sexuais. Compreendi que predominava uma concepção de gênero marcada pela constante reiteração da heteronormatividade por meio de relações de poder muito complexas, que procuram marcar os corpos segundo códigos binários. É nesta perspectiva que o corpo entra em campo, como lugar em que se inscrevem as normas a partir da noção de corpo biológico e das pequenas repetições de atos e significados produzidos culturalmente, que levam à identificação de corpos masculinos e femininos.

No referido projeto busquei analisar as produções de verdades sobre a feminilidade, elaboradas a partir de concepções dos sujeitos masculinos, que submeteram a mulher a uma condição de repressão e exploração no Ocidente. Parti do pressuposto de que na sociedade ocidental existem mecanismos de poder que legitimaram o domínio masculino sobre a mulher, atestando a predominância do patriarcado como pensamento vigente e que fundamenta a organização social em foco. Embora, atualmente, vejamos algumas transformações na vida social, as mulheres ainda estão sujeitas aos padrões e convenções de uma sociedade que supervaloriza o masculino e limita a participação feminina nos processos sociais. Nesta narrativa, discutimos as normas e os estereótipos de gênero que reforçam modelos de submissão e assimetria entre os sujeitos. Trabalhar com tal temática, no contexto da educação básica, é uma estratégia para tentar subverter as normas sociais e os códigos identitários.

Nosso trabalho foi conduzido por fatos históricos sobre a sociedade ocidental, que a partir de suas necessidades políticas e ideológicas, construiu um discurso sobre o gênero, hierarquizando os sujeitos dentro da máquina social, por meio de discursos que legitimam as relações de desigualdade e poder. Portanto, na sociedade associou-se ao comportamento feminino modelos que ao longo do tempo foram incorporados pelos indivíduos de maneira a conceber a aparência de uma identidade de gênero substancial, natural e fixa, a citação a seguir ressalta:

> se gênero é instituído por meio de atos que são internamente descontínuos, que a aparência de substância é precisamente isso, uma identidade construída, uma realização performativa que o público comum, incluindo os próprios atores, acredita e performa no modelo de sua crença. Se o terreno da identidade de gênero é a repetição estilizada de atos através do

tempo, e não aparentemente uma identidade contínua (sem emenda), então as possibilidades de transformação do gênero devem ser encontradas na relação arbitrária entre cada ato, na possibilidade de um diferente tipo de repetição, na quebra ou na repetição substantiva daquele estilo (Butler, 1988, p. 520).

O próprio gênero possui uma estrutura descontínua. Portanto, a aparência de substância desta identidade é constituída por performances instituídas como objeto de crenças. A performance em Butler é produzida por uma complexa relação com a linguagem e os atos de fala, é forjada num contexto performativo[50] cujo sentido situa-se no ato de nomear, segmentar, separar, materializar os corpos em consonância com a matriz heterossexual, dentro de relações complexas de poder.

Na arte estes modelos aparecem em forma de representação, servindo como um importante instrumento para a reconstrução histórica das categorias de gênero, ainda que manifeste uma visão unilateral, proveniente do universo masculino. Pois a criação estava associada à ideia de poder, sendo os modos de produção criativos propriedades masculinas, isto explica a pequena participação feminina no universo da arte, principalmente até o século 19. O trabalho em análise buscou discutir e refletir, com estudantes do ensino médio, sobre as relações de gênero, bem como, figurou-se como uma oportunidade de problematizar as hierarquizações que discriminam e subvalorizam as mulheres. Principalmente se considerarmos que as condições de opressão e assimetrias ainda estão muito latentes na sociedade atual, embora as mulheres tenham conquistado espaços antes não franqueados.

CONSIDERAÇÕES FINAIS

O presente texto possui um cunho cartográfico, e consequentemente rizomático (Deleuze; Guattari, 2011). Os rizomas podem ser conectados em todas as suas dimensões, realizam ligações de naturezas diversificadas, portanto, este é um trabalho que pretende evitar a hierarquização. Aqui não se busca estabelecer a separação entre pesquisador e sujeito de pesquisa, pois estes se agenciam no momento da escrita, muito menos a hierarquização

---

[50] Vale acrescentar que, para Preciado (2014), o gênero não é simplesmente performativo, como observa Judith Butler. O autor vai um pouco mais além, ao afirmar que "o gênero é, antes de tudo, prostético, ou seja, não se dá senão na materialidade dos corpos, é puramente construído e ao mesmo tempo inteiramente orgânico" (Preciado, 2014, p. 29). A materialidade do gênero tendo a carne como suporte desestrutura o binarismo: natural e fabricado. Ele é resultado de "uma tecnologia sofisticada que fabrica corpos sexuais" (Preciado, 2014, p. 29). Essa discussão fica em aberto para ser retomada em outro momento ou quem sabe por outros trabalhos.

das experiências, a qual "evita" colocá-las num mesmo plano, pelo contrário. Uma pesquisa cartográfica não segmenta experiências e narrativas, mas pode dispô-las em uma situação dialógica em constantes conexões e reconexões.

Ao dar visibilidade às narrativas, o presente texto funciona como uma máquina de guerra contra as normas, que excluem formas de existência que não seguem seus imperativos. Compreendo que os espaços de invisibilidade são constituídos de modo performativo. A performatividade é desenvolvida a partir da concepção do poder enquanto potência produtiva e da teoria dos atos de fala (Austin, 1990).

Assim, no contexto social, sobretudo na escola, são constituídas referências seguidas pelos sujeitos e apreendidas num constante processo pedagógico, cujo resultado é a materialização dos corpos de acordo com uma expectativa gerada antes do nascimento dos sujeitos. Por isso, afirmamos que o gênero é performativo. A performatividade se relaciona a uma rede de poderes especializados, ou não, cujo intuito é produzir uma materialidade em acordo com as normas do gênero.

Diante disso, a educação assume um caráter de poder-saber que legitima concepções de mundo cisheteronormativas e acabam conformando os corpos de acordo com tais normas. A escola, norteada por este tipo de concepção, dificilmente abrirá espaços para discutir as dissidências, as experiências dos corpos que se "desviam" das normas impostas. Diante dos possíveis "desvios", muitas vezes é acionada uma pedagogia inquisitorial, que se utiliza da violência para tornar os indivíduos sujeitos e, em geral, estes sujeitos são homens e mulheres cisheterossexuais. Nesse sentido, a escola se mostra como espaço de assujeitamento dos indivíduos, pois reforça o funcionamento das normas sociais de gênero.

Ou seja, a violência é utilizada como um dispositivo de adequação aos imperativos das normas reguladoras do gênero. Trata-se um processo que requer uma constante reiteração, retomada e repetição e, neste sentido, a performatividade organiza um conjunto de performances: atos corporais repetidos, ensaiados, e vivenciados várias vezes que levam as pessoas acreditarem que os caminhos trilhados por elas são orgânicos e, muitas vezes, intencionais.

REFERÊNCIAS

ANDRADE, Luma N. **Travestis na escola:** assujeitamento ou resistência à ordem normativa. 2012. Tese (Doutorado em Educação) – Universidade Federal do Ceará, Programa de Pós-graduação em Educação Brasileira, Fortaleza, 2012.

ANZALDÚA, Gloria. **Borderlands/LaFrontera:** the new mestiza. San Francisco: Aunt Lute Books, 1987.

AUSTIN, John L. **Quando Dizer é fazer.** Tradução de Danilo Marcondes de Souza Filho. Porto Alegre: Editora: Artes Médica, 1990.

BAIRROS, Luiza. Nossos Feminismos Revisitados. **Revista Estudos Feministas,** Florianópolis, ano 3, n. 2, 2º semestre, 1995, p. 458-463. Disponível em: https://periodicos.ufsc.br/index.php/ref/article/view/16462. Acesso em: 18 mar. 2023.

BENEDETTI, Marcos Renato. **Toda feita:** o corpo e o gênero das travestis. Rio de Janeiro: Garamond, 2005.

BUTLER, Judith P. Performative Acts and Gender Constitution: An Essay in Phenomenology and Feminist Theory. **Theatre Journal. The Johns Hopkins University Press.** Baltimore, Maryland, EUA, v. 40, n. 4 (Dec., 1988), p. 519-531. Disponível em: http://www.jstor.org/stable/3207893. Acesso em: 18 mar. 2023.

BUTLER, Judith P. **Problemas de Gênero:** feminismo como subversão da identidade. 4. ed. Rio de Janeiro: Civilização Brasileira, 2012.

COSTA, José Carlos Lima. **ESPETÁCULO BR TRANS:** Micropolíticas, Performances e Cartografias Queer. 2017. Dissertação (Mestrado em Performances Culturais) – Universidade Federal de Goiás, Faculdade de Ciências Sociais, Goiânia, 2017.

DELEUZE, Gilles; GUATTARI, Félix. **Mil Platôs:** capitalismo e esquizofrenia. 2. ed. São Paulo: 34, v. 1. 2011

DIAS, Antônio Gonçalves. Leonor de Mendonça. *In:* DIAS, Antônio Gonçalves. **Teatro Completo.** Rio de Janeiro: MEC/FUNARTE/SNT, 1979.

DIAS, Antônio Gonçalves. **Teatro completo.** Rio de Janeiro: Serviço Nacional do Teatro, 1979.

FERRETTI, Mundicarmo. Tambor de Mina e Umbanda: o culto aos caboclos no Maranhão. **Jornal do CEUCABRS: O Triângulo Sagrado,** São Luís, ano III, n. 39, 1996. Disponível em: http://www.repositorio.ufma.br:8080/jspui/handle/1/205. 20 mar. 2023.

FOUCAULT, Michel. **História da Sexualidade I:** a vontade de saber. Rio de Janeiro: Edições Graal, 2005.

Foucault, Michel. **Microfísica do poder.** Tradução de R. Machado. 13. ed. Rio de Janeiro: Edições Graal, 1998.

HARAWAY, Donna. Saberes Localizados. **Cadernos Pagu**, Campinas, n. 5, 1995: p. 07-41. Disponível em: https://periodicos.sbu.unicamp.br/ojs/index.php/cadpagu/article/view/1773. Acesso em: 10 mar. 2023.

LOURO, Guacira Lopes. **Gênero, sexualidade e educação.** Uma perspectiva pós-estruturalista. Petrópolis, RJ: Vozes, 1997.

LOURO, Guacira Lopes. **Um Corpo Estranho:** ensaios sobre a sexualidade e teoria queer. Belo Horizonte: Autêntica, 2004.

MISKOLCI, Richard. A Teoria Queer e a Questão das Diferenças: por uma analítica da normalização. *In*: **16º Congresso De Leitura Do Brasil.** Campinas, 2007. Disponível em: https://alb.org.br/arquivo-morto/edicoes_anteriores/anais16/prog_pdf/prog03_01.pdf. Acesso em: 9 mar. 2023.

MISKOLCI, Richard. **Teoria Queer:** um aprendizado pelas diferenças. Belo Horizonte: Autêntica, 2015.

PRECIADO, Paul B. Cartografías queer: el flâneur perverso, la lesbiana topofóbica y la puta multicartográfica, o cómo hacer una cartografía 'zorra'con Annie Sprinkle. *In:* CORTÉS, José Miguel G. **Cartografías disidentes.** Barcelona: SEACEX, 2008.

PRECIADO, Paul Beatriz. **Manifesto Contrassexual.** São Paulo: N-1 Edições, 2014.

ROMAGNOLI, Roberta C. A Cartografia e a Relação Pesquisa e Vida. **Psicologia & Sociedade;** Recife, v. 21, n. 2, p. 166-173, 2009. Disponível em: https://doi.org/10.1590/S0102-71822009000200003. Acesso em: 8 mar. 2023.

SALIH, Sara. **Judith Butler e a teoria queer.** Belo Horizonte: Autêntica, 2015.

SILVA, Maria das Graças Araújo (Gracinha Araújo). Sobre uma Face do Romantismo Brasileiro: Leonor de Mendonça e a expressão do teatro brasileiro. **Crátilo**: Revista de Estudos Linguísticos e Literários. Minas Gerais: Unipam, v. 2, p. 49-58, nov. 2009. Disponível em: https://revistas.unipam.edu.br/index.php/cratilo/article/download/4037/1587. Acesso em: 18 mar. 2023.

SILVA, Tomaz Tadeu da. **Teoria cultural e educação:** um vocabulário crítico. Belo Horizonte: Autêntica, 2000.

SOBRE AS ORGANIZADORAS E AUTORAS/ES

ORGANIZADORAS

Sirlene Mota Pinheiro da Silva

Docente do curso de Pedagogia/Departamento de Educação I e do Programa de Pós-Graduação em Educação (PPGE), da Universidade Federal do Maranhão (UFMA). Doutora em Educação pela Universidade de São Paulo (FEUSP). Coordenadora do Grupo de Estudos e Pesquisa sobre Gênero e Sexualidade nas Práticas Educativas (GESEPE) e pesquisadora do Grupo de Estudos e Pesquisa sobre Educação, Mulheres e Relações de Gênero (GEMGe/UFMA).

E-mail: sirlene.mota@ufma.br

Lattes: http://lattes.cnpq.br/5068371548791071

Orcid: 0000-0002-2481-4901

Iran de Maria Leitão Nunes

Docente do Departamento de Educação II e do Programa de Pós--Graduação em Educação (PPGE), da Universidade Federal do Maranhão (UFMA). Pós-doutora pela Universidade Aberta de Lisboa (2013/2014); doutora em Educação pela Universidade Federal do Rio Grande do Norte (2006). Atualmente, é professora Associada da Universidade Federal do Maranhão. Coordenadora do Grupo de Estudos e Pesquisa sobre Educação, Mulheres e Relações de Gênero (GEMGe/UFMA).

E-mail: iran.nunes@ufma.br

Lattes: http://lattes.cnpq.br/2313634756775278

Orcid: 0000-0002-4309-0742

AUTORAS/ES

Adriana da Silva Dias

Licenciada em Pedagogia pela Universidade Estadual do Maranhão (UEMA) – São Luís/Campus Paulo VI. Mestranda em Educação pelo Programa de Pós-Graduação em Educação (PPGE) da Universidade Federal do Maranhão (UFMA). Membra e pesquisadora do Grupo de Estudos e

Pesquisa sobre Educação, Mulheres e Relações de Gênero (GEMGe/UFMA) e do Grupo de Estudos e Pesquisas sobre Gênero e Sexualidade nas Práticas Educativas (GESEPE/UFMA).

E-mail: dias.adriana@discente.ufma.br.

Lattes: http://lattes.cnpq.br/0933570262953653

Orcid: 0000-0002-5878-0850

Andresa Barros Santos

É mestranda em Educação do Programa de Pós-Graduação em Educação (PPGE), da Universidade Federal do Maranhão (UFMA) e integrante do Grupo de Estudos e Pesquisa sobre Educação Afrocentrada (MAfroEduc Olùkọ́/UFMA) e do Grupo de Estudos e Pesquisa sobre Educação, Mulheres e Relações de Gênero (GEMGe/UFMA). São Luís-MA/Brasil.

E-mail: andresa.barros@discente.ufma.br

Lattes: http://lattes.cnpq.br/3523557021876628

Orcid: 0009-0001-8916-1681

Arthur Furtado Bogéa

É doutorando em Educação pelo programa de Pós-Graduação em Educação da UFMA.

Possui mestrado em Educação pelo Programa de Pós-Graduação em Educação da Universidade Federal do Maranhão; bacharelado e licenciatura plena em Ciências Sociais pela Universidade Federal do Maranhão; licenciatura em Pedagógica pelo Centro Universitário IESB; especialização em Docência do Ensino Superior pela Faculdade São Luis; e especialização em Gestão, Supervisão e Orientação Educacional pelo Instituto de Ensino Superior Miguel de Cervantes.

E-mail: arthurbogea@gmail.com

Lattes: http://lattes.cnpq.br/8420565321952224

Orcid: 0000-0003-2180-3390

Claudiane Santos Araújo

Doutoranda em Educação pela Universidade Federal do Maranhão, UFMA. Possui graduação em Pedagogia pela Universidade Federal do Maranhão (UFMA). Atua como professora do Departamento de Letras (UFMA), no curso de licenciatura em Letras e Língua Brasileira de Sinais. Mestre em Educação (UFMA), coordenadora do curso de Libras no Núcleo de Cultura Linguística da UFMA (NCL). Pós-graduada em Língua Brasileira de Sinais (Santa Fé) e Políticas Públicas de Raça e Gênero (UFMA). É componente do grupo de pesquisa e extensão em tradução – UFMA e do MAfroEDC na UFMA. Participa também do grupo de pesquisas de Mulheres e Relações de Gênero –GEMGe.

E-mail: claudiane.araujo@ufma.br

Lattes: https://lattes.cnpq.br/3075726637017345

Orcid: 0000-0003-4429-148X

Danielle Cristina dos Santos Pereira

É mestranda em Educação do Programa de Pós-Graduação em Educação (PPGE), da Universidade Federal do Maranhão (UFMA) e integrante do Grupo de Estudos e Pesquisa sobre Educação Afrocentrada (MAfroEduc Olùkó /UFMA) e do Grupo de Estudos e Pesquisa sobre Educação, Mulheres e Relações de Gênero (GEMGe/UFMA). São Luís-MA/Brasil.

E-mail: dcs.pereira@ufma.br

Lattes: http://lattes.cnpq.br/0226835886726050

Orcid: 0009-0005-0868-8393

Diomar das Graças Motta

Doutora em Educação pela Universidade Federal Fluminense - RJ (2000). É professora emérita aposentada, com atividade no Programa de Pós-Graduação em Educação (PPGE) e pesquisadora do Grupo de Estudos e Pesquisa sobre Educação, Mulheres e Relações de Gênero (GEMGe/ UFMA). Ocupante da cadeira n.º 05, patroneada pela professora e escritora Laura Rosa da Academia Maranhense de Cultura Jurídica, Social e Política, na qualidade de Sócio Efetivo; Membro Internacional Cultive (MIC) do Institut Cultive Suisse Brésil Art, Littérature et Solidarité. Membro do Instituto Histórico e Geográfico do Maranhão (lHGM), como sócia efetiva, ocupando a cadeira de n.° 2 patroneada por Yves D'Évreux.

E-mail: diomarmotta27@gmail.com

Lattes: http://lattes.cnpq.br/2116765981459981

Orcid: 0000-0002-5842-9366

Eriveth Silva Teixeira

Mestranda em Educação pelo Programa de Pós-Graduação em Educação (PPGE) da Universidade Federal do Maranhão (UFMA); licenciada em Pedagogia pela Universidade Estadual do Maranhão (UEMA) – Campus Santa Inês. Membro do Grupo de Estudos e Pesquisa sobre Gênero e Sexualidade nas Práticas Educativas (GESEPE/UFMA) e do Grupo de Estudos e Pesquisa sobre Educação, Mulheres e Relações de Gênero (GEMGe/UFMA).

E-mail: eriveth.teixeira@discente.ufma.br

Lattes: https://lattes.cnpq.br/8976586359581624

Orcid: 0009-0002-6028-0852

Glaucia Santana Silva Padilha

Professora. Possui mestrado em Educação pelo Programa de Pós-Graduação em Educação/CCSO da Universidade Federal do Maranhão (2021) e graduação em Pedagogia pela Universidade Federal do Maranhão (2019). Estudiosa da Teologia Reformada e professora titular da Escola Bíblica Dominical da Igreja Cristã Evangélica El Shaday. Tem experiência na área de Educação, com ênfase em Mulheres Professoras, atuando principalmente nos seguintes temas: Educação Superior, Mulher professora e Teologia Reformada.

E-mail: glauciasilvapadilha@gmail.com

Lattes: http://lattes.cnpq.br/7008806680346695

Orcid: 0000-0002-9799-2063

José Carlos Lima Costa

Doutorando em Educação pela Universidade Federal do Maranhão (UFMA). Mestre em Performances Culturais pela Universidade Federal de Goiás (UFG). Pesquisador do Grupo de Estudos e Pesquisas sobre Educação, Mulheres e Relações de Gênero (GEMGe), do Grupo de Estudos e Pesquisa em Gênero e Sexualidade nas Práticas Educativas (GESEPE) e do Grupo Encenação e Corporeidade (CENACORPO). São Luís-MA.

E-mail: jcl.costa@ufma.br.

Lattes: http://lattes.cnpq.br/0881958190200830

Orcid: 0000-0002-9493-575X

Kilza Fernanda Moreira de Viveiros

Possui doutorado em Educação pela Universidade Federal do Rio Grande do Norte e mestrado em Pedagogia Profissional pelo Centro Federal de Educação Tecnológica do Maranhão (1999). Atua na docência do curso de Pedagogia e na Pós-Graduação em Educação da UFRN – PPGEd. É vice-presidente da Associação Francofone de Pesquisa Científica em Educação - AFIRSE - Brasil. Tem experiência na área de Educação, com ênfase em História da Educação, História e Política da Educação Infantil, Gestão Escolar, Fundamentos da Educação e Pedagogia Social. Desenvolve pesquisa na área de fundamentos da educação, História da educação e práticas socioculturais e educativas; História da educação, História e política da educação infantil, História das relações de gênero e Pedagogia social. Educação, pobreza e desigualdade social.

E-mail: kilza.viveiros@ufrn.br

Lattes: http://lattes.cnpq.br/0588907119958839

Orcid: 0000-0003-1243-7595

Leidy Morgana de Sousa Agapto

Possui graduação em Ciências Humanas – Geografia pela Universidade Federal do Maranhão (2019), graduação em pedagogia pelo Instituto de educação e tecnologia (2013). É coordenadora pedagógica da educação infantil – Secretaria Municipal de Educação de Davinópolis-MA.

E-mail: leidymorgana@hotmail.com

Lattes: https://lattes.cnpq.br/1102247479558524

Orcid: 0000-0001-5994-0329

Lucinete Marques Lima

Doutora em Educação pela Universidade Estadual Paulista Júlio de Mesquita (Marília, 2011). É professora associada da Universidade Federal do Maranhão, Departamento de Educação I, curso de Pedagogia e Programa de Pós-Graduação em Educação. Tem experiência em docência e gestão na área de Educação Básica e Educação Superior. Atualmente, direciona os estudos para os seguintes temas: Política e gestão educacional, políticas de educação básica e educação superior.

E-mail: lucineteml@uol.com.br

Lattes: http://lattes.cnpq.br/0018671506508933

Orcid: 0000-0002-2328-3467

Maria das Dores Cardoso Frazão

Professora da Universidade Federal do Maranhão. Possui doutorado em Educação (2018); mestrado em Educação (2009) e licenciatura em Pedagogia (2005). Membro do Grupo de Estudos e Pesquisas sobre Educação, Mulheres e Relações de Gênero – GEMGe, ligado ao Programa de Pós-Graduação em Educação da UFMA. Integra a equipe do Núcleo de Educação Infantil da Universidade Federal do Maranhão – NEI/UFMA.

E-mail: maria.dcf@ufma.br

Lattes: http://lattes.cnpq.br/4480893920907319

Orcid: 0000-0002-9367-739X

Raimunda Nonata da Silva Machado

Docente do curso de Pedagogia/Departamento de Educação II e do Programa de Pós-Graduação em Educação (PPGE), da Universidade Federal do Maranhão (UFMA). Doutora em Educação pela Universidade Federal do Piauí (UFPI). Coordenadora do Grupo de Estudos e Pesquisa sobre Educação Afrocentrada (MAfroEduc Olùkó /UFMA) e do Núcleo de Estudos e Pesquisas sobre Educação das Relações Étnico-Raciais e de Gênero (NEPERGE/UFMA). Pesquisadora do Grupo de Estudos e Pesquisa sobre Educação, Mulheres e Relações de Gênero (GEMGe/UFMA).

E-mail: raimunda.nsm@ufma.br

Lattes: http://lattes.cnpq.br/5162649800057919

Orcid: 0000-0001-7754-8128

Raquel Cardoso Frazão

Possui graduação em Letras – Espanhol pela Universidade Federal do Maranhão (2008). Tem experiência na área de Educação, com ênfase em Língua Espanhola e Portuguesa. Docente do Instituto Federal de Educação, Ciência e Tecnologia do Maranhão e da Secretaria Estadual de Educação do Maranhão. Mestranda em Educação pela Universidade do Vale do Rio dos Sinos.

E-mail: raquelcardosofrazao@gmail.com

Lattes: http://lattes.cnpq.br/8276767487530549

Orcid: 0000-0003-1221-879X

Rayssa Maria Bezerra Vieira de Sousa

Mestra pelo Programa de Pós-Graduação em Educação, na Universidade Federal do Maranhão, com pesquisa sobre educação para a sexualidade; pós-graduada em Gestão, Supervisão e Planejamento, pelo Instituto de Ensino Superior Franciscano; licenciatura em História, na Universidade Estadual do Maranhão, em 2018. Desenvolve pesquisa na área de Cinema, mais especificamente a representação negra nas produções maranhenses na década de 1970, tentando entender as similitudes de nossa produção e sua relação com a comunidade negra do estado.

E-mail: rayssousa@outlook.com

Lattes: http://lattes.cnpq.br/7914937341271987

Orcid: 0000-0003-4281-8110

Tercilia Mária da Cruz Silva

Mestra em Educação, pelo Programa de Pós-Graduação em Educação (PPGE), da Universidade Federal do Maranhão (UFMA). Integrante do Grupo de Estudos e Pesquisa sobre Educação Afrocentrada (MAfroEduc Olùkó /UFMA) e do Grupo de Estudos e Pesquisa sobre Educação, Mulheres e Relações de Gênero (GEMGe/UFMA).

E-mail: tercilia_mayra@hotmail.com

Lattes: http://lattes.cnpq.br/4309551331090001

Orcid: 0000-0001-7529-1656

Teresa Cunha

Doutora em Sociologia pela Universidade de Coimbra. Investigadora sénior do Centro de Estudos Sociais da Universidade de Coimbra onde ensina em vários cursos de doutoramento; co-coordena a publicação "Oficina do CES" e o Programa de Investigação Epistemologias do Sul. Co-coordenou os ciclos do Gender Workshop entre 2012 e 2022. Coordena a Escola "Ecologias Feministas de Saberes" em Moçambique e Colômbia. É professora-coordenadora da Escola Superior de Educação do Instituto Politécnico de Coimbra.

E-mail: teresacunha@ces.uc.pt

Orcid: 0000-0002-8622-9097

Vanessa Souza de Miranda

Possui formação em Pedagogia pela Universidade Federal do Rio Grande do Norte (2021). Foi voluntária na Pesquisa no Projeto do Programa Nacional de Educação, Pobreza e Desigualdade Social, no Centro de Educação da Universidade Federal do Rio Grande do Norte. Tem experiência na área de Educação, com ênfase em História da Educação, atuando principalmente nos seguintes temas: Educação Infantil, Educação Feminina, História da Puericultura, Literatura Infantil e Prática Educativa. É mestranda em Educação, sendo orientada pela professora doutora Kilza Fernanda Moreira de Viveiros, no Programa de Pós-Graduação em Educação – PPGEd, da Universidade Federal do Rio Grande do Norte – UFRN, na linha de pesquisa Educação, Estudos Sócio Históricos e Filosóficos (2021).

E-mail: vanessa.miranda.010@ufrn.edu.br

Lattes: https://lattes.cnpq.br/2211927331069255

Orcid: 0000-0002-4411-8217

Walquíria Costa Pereira

Mestra em Educação pelo Programa de Pós-Graduação em Educação (PPGE) da Universidade Federal do Maranhão (UFMA). Integrante do Grupo de Estudos e Pesquisa sobre Educação Afrocentrada (MAfroEduc Olùkọ́ /UFMA) e do Grupo de Estudos e Pesquisa sobre Educação, Mulheres e Relações de Gênero (GEMGe/UFMA).

E-mail: walquiria.pereira28@gmail.com

Lattes: http://lattes.cnpq.br/7371937080737097

Orcid: 0000-0002-5411-1027